BIBLIOTHÈQUE DE LA PENSÉE JURIDIQUE
sous la direction d'Olivier Beaud et Jean-François Kervégan
18

Le Droit, la liberté et la morale
suivi de La Moralité du droit pénal

H. L. A. Hart

Le Droit, la liberté et la morale

Traduction et édition critique par Gregory Bligh

suivi de

La Moralité du droit pénal

Traduction de Gregory Bligh et Bruno Gnassounou

PARIS
CLASSIQUES GARNIER
2021

Gregory Bligh est maître de conférences en droit à l'université Paris-Est Créteil. Spécialiste de philosophie du droit anglo-américaine, il a publié *Les Bases philosophiques du positivisme juridique de H. L. A. Hart* (Varenne-LGDJ, 2017).

Bruno Gnassounou est professeur de philosophie au département de philosophie de l'université de Nantes et dirige le Centre atlantique de philosophie (EA 7463). Il a écrit plusieurs ouvrages et articles sur la philosophie de l'action, la philosophie du droit et la philosophie du langage.

ISBN 978-2-406-11299-0 (livre broché)
ISBN 978-2-406-11300-3 (livre relié)
ISSN 2115-2942

PRÉFACE

Le présent ouvrage comprend deux cycles de conférences, *Law, Liberty, and Morality* (1962, Université de Stanford) et *The Morality of the Criminal Law* (1964, Université hébraïque de Jérusalem) que Hart avait prononcées au lendemain de la parution de son grand ouvrage *The Concept of Law* (1961). Leur traduction est le fruit d'un travail initialement achevé durant l'année universitaire 2012–2013. Le projet, alors prêt à paraître, a connu des contretemps éditoriaux. Lorsque j'ai pu me pencher de nouveau sur le manuscrit au printemps 2017, j'avais rédigé entre-temps ma thèse de doctorat consacrée aux fondements ontologiques de la pensée de Hart. La nécessité de réaliser un nouveau travail s'est imposée. D'une part, quelques traductions consacrées au débat Hart–Devlin étaient parues en 2014 dans la revue *Droit & Philosophie* (vol. 6) dont il fallait désormais tenir compte. D'autre part, le premier jet, réalisé en tant que doctorant enthousiaste, cherchait trop à résoudre les ambiguïtés soulevées par l'acte de traduction. Le présent texte vise dans la mesure du possible à n'être qu'une transmission. Cela implique de laisser l'auteur, par moments, face à ses obscurités. Je souhaiterais dire un mot à ce sujet.

Nous avons eu la chance de recevoir à Paris Michel van de Kerchove, traducteur du *Concept de droit* (Bruxelles, Facultés Universitaires Saint Louis, 2e éd. 2005) – traduction autorisée par l'auteur ! –, dans le cadre d'un colloque organisé à l'Université Panthéon-Assas pour le cinquantième anniversaire des conférences de Stanford (printemps 2013). Il avait eu la gentillesse de nous relater ses propres expériences de traducteur. Hart aurait été tout d'abord réticent à certaines suggestions, mais une fois rappelé à l'édition originale il aurait concédé, avec la bonne grâce qui le caractérisait, que c'était bien ce qu'il avait écrit – en manquant par endroits de clarté. Cette anecdote illustre un problème. Je ne suis pas d'avis que traduire revienne nécessairement à « trahir », une fois déminé le terrain des possibles malentendus culturels et sémantiques. Deux autres difficultés peuvent toutefois se présenter. La reformulation d'un texte dans une langue étrangère impose des choix qui peuvent révéler un sens latent d'une pensée que l'auteur n'a pas eu à préciser. De manière tout aussi surprenante, le passage à une langue nouvelle soulève des possibilités qui peuvent ne pas exister dans la langue d'origine. Ici, l'auteur n'a pas *pu* prendre position sur la question. Le travail de traduction, s'il parvient à ne pas dénaturer l'œuvre, peut être un révélateur d'ambiguïtés comme de potentialités.

Il faut par ailleurs dire un mot sur le registre de langue employé. Tout d'abord, il s'agit bien de cycles de conférences. Hart emploie par endroits une langue « orale ». Qui plus est, il s'exprime plus généralement, à travers son œuvre, dans un langage courant en évitant tout vocabulaire technique superflu. Cela soulève la difficulté suivante. Le juriste d'Oxford s'inscrit dans une tradition en philosophie du droit faiblement influencée par le juspositivisme de Hans Kelsen dont les concepts et l'approche imprègnent le vocabulaire français de la théorie du droit. Il ne s'agit donc pas simplement de se demander comment formuler les thèses de Hart « en français ». Cela reviendrait parfois à plaquer sur ses idées un vocabulaire technique issu d'une tradition qu'il rejette en partie, avec la déformation inévitable que cela entrainerait. Ainsi, c'est à dessein que j'ai cherché à privilégier un langage courant sans jargonnage.

Quelques notes expliquent les choix cruciaux de traduction lorsqu'ils soulèvent une question importante de théorie juridique ou de culture juridique comparée. Elles cherchent à apporter des précisions qui paraîtront parfois élémentaires, mais qui semblaient utiles étant donné la diversité disciplinaire du lectorat de Hart. En revanche, la résolution des ambiguïtés de la position de Hart est réservée à la présentation critique que le lecteur pourra consulter s'il le souhaite. Elle propose une grille de lecture qui permet de montrer la place et la cohérence de ces conférences dans le corpus hartien. Il s'agit notamment d'articuler le libéralisme du juriste d'Oxford avec sa critique – parfois fuyante – de la philosophie des droits moraux naturels. Cette présentation, centrée sur sa philosophie politique et sociale, n'a pas été incluse dans ma thèse de doctorat[1].

---

1 Certaines conclusions de cette étude sont présentées dans l'introduction de l'ouvrage de thèse *Les bases philosophiques du positivisme juridique de H.L.A. Hart*, Paris, Varenne-LGDJ, 2017, p. 13-15 et p. 18 *sq.*

Ce projet aboutit grâce à l'aide précieuse de nombreuses personnes : Delphine Moraldo a collaboré à la tâche pénible de la révision du texte final de la traduction ; Nicolas Nayfeld et Ariane Brigenwald ont pris le temps de me faire parvenir des observations critiques éclairantes ; Robyn Bligh m'a aidé à défricher un premier jet de « Changing Conceptions of Responsibilty ». Je les en remercie très sincèrement.

Gregory Bligh
Lyon, juillet 2020

NOTE
SUR LA PRÉSENTATION DU TEXTE

La pagination de l'édition anglaise est reproduite entre crochets dans le corps du texte. Les renvois de pages occasionnels ne font pas référence à la pagination de l'édition française mais à la pagination d'origine de l'édition anglaise. Le lecteur pourra s'y reporter sans difficulté. Ex. : [38] indique le passage de la page 37 à la page 38 dans l'édition anglaise.

Les expressions en italiques suivies d'un astérisque apparaissent en français dans l'édition anglaise. Ex : *laissez-faire** ; *par excellence** ; etc.

LE DROIT, LA LIBERTÉ ET LA MORALE

Law, Liberty, and Morality

Conférences *Harry Camp* –
Université de Stanford, 1962

Traduit de l'anglais par Gregory Bligh

PRÉFACE DE 1963

Bien qu'il ne concerne qu'un faible nombre de personnes, le *Suicide Act* (loi sur le suicide) de 1961 doit être considéré comme un véritable point de repère dans notre histoire juridique. C'est la première loi, depuis un siècle au moins, à dépénaliser une pratique à la fois clairement condamnée par la morale conventionnelle chrétienne et punie par le droit. Nombreux sont ceux à espérer que le *Suicide Act* sera suivi par d'autres réformes, et qu'ainsi certaines formes d'avortement, de pratiques homosexuelles entre adultes consentants dans un cadre privé, ainsi que certaines formes d'euthanasie cesseront de constituer des infractions criminelles. Les partisans de ces réformes considèrent, comme pour le cas du suicide, que la souffrance engendrée par la sanction pénale, directement ou indirectement, dépasse de loin les torts qui peuvent être raisonnablement imputés à ces pratiques. Cependant, le sort réservé aux recommandations de la Commission Wolfenden ne nourrit guère l'espoir que de telles réformes voient le jour dans un avenir proche. Comme le montre clairement notre histoire, s'il est relativement aisé de fabriquer du droit pénal, il est excessivement difficile de s'en défaire.

Les partisans de la réforme se retrouvent tôt ou tard impliqués dans une argumentation générale sur la portée qu'il convient de donner au droit pénal, et ces trois conférences, prononcées l'année dernière à l'Université de Stanford, sont une modeste contribution à ce débat. Elles visent principalement à critiquer une position défendue par des juges anglais influents – avec une constance remarquable au cours du siècle passé – à l'encontre des arguments réformistes. Il s'agit notamment de l'opinion selon laquelle il est approprié d'avoir recours au droit pénal pour punir l'immoralité en tant que telle, même si celle-ci ne porte pas préjudice à autrui. Les déviances à l'égard de la morale sexuelle conventionnelle – telles que les pratiques homosexuelles – offrent l'exemple le plus clair de transgressions qui ne causent aucun dommage à autrui. Notre propos portera donc essentiellement sur celles-ci. C'est pour cette raison que ces conférences se concentrent sur ce sujet, et non parce que je considère que d'autres chantiers de réforme sont moins urgents.

NOTE DE L'AUTEUR
(TIRAGE DE 1969)

Dès 1967, les opinions exprimées dans la préface de 1963 concernant les perspectives de réformes pénales se sont avérées trop pessimistes. Ainsi, le *Sexual Offences Act* (loi sur les infractions sexuelles) (1967) prévoit, avec quelques exceptions, que les actes homosexuels accomplis dans un cadre privé ne constitueront plus une infraction dès lors que les parties sont consentantes et qu'elles ont atteint l'âge de 21 ans. L'*Abortion Act* (loi sur l'avortement) (1967) autorise quant à lui un médecin agréé à procéder à un avortement si deux praticiens estiment que la poursuite de la grossesse mettrait en danger la vie ou la santé mentale de la mère (l'environnement de la mère peut être pris en compte pour déterminer cette santé mentale), ou s'il y a des risques importants que l'enfant souffre d'anomalies physiques ou mentales au point d'en être lourdement handicapé à la naissance.

Mai 1969

PRÉFACE DE 1981

[vi] Je saisis l'opportunité d'un nouveau tirage de ce livre pour faire quelques brèves observations qui permettront peut-être d'en expliquer l'objectif et la portée, notamment sur des points qui ont pu être mal compris par certains de mes critiques[1]. Je le fais également pour répondre à une objection majeure soulevée par Lord Devlin. J'ajoute également une liste de certains des travaux les plus importants et les plus éclairants qui portent sur les principaux arguments de cet ouvrage.

RETOUR SUR LA CONTROVERSE

Les trois conférences qui forment ce livre furent prononcées à l'Université de Stanford en 1962 et entendaient contribuer, avec mes deux articles précédents « *Immorality and Treason* » (*The Listener*, 1959[2]) et « *The Use and Abuse of the Criminal Law* » (*Oxford Lawyer*, 1961), au débat public qui avait alors lieu en Angleterre autour de la portée qu'il convient de donner au droit pénal, débat suscité par la publication en 1959[3] du rapport de la Commission sur les délits d'homosexualité et sur la prostitution (le *Rapport Wolfenden*). Ce rapport avait recommandé

1 Voir : R.M. Dworkin, « Lord Devlin and the Enforcement of Morals », *Yale Law Journal*, 1966, p. 986 (réimpr. in *Taking Rights Seriously*, Londres, Duckworth, chap. 10) ; B. Mitchell, *Law, morality, and Religion in a Secular Society*, Oxford, Oxford University Press, 1967 ; D.G. Brown, « Mill on Liberty and Morality », *Philosophical review*, 1972, p. 133 ; R.E. Sartorius, « The Enforcement of Morality », *Yale Law journal*, 1972, p. 591 ; J.C. Dybikowski, « Lord Devlin's morality and its enforcement », *Proceedings of the Aristotelian Society*, 1975, p. 89. [N.D.T. : Hart indique ces articles dans la bibliographie supplémentaire de 1981. Nous les ajoutons ici en note.]

2 [N.D.T.] L'article a été traduit : H.L.A. Hart, « Immoralité et trahison », trad. fr. M. Carpentier, *Droit & Philosophie*, 2014, vol. 6, p. 157-163.

3 [N.D.T.] Le rapport fut publié en septembre 1957.

la dépénalisation des pratiques homosexuelles entre adultes consentants dans un cadre privé, au motif que le seul fait que de telles pratiques soient considérées comme immorales ne suffit pas en soi à justifier le recours au droit pénal : ce n'est pas l'affaire du droit que de chercher à contrôler une conduite du fait de son immoralité au regard des normes sociales (*standards*[4]) acceptées. L'argument avancé par la Commission Wolfenden fut attaqué par Lord Devlin – alors *Lord of Appeal in Ordinary*[5] et reconnu comme un juriste de grande distinction – dans la *Maccabean*

4 [N.D.T.] C'est avec la plus grande hésitation que nous traduisons ici le terme anglais « *standard* » par « norme ». Dans *Law, Liberty, and Morality*, nous avons choisi, faute de mieux, de recourir, tantôt à la notion de « norme *sociale* », tantôt de « règle *juridique* » (selon le contexte) en indiquant systématiquement qu'il s'agissait du terme « *standard* ». (i) Il faut cependant indiquer que Hart emploie seulement le terme « règle » (*rule*) dans sa théorie juridique, et qu'il *refuse* d'avoir recours au terme « *norm* » qui existe en anglais dans un sens proche de la notion française de « norme ». C'est donc intentionnellement que Hart emploie les termes *standard* et *rule*, mais non celui de *norm*. À l'exception d'une occurrence dans *The Concept of Law* [*CL*], Oxford, OUP, 3e éd. 2012, p. 176 (« normes *sociales* »), le terme n'apparaît que lorsque Hart cite directement *Kelsen* (*CL*, p. 2, 35, 207, 233-236, 286, 292-294, 306 – ou A. Ross : *CL*, p. 284, 286). (ii) Le terme « *standard* » renvoie quant à lui à un objet normatif pris dans son sens le plus générique. Ainsi, les principes, comme les règles, sont des *standards*. Les lois (*legislated rules*) peuvent également être qualifiées de *standards* (*CL*, p. 33). Le terme français « standard » n'est cependant d'aucun secours. Il met l'accent sur l'idée d'un modèle de référence auquel une chose correspond, ou avec lequel elle est en conformité (ex. « standards de vie/durée »). Cela ne rend que difficilement compte d'aspects élémentaires d'un ordre juridique comme une règle ou un principe (on peut dire à la rigueur « juger les gens d'après nos standards » – c'est-à-dire d'après nos attentes ou nos conceptions). Or, pour traduire le terme tel qu'employé chez Hart, il faut qu'une *loi*, comme toute autre règle, puisse constituer un « standard » (fr.). Qui plus est, le terme standard a aujourd'hui un sens particulier dans le langage *juridique* français (un objet normatif vague ou souple auxquelles les autorités ont recours en l'absence, justement, d'une règle ou d'un principe) : voir S. Rials, *Le juge administratif français et la technique du standard*, Paris, LGDJ, 1980. (iv) Michel van de Kerchove a perçu l'indisponibilité des *deux* notions – norme *et* standard (fr.) – et propose ainsi de traduire par « modèle de comportement » (ex. *CL*, trad. fr., p. 52, 57). Cela présente l'avantage de mettre en lumière la règle comme élément *externe* à l'individu que ce dernier peut *utiliser* pour diriger sa conduite et évaluer celle des autres. Cela met également en évidence la conception hartienne de la « normativité » d'un *standard* (ang.) comme capacité à guider les conduites. Néanmoins, cela laisse entendre que « la règle » appartient à une catégorie plus générale : celle de « modèle ». Or, c'est la traduction française qui introduit ici un concept nouveau en technicisant le vocabulaire de Hart, là où le terme *standard* appartient au langage courant. Pour cette raison, il est difficile de soutenir, sans s'éloigner de Hart, qu'une loi (un principe, etc.) est un *modèle* de comportement. Il n'y a peut-être pas de bonne solution à ce problème de traduction.

5 [N.D.T.] Lord Devlin est à vrai dire *Justice of the High Court* en 1959. Ce n'est qu'en 1960 qu'il est nommé à la *Court of Appeal* (devenant *Lord Justice of Appeal*), puis à la *House of Lords* dès 1961 (devenant *Lord of Appeal in Ordinary*). Lord Devlin est alors le plus jeune

Lecture intitulée « *The Enforcement of Morals* » qu'il délivra à la *British Academy* en 1959. Consacrée à la mise en œuvre de la morale par le droit (*the enforcement of morals*), elle fut publiée par la suite avec d'autres articles dans son ouvrage du même nom en 1965[6]. Son argument central est que la présence d'une morale partagée est aussi nécessaire à l'existence de la société que l'est la présence d'un gouvernement accepté. [vii] La mise en œuvre de la morale par le droit se trouve donc justifiée par le simple fait que l'on doit pouvoir recourir au droit afin de préserver tout élément essentiel à l'existence de la société. Lord Devlin développe une analogie entre l'immoralité – c'est-à-dire l'atteinte au code moral partagé d'une société – et la trahison, suggérant ainsi que la répression de l'immoralité est autant l'affaire du droit que la répression d'activités subversives, et qu'elle se justifie selon les mêmes fondements.

Pour comprendre le présent livre, il est important de se rendre compte que les arguments qui s'y trouvent sont principalement de caractère négatif. Ils visent à répondre à la position spécifique adoptée par Lord Devlin pour justifier le recours au droit pénal afin de punir les déviances par rapport à la morale partagée d'une société. Je me suis efforcé de mettre cela en évidence en établissant une distinction entre la morale « positive » partagée d'une société et la morale « critique ». J'ai souligné le point central de mon désaccord avec Lord Devlin, à savoir l'importance qu'il convient d'accorder au seul fait qu'une conduite, quelle qu'elle soit, est prohibée par la morale positive d'une société. Certains de mes critiques m'ont reproché d'avoir repris à Lord Devlin une définition erronée et trompeuse de la morale. Ils rejettent l'idée que l'on puisse qualifier de « morales » certaines normes sociales (*standards*) du seul fait qu'elles soient largement partagées au sein d'une société donnée et fortement soutenues par des sentiments « d'intolérance, d'indignation, et de dégoût » (qui sont pour Lord Devlin les critères d'une morale que le droit peut mettre en œuvre). Mes critiques me reprochent également de n'avoir pas cherché dans ce livre à voir si d'autres arguments auraient pu mieux justifier, sur la base d'une définition plus convenable, une mise en œuvre des exigences de la morale par le droit. Il est certain que ces critiques soulèvent des questions importantes, mais je suis également certain que le type

juge du XXe siècle, appelé à siéger à l'âge de 42 ans. Il crée la surprise en renonçant très vite à ses fonctions, en 1964, après 15 années de service.

6 P. Devlin, *The Enforcement of Morals*, Oxford, Oxford University Press, 1965.

de position défendue par Lord Devlin séduit de prime abord beaucoup d'hommes et de femmes ordinaires qui partagent la même conception de la morale conventionnelle, et considèrent comme lui cette morale comme le « lien invisible » qui soude la société. De plus, comme j'ai essayé de le montrer dans mon article ultérieur « Social Solidarity and the Enforcement of Morality[7] », il y a une ressemblance frappante entre ces conceptions de la morale et les théories sociologiques très influentes d'Émile Durkheim et de Talcott Parsons. J'ai donc considéré que de telles conceptions étaient suffisamment importantes pour mériter à elles seules un examen approfondi, [viii] même s'il y aurait sans doute d'autres fondements sur lesquels il serait peut-être possible de justifier la mise en œuvre de la morale définie autrement.

PATERNALISME PHYSIQUE ET PATERNALISME MORAL

Au-delà de la remise en question des lignes directrices de l'argument de Lord Devlin, je rejette également dans ce livre son recours à certaines dispositions du droit anglais comme éléments de preuve (*evidence*) que le droit (*law*) chercherait à mettre en œuvre la morale positive « en tant que telle ». Ainsi, concernant la disposition de notre droit pénal qui interdit que l'on invoque le consentement de la victime comme moyen de défense en cas d'accusation de meurtre ou d'agression volontaire – que Lord Devlin cite comme un exemple de mise en œuvre juridique de la morale –, j'ai soutenu que celle-ci s'expliquerait plutôt comme un élément de paternalisme juridique, c'est-à-dire le recours au droit pour empêcher une personne de se porter préjudice à elle-même ou de consentir à ce que d'autres le fassent. Reconnaissant que John Stuart Mill n'aurait pas lui-même admis un tel paternalisme juridique, j'ai critiqué ce rejet, trop absolu et trop dogmatique chez Mill, qu'il devait à une adhésion excessive à l'idée, d'une part, qu'un adulte est toujours

7 H.L.A. Hart, « Social Solidarity and the Enforcement of Morality », *University of Chicago* Press, 1967, vol. 35, p. 1-13 [« La solidarité sociale et la mise en œuvre de la morale par le droit », trad. fr. G. Bligh et M. Plouviez, *Droit & philosophie*, vol. 6, 2014, p. 181-195].

le mieux placé pour savoir ce qui est dans son propre intérêt, et, d'autre part, que la contrainte imposée à l'individu[8] dans son propre intérêt est toujours futile.

Lord Devlin répond à la distinction que j'ai établie entre mise en œuvre de la morale positive et paternalisme dans son article « Morals and Contemporary Social Reality[9] », reproduit dans son recueil. C'est à mon avis la plus importante de toutes les critiques qu'il a formulées à l'encontre de mon livre. Il soutient que dès lors que l'on admet que le droit pénal peut avoir une fonction paternaliste, quelle qu'elle soit, on ne saurait de manière cohérente le limiter à ce qu'il nomme « le paternalisme physique » ou « le contrôle du bien-être physique (*physical welfare*) d'une personne ». Une fois le paternalisme admis, il devrait pouvoir être étendu au paternalisme en matière morale (« paternalisme moral »), c'est-à-dire au contrôle du bien-être moral (*moral welfare*) d'une personne afin de la protéger de tout tort moral (*moral harm*[10]) ; or, il serait impossible de distinguer cela de l'usage du droit pénal comme moyen de mise en œuvre de la morale.

Cet argument ne semble plausible que par son recours à des expressions mal définies telles que « bien-être moral », « bien moral », ou « tort moral », comme si celles-ci se comprenaient aisément comme des notions parallèles au type de bien, de bien-être ou de protection que l'on assure à une personne lorsqu'on la contraint, dans son propre intérêt, à prendre des précautions à l'encontre d'un dommage corporel [ix] (en l'obligeant par exemple à porter un casque à motocyclette ou une ceinture lorsqu'elle est en voiture), et qu'on la préserve ainsi des blessures, de la douleur, ou de la mort. Or, il ne m'apparaît pas clairement en quoi il faudrait considérer

8 [N.D.T.] Hart emploie rarement le terme « *individual* » dans les deux ouvrages traduits, ce qui peut paraître surprenant étant donné leur sujet et la position libérale qu'il défend. Son libéralisme, tout comme la défense des libertés en *common law*, ne s'articule pas autour de la notion d'individu (voir *infra* dans notre présentation critique, son rejet de la philosophie des droits naturels). Hart emploie le plus souvent le terme « *man/men* » ou « *person* ». Lorsque la notion apparaît, c'est le plus souvent dans l'expression « liberté individuelle ». Cela nous a paru frappant. Nous avons donc veillé, malgré les lourdeurs, à ne faire apparaître le terme « individu » que lorsque Hart l'avait employé lui-même.

9 P. Devlin, « Morals and Contemporary Social Reality », *The Enforcement of Morals*, *op. cit.*, chap. 7, p. 124-139 [« La morale et la réalité sociale contemporaine », trad. fr. M. Carpentier, *Droit & Philosophie*, vol. 6, 2014, p. 165-180].

10 [N.D.T.] Il fallait éviter ici les expressions « dommage moral » et « préjudice moral » qui ont des significations spécifiques en droit français. L'expression « mal moral », quant à elle, aurait été inexacte.

que le fait de forcer une personne à se conformer à des exigences morales – quant à sa conduite sexuelle par exemple – sous la menace de sanctions pénales assurerait à celle-ci un bien ou un bien-être quelconque. Il s'agit là d'une question sérieuse, quelle que soit la définition que l'on donne de la morale. Elle l'est d'autant plus lorsque la morale en question est définie simplement comme l'ensemble des conventions largement et fermement soutenues d'une société donnée. Le seul fait pour une personne de s'écarter d'un code moral accepté (qui est ce que Lord Devlin entend par « la morale » dans ce contexte) suffit-il en soi à considérer qu'elle subit là un mal ? Il serait extraordinaire de considérer que ce serait se nuire « moralement » pour un homme noir Sud-Africain de refuser de se conformer au code moral de l'apartheid, ou pour une femme Indienne de refuser de suivre le rite de la sati alors qu'il est considéré comme son devoir moral de le faire. Et cela vaut bien entendu pour les homosexuels là où la morale sociale prédominante interdit cette forme d'activité sexuelle. Si les expressions « bien-être moral » et « tort moral » doivent avoir un sens propre, et ne pas être employées arbitrairement comme de simples *synonymes* de la conformité ou du manquement à la morale sociale, alors il faut un critère pour identifier ce « tort » qui soit indépendant de l'immoralité (prétendue) de la conduite. En l'absence d'un tel critère, on ne saurait soutenir que ceux qui acceptent le « paternalisme physique » doivent également accepter, par souci de cohérence, la mise en œuvre de la morale sociale au motif qu'elle assurerait à l'agent un bien-être moral ou qu'elle lui éviterait un tort moral.

REFORMULER LA PROBLÉMATIQUE

Il y a toutefois deux passages dans lesquels une rédaction négligente de ma part a pu susciter quelques malentendus. À la page 4, je propose trois formulations différentes de la question à laquelle ce livre cherche à répondre. Suffit-il que certaines conduites soient immorales au regard de conceptions partagées pour justifier la punition de ces conduites par le droit ? Est-il moralement permis de mettre en œuvre la morale en tant que telle ? L'immoralité en tant que telle doit-elle constituer un crime ?

Ce fut imprudent de ma part de ne pas répéter, dans les deux dernières formulations, l'expression « au regard de conceptions partagées » car, comme l'ont fait remarquer mes critiques, [x] les trois questions ne s'équivalent pas si l'on n'inclut pas ces termes. J'espère toutefois que j'ai pu rendre claires mes intentions à la plupart des lecteurs, d'une part en insistant sur la distinction que j'établis entre morale positive et morale critique, d'autre part, lorsque j'affirme, à la page 20, que la question dont traite ce livre est bien celle de la mise en œuvre de la morale positive par le droit.

Par ailleurs, j'ai également omis d'indiquer la chose suivante en me référant à John Stuart Mill : bien que ce dernier aurait rejeté la défense par Lord Devlin de la mise en œuvre de la morale positive de la société en tant que telle, sa thèse, telle qu'exposée dans son éssai *On Liberty*, admet que l'on puisse justifier une entrave à la liberté de l'individu, mais sur l'unique fondement que sa conduite est moralement mauvaise[11]. Bien entendu, le critère de l'immoralité ne correspond pas ici à la morale acceptée de la société, mais plutôt au caractère nuisible de cette conduite pour autrui.

Mars 1981

11 Voir : C.L. Ten, « Crime and immorality », *Modern Law Review*, 1969, p. 648 ; *id.*, « Paternalism and Morality », *Ratio*, 1971, p. 56 ; *id.*, « Enforcing a Shared Morality », *Ethics*, 1972, p. 321 ; *id.*, *Mill on Liberty*, Oxford, Oxford University Press, 1980. [N.D.T. : Hart indique ces travaux dans la bibliographie supplémentaire de 1981. Nous les ajoutons ici en note.]

I. LA MISE EN ŒUVRE DE LA MORALE PAR LE DROIT

[1] Ces conférences sont consacrées à une question portant sur les relations entre le droit et la morale. Je dis bien « une question » car on tend à oublier, dans l'ardeur des controverses qui surviennent lorsque l'on évoque conjointement le droit et la morale, qu'il n'y en a pas qu'une seule, mais bien plusieurs, méritant chacune une attention particulière. Je commencerai donc par distinguer quatre de ces questions avant d'identifier celle qui retiendra la mienne.

La première est une question historique et causale : le développement du droit a-t-il été influencé par la morale ? La réponse est tout simplement : « Oui ». Bien entendu, cela n'empêche pas d'apporter une même réponse affirmative à la question inverse, à savoir : le développement de la morale a-t-il été influencé par le droit ? Si cette deuxième interrogation n'a pas encore fait l'objet d'un examen adéquat, il existe aujourd'hui plusieurs études américaines et anglaises admirables portant sur la première. [2] Celles-ci soulignent les nombreuses manières par lesquelles la morale a pu déterminer le cours du droit, tantôt de manière voilée et lente à travers le processus judiciaire, tantôt de manière ouverte et abrupte à travers la législation. Je n'en dirai pas plus à propos de cette question historique causale, si ce n'est pour mettre en garde : répondre par l'affirmative à cette question (et à la question inverse) n'implique pas pour autant que l'on réponde par l'affirmative à d'autres questions, tout à fait différentes, se rapportant elles aussi aux relations entre droit et morale.

On peut qualifier la seconde question d'analytique ou de définitionnelle. Doit-on nécessairement faire référence à la morale dans une définition adéquate du droit ou du système juridique ? Ou est-ce seulement un fait contingent que le droit et la morale se recoupent fréquemment (dans leur interdiction commune de certaines formes de violence ou de malhonnêteté, par exemple) et qu'ils partagent le vocabulaire des droits, des obligations et des devoirs ? Ces questions sont célèbres dans la longue histoire de la philosophie du droit, mais peut-être ne méritent-t-elles pas tout le temps et l'encre qui leur ont été consacrés. Deux éléments ont contribué à rendre interminables les discussions à ce sujet. Premièrement, le problème a été obscurci par l'usage de mots grandiloquents mais vagues comme « Positivisme » et « Droit naturel ». On a agité des étendards et des partis se sont formés dans un débat bruyant mais bien souvent confus. Deuxièmement, on s'est trop peu intéressé dans cette cohue aux critères permettant de juger du caractère adéquat d'une définition du droit. Une telle définition doit-elle exposer le sens, s'il y en a un, que l'homme ordinaire (*plain*) entend attribuer aux expressions « droit » ou « système juridique » lorsqu'il les emploie ? [3] Doit-elle plutôt chercher à délimiter certains phénomènes sociaux en vue de fournir une classification utile et éclairante à des fins théoriques ?

Une troisième question concerne la possibilité et les formes de la critique morale du droit. Le droit est-il ouvert à la critique morale, ou bien le fait d'admettre qu'une règle est une règle juridique valide place-t-il celle-ci au-delà de toute critique ou de toute condamnation qui se référerait à des conceptions ou des principes moraux ? Dans cet auditoire, sans doute, peu d'entre vous verraient une contradiction ou un paradoxe dans l'affirmation selon laquelle une règle de droit peut être valide tout en étant en conflit avec un principe moral obligatoire (*binding*) exigeant un comportement contraire à celui qu'elle prescrit. À notre époque, cependant, Kelsen a pu soutenir qu'une telle affirmation comporte une contradiction logique, à moins d'être interprétée comme une déclaration autobiographique ou psychologique du locuteur qui ferait simplement état d'inclinations divergentes : une première à vouloir respecter la loi, une deuxième à y désobéir en observant le principe moral[1].

Cette troisième question contient de nombreuses interrogations secondaires. Même en admettant, avec la plupart des gens, la possibilité d'une critique morale du droit, nous pouvons nous demander s'il y a des formes de critique morale qui sont uniquement et exclusivement pertinentes en matière juridique. Ainsi, les formes pertinentes de critiques se limitent-elles à celles formulées en termes de Justice, ou bien

1 H. Kelsen, *General Theory of Law and State*, trad. ang. A. Wedberg, Cambridge (Mass.), Harvard University Press, 1949 (1945), p. 374-376, p. 407-410.

la notion de « loi bonne » est-elle plus large que celle de « loi juste » dont elle se distingue ? [4] La Justice est-elle simplement le nom d'une distribution efficace de l'Utilité (*Utility*) ou du Bien-être (*Welfare*), comme semble l'avoir pensé Bentham, ou peut-elle être réduite à ces éléments ? Manifestement, c'est le bien-fondé (*adequacy*) de l'utilitarisme comme critique morale des institutions sociales qui est ici en question.

La quatrième question est l'objet de ces conférences. Elle concerne la mise en œuvre de la morale par le droit et a été formulée de plusieurs manières : le fait que certaines conduites soient immorales au regard de normes communes (*common standards*) suffit-il à justifier qu'elles soient punies par le droit ? Est-il moralement permis de faire respecter juridiquement la morale en tant que telle (*to enforce morality as such*) ? L'immoralité devrait-elle en tant que telle constituer un crime ?

Il y a cent ans, John Stuart Mill s'opposa catégoriquement à cette suggestion dans son essai *On Liberty*. La phrase désormais célèbre dans laquelle il formule sa réponse exprime la doctrine centrale de son essai. Il y déclare que « la seule raison légitime que puisse avoir une communauté civilisée pour user de la force à l'encontre d'un de ses membres contre son gré est de l'empêcher de nuire aux autres ». Il ajoute, afin d'identifier les nombreux éléments qu'il entend exclure, que :

> (...) son propre bien [de l'individu], physique ou moral, ne constitue pas une justification suffisante. Un homme ne peut pas être légitimement contraint d'agir ou de s'abstenir sous prétexte que ce serait meilleur pour lui, sous prétexte que cela le rendrait plus heureux ou que, dans l'opinion des autres, agir ainsi serait sage ou même juste[2].

[5] Cette doctrine, nous dit Mill, ne doit s'appliquer qu'à des êtres humains « dans la maturité de leurs facultés[3] » : elle ne doit s'appliquer ni

2 Mill, *On Liberty*, chap. 1. [*De la liberté*, trad. fr. L. Lenglet, Paris, Gallimard, 1990, p. 74]. [N.D.T. : Nous avons complété les notes de Hart lorsque c'était nécessaire à la compréhension du propos. Nous ne modifions pas celle-ci afin que le lecteur puisse apprécier le caractère notoirement lapidaire de ses citations. Il n'indique jamais, lorsqu'il cite Mill, l'éditeur ni la page. La première édition correctement citée, à notre connaissance, est celle des œuvres complètes de Mill, dirigée par J. Robson, parue postérieurement à *Law, Liberty, and Morality* : J.S. Mill, *Collected Works, Vol. XVIII – Essays on Politics and Society*, Toronto, University of Toronto Press, 1977 (voir : H.L.A. Hart, *Essays in Jurisprudence and Philosophy*, Oxford, Clarendon Press, 1983, p. 187 n. 20 ; *id.*, *Essays on Bentham*, Oxford, Clarendon Press, 1982, p. 89 n. 38). Dans le présent cycle de conférences, il consulte sans doute l'édition Longmans, Green, & Co. très courante en Grande Bretagne depuis la fin du XIXe siècle.]

3 J.S. Mill, *On Liberty*, chap. 1 [trad. fr., p. 75].

à des enfants ni à des sociétés arriérées. Malgré cela, cette doctrine a fait l'objet d'importantes critiques théoriques appuyées sur deux fondements distincts et, à vrai dire, incompatibles. Certains détracteurs ont soutenu que la ligne que tente de tracer Mill entre les actions avec lesquelles le droit peut interférer et les autres est illusoire. « Nul homme n'est une île[4] » ; et il est impossible d'identifier, dans une société organisée, des classes d'actions qui ne nuiraient à nulle autre personne qu'à l'individu qui les accomplirait. D'autres détracteurs ont admis que l'on pourrait distinguer les actions de cette manière, mais insistent sur le fait qu'il est tout simplement dogmatique de la part de Mill de limiter la contrainte juridique à la classe des actions qui portent atteinte à autrui. Il y aurait, selon eux, de bonnes raisons d'imposer la conformité à la morale sociale et de punir les déviances, même lorsque celles-ci ne nuisent pas à autrui.

Ce débat sera principalement appréhendé sous l'angle du cas spécifique de la morale sexuelle, car il semble *prima facie* plausible, en la matière, qu'il y ait des actions qui ne nuisent à personne bien qu'elles soient considérées comme immorales au regard des normes sociales (*standards*) acceptées. Je souhaite cependant formuler une mise en garde afin d'éviter tout malentendu : je ne propose pas de défendre tout ce que Mill a pu dire, car je suis moi-même d'avis qu'il pourrait y avoir d'autres raisons justifiant la contrainte juridique de l'individu que celle de l'empêcher de nuire à autrui. Cependant, en ce qui concerne la question plus restreinte de la mise en œuvre de la morale, il me semble que Mill a raison. Il est bien entendu possible de se contenter d'affirmer qu'une société n'a pas besoin de justifier la mise en œuvre juridique de sa morale, [6] puisque c'est une morale qui est déjà mise en œuvre. Toutefois, les détracteurs de Mill ne se sont pas limités à cette affirmation simpliste. Bien au contraire, ils ont avancé de nombreux arguments pour justifier la mise en œuvre de la morale. Comme je tenterai néanmoins de le démontrer, ces arguments reposent tous sur des suppositions injustifiées quant aux faits, ou sur des évaluations dont la plausibilité diminue (même si elle ne disparaît pas complètement) lorsqu'elles sont soumises à un examen critique, et ce dans une large mesure en raison d'ambiguïtés, d'indéterminations, ou d'inexactitudes dans leurs énoncés.

4 [N.D.T.] « *No man is an island* ». Titre d'un poème (John Donne, 1624) devenu expression courante. Ruwen Ogien fait référence à l'argument de l'« îlot isolé », *L'éthique aujourd'hui. Maximalistes et minimalistes*, Paris, Gallimard, 2007, p. 88.

CONSPIRATION EN VUE DE CORROMPRE LA MORALE PUBLIQUE

Depuis quelques années en Angleterre, la question de savoir si l'on doit avoir recours au droit pénal pour punir l'immoralité « en tant que telle » a acquis une importance toute nouvelle, car on assiste, à mon avis, à un renouveau de ce que l'on pourrait appeler le *moralisme juridique*. Certains juges se sont évertués, tant dans le cadre de leur fonction judiciaire que dans des déclarations extra-judiciaires, à défendre l'idée que la mise en œuvre de la morale sexuelle fait partie intégrante des fonctions du droit, tout autant d'ailleurs – d'après l'un de ces juges – que la répression de la trahison. Les causes de cette résurgence du moralisme juridique ne sont pas claires : de nombreux facteurs ont dû jouer, parmi lesquels, peut-être, l'idée qu'un durcissement généralisé des sanctions attachées à l'immoralité sous toutes ses formes pourrait être une manière de faire face à cette augmentation générale de la criminalité qui nous cause beaucoup d'inquiétude. [7] Quelle qu'en soit la raison, ce mouvement d'opinion judiciaire est allé très loin. L'an passé, dans l'affaire *Shaw v. Director of Public Prosecutions*[5], la Chambre des Lords a exhumé l'idée selon laquelle la « conspiration en vue de corrompre la morale publique » était une infraction de *common law*[6], alors que l'on pensait cette notion (elle-même une création de la Chambre Étoilée) enterrée depuis le XVIIIe siècle. La conséquence de cette décision est que le ministère public anglais peut désormais répondre aux problèmes complexes auxquels il doit faire face muni du *dictum* de Lord Mansfield, formulé en 1774, que certains juges ont invoqué dans leurs discours dans l'affaire *Shaw* :

> Tout ce qui est *contra bonos mores et decorum* est défendu par les principes de notre droit, la *King's Court* ayant le devoir, en tant que censeur général et gardien de la morale publique, de punir et de réprimer ces atteintes[7].

5 *Shaw v. Director of Public Prosecutions* [1962] A.C. [*Law Reports, Appeal Cases*] 223 ; [1961] 2 All E.R. [*All England Law Reports*] 446.

6 [N.D.T.] Hart parle ici d'une « *common law offence* », c'est-à-dire une infraction trouvant sa source dans les règles de *common law*, à la différence d'une « *statutory offence* », d'origine législative, c'est-à-dire trouvant sa source, en droit britannique, dans le *statute law*.

7 *Jones v. Randall* (1774) Lofft. [*Lofft's King Bench Reports*] 385.

Le code pénal californien, tout comme celui de plusieurs États de l'Union, comprend dans sa classification (*calendar*) des crimes celui de « conspiration en vue de nuire à la morale publique ». Que la reconnaissance de cette infraction par la Chambre des Lords anglaise soit présentée comme un développement récent peut ainsi paraître étrange aux yeux d'un Américain. Contrairement aux Anglais, cependant, les Américains ont l'habitude de trouver parmi leurs lois tout un bric-à-brac de dispositions de droit pénal qui ne sont plus appliquées. On m'assure ainsi, en Californie du moins, que la disposition pénalisant la conspiration en vue de corrompre la morale publique peut être sans risque considérée comme lettre morte. [8] Il n'en va pas de même pour les Anglais, et le recours à cette règle dans l'affaire *Shaw*, ainsi que l'usage futur envisagé par la Chambre des Lords, méritent tous deux considération.

Les faits de l'espèce dans le procès de *Shaw* ne sont pas de nature à éveiller la moindre sympathie envers l'accusé. Shaw avait mis au point et obtenu la publication d'un magazine, intitulé le *Ladies Directory*, procurant le nom et l'adresse de prostituées, avec dans certains cas des photographies dénudées, ainsi qu'une indication codée des pratiques proposées. Pour cette raison, Shaw fut inculpé et jugé coupable de trois infractions : (1) publication d'un article obscène ; (2) vivre des revenus des prostituées qui payaient pour que leur annonce figure dans le *Ladies Directory* ; et (3) conspiration en vue de corrompre la morale publique au moyen du *Ladies Directory*.

On pourrait voir là une laborieuse machine à trois têtes mise en place afin de s'assurer de la condamnation et de l'emprisonnement de Shaw, mais le droit anglais a toujours privilégié une politique de l'exhaustivité. Non seulement les juges de la Chambre des Lords ne soulevèrent aucune objection à l'inclusion du chef d'accusation de conspiration en vue de corrompre la morale publique, mais ils confirmèrent – malgré une opinion dissidente (de Lord Reid) – l'argument du ministère public selon lequel cette infraction était toujours en vigueur en droit anglais, et que c'était là une chose salutaire. Afin de mettre l'accent sur ce principe, ils s'aventurèrent dans le champ des considérations politiques (*the realm of policy*), chose rare pour des juges anglais.

[9] Pour montrer la nécessité actuelle de cette règle pénale nouvellement ressuscitée, l'un des juges et ancien garde des sceaux (*Lord Chancellor*), Lord Simonds, déclara de manière frappante :

> En affirmant, longtemps après l'abolition de la Chambre Étoilée, que la *Court of King's Bench* constitue le *custos morum* du peuple et a compétence pour connaître des délits *contra bonos mores*, Lord Mansfield soutenait en réalité – comme je le soutiens moi-même à présent – que cette Cour est dotée d'un pouvoir résiduel lui permettant de connaître des délits portant préjudice au Bien public, là où aucune loi n'est encore intervenue pour supplanter le *common law*. Ces occasions se feront rares, car le Parlement ne tarde pas à légiférer lorsqu'une question a capté son attention. Mais des failles demeurent, et demeureront toujours, étant donné que nul ne peut prévoir toutes les manières par lesquelles la perversité (*wickedness*) de l'homme peut perturber l'ordre de la société. Permettez-moi de prendre un exemple particulier. (...) Supposons que dans un futur, peut-être assez proche, les relations homosexuelles entre adultes masculins consentants ne soient plus un crime. Ne serait-ce tout de même pas un délit que de telles pratiques, même sans obscénité, soient publiquement soutenues et encouragées par des pamphlets et des publicités ? Ou devrions-nous plutôt attendre que le Parlement trouve le temps de s'occuper de cette conduite ? *My Lords*, si le *common law* ne devait avoir aucun pouvoir dans un tel cas, alors nous ne lui devrions plus révérence. Je soutiens, cependant, que sa main demeure forte et qu'il incombe aux Juges de Sa Majesté de jouer le rôle que Lord Mansfield leur a indiqué[8].

[10] Il s'agit là, sans aucun doute, d'un bel exemple de rhétorique judiciaire anglaise dans son style le plus baroque. De futurs juges n'y verront peut-être qu'un *obiter dictum* et en laisseront une bonne partie de côté. Cependant, l'interprétation proposée par la Chambre des Lords de cette idée excessivement vague et obscure de corruption de la morale publique a permis de façonner une arme formidable afin de punir l'immoralité en tant que telle. En effet, il apparaît clairement, au regard des directives adressées au jury et approuvées par la Chambre des Lords dans cette affaire, qu'aucune limite n'est imposée en pratique pour établir l'existence de ce qui pourrait être ordinairement perçu comme une « conspiration » ou une « corruption ». Comme l'a soutenu Lord Reid, la force de ces termes a été « diluée » de telle sorte qu'il suffit d'établir que l'accusé a accepté de dire ou de faire quelque chose qui, aux yeux d'un jury, serait susceptible « de détourner moralement autrui du droit chemin[9] ». Qui plus est, aucune conception particulière de la notion de « public » n'est mobilisée, de même qu'il n'est nul besoin que la morale en question ait un caractère « public » au-delà du fait qu'elle est la morale généralement acceptée.

8 *Shaw v. Director of Public Prosecutions* [1962] A.C. 268 ; [1961] 2 All E.R. 452-453.

9 *Shaw v. Director of Public Prosecutions* [1962] A.C. 282 ; [1961] 2 All E.R. 461, 466.

Les commentateurs juridiques britanniques n'ont pas encore éclairci la nature de la relation entre cette infraction très générale de *common law* et certaines règles législatives définissant des infractions spécifiques en matière de morale sexuelle. Cependant, il y a fort à parier que le ministère public pourra désormais se prévaloir de cette infraction de *common law* afin de contourner les contraintes qui lui sont imposées par voie législative ou par les moyens de défense prévus par la loi[10]. Ainsi, les éditeurs du roman de D.H. Lawrence [11] *Lady Chatterley's Lover* furent poursuivis l'année dernière, sans succès, sur le fondement d'une loi exigeant que soient pris en considération les intérêts de la science, de la littérature, de l'art et de l'érudition[11]. Ainsi, aucune infraction n'est commise d'après cette loi s'il est démontré que la publication est d'intérêt public. En l'espèce, on a pu établir la preuve de ces mérites. En revanche, si les éditeurs avaient été accusés de conspirer en vue de corrompre la morale publique, les qualités littéraires et artistiques de l'ouvrage auraient été hors de propos, et les poursuites auraient sans doute abouti. De la même manière, bien que le Parlement ait préféré, par des mesures récentes, ne pas criminaliser la prostitution en elle-même, en la distinguant des actes de racolage dans la rue ou dans les lieux publics[12], il semblerait que les juridictions soient en mesure, dans le cadre de la jurisprudence *Shaw*, de faire ce dont le Parlement s'est abstenu. L'idée que cette décision puisse être invoquée de la sorte a déjà suscité une certaine appréhension[13].

Deux éléments permettent de mesurer l'importance que les juges ont pu attacher, lors de l'affaire *Shaw*, au renouveau de l'idée selon laquelle les juridictions doivent assurer la fonction de *custos morum* ou de « censeur général et gardien des bonnes mœurs ». Premièrement, ce renouveau relevait à l'évidence d'une décision délibérée de politique publique, étant donné que les précédents dépoussiérés pour l'occasion auraient tout aussi clairement permis d'orienter la décision dans un autre sens, même sous la rigoureuse doctrine anglaise du précédent.

---

10 [N.D.T.] Nous retrouvons ici la distinction entre *common law offence* et *statute law offence / defence*. Ce passage peut manquer de clarté si l'on ne garde cette distinction structurante à l'esprit.

11 *The Obscene Publications Act* [loi sur les publications obscènes] (1959).

12 *The Street Offences Act* [loi sur les infractions commises sur la voie publique] (1959).

13 Voir le commentaire de l'arrêt *Weisz v. Monahan* [1962] 2 W.L.R. [*Weekly Law Reports*] 262, in *Manchester Guardian*, 31 Janvier 1962. Voir ég. *R. v. Quinn* [1961] 3 W.L.R. 611.

[12] Deuxièmement, les juges semblaient prêts à payer l'établissement – ou le rétablissement – des cours dans leur fonction de *custos morum* au prix fort du sacrifice d'autres valeurs concurrentes. En particulier, ils ont sacrifié le principe de légalité qui exige que les infractions soient définies aussi précisément que possible, afin que l'on puisse savoir par avance avec un degré raisonnable de certitude quels actes sont criminels et lesquels ne le sont pas. La jurisprudence *Shaw* a pour conséquence que toute conduite concertée peut être criminelle si un jury la considère *ex post facto* comme immorale. Peut-être le plus proche équivalent en droit européen moderne est-il le cas de lois allemandes de la période nazie prévoyant que tout acte est répréhensible s'il mérite punition au regard des « conceptions fondamentales du droit pénal et d'une saine sensibilité populaire[14] ». Ainsi, si Mill aurait frémi à l'idée des atteintes sérieuses à la liberté individuelle que permet le droit depuis la décision *Shaw* ; Bentham aurait eu en horreur quant à lui le mépris de la sécurité juridique et le recours accru à ce qu'il qualifiait de « loi *ex post facto*[15] »[16].

PROSTITUTION ET HOMOSEXUALITÉ

[13] L'affaire *Shaw* présente d'autres points intéressants. Que signifie, après tout, corrompre *la* morale ou *une* morale ? Je vais cependant remettre à plus tard la réflexion sur cette question afin de délimiter tout d'abord les contours d'un autre problème qui a récemment provoqué le

14 Loi du 28 juin 1935 portant modification du code pénal [*Gesetz zur Änderung des Strafgesetzbuchs*].

15 J. Bentham, *Principles of the Civil Code*, partie I, chap. 17, in *The Works of Jeremy Bentham, Vol. I*, éd. J. Bowring, Édimbourg, William Tait, 1938, p. 326. [N.D.T. : « Cette rigide observation des lois peut avoir quelques inconvénients dans un système incomplet, mais c'est le véritable esprit de liberté qui inspire aux Anglais tant d'horreur pour ce que l'on appelle *une loi après le fait* » : *Principes du code civil*, trad. fr. É. Dumont, *Œuvres de Jérémy Bentham, t. 1*, Bruxelles, Société Belge de librairie, 1840, p. 81.]

16 La décision *Shaw* a été critiquée sur ce fondement par G. Williams, « Conspiring to Corrupt », *The Listener*, 24 Août 1961, p. 275 ; J.E.H. Williams, « Judicial Folly », *Modern Law Review*, 1961, vol. 24, p. 631 ; D.S. Davies, « The House of Lords and the Criminal Law », *Journal of the Society of Public Teachers of Law*, 1961, p. 105 : « un travail déplorable ». Ce fut accueilli comme « une importante contribution au développement du droit pénal » par A.L. Goodhart, *Law Quarterly Review*, 1961, vol. 77, p. 567.

débat en Angleterre sur la mise en œuvre de la morale par le droit, et qui a stimulé de nombreux efforts de clarification des principes en jeu.

Le droit pénal en matière de prostitution et d'homosexualité suscite depuis longtemps une grande insatisfaction en Angleterre, et une commission fut nommée en 1954, connue sous le nom de Commission Wolfenden, afin d'étudier l'état du droit. Cette commission publia en septembre 1957 un rapport préconisant certaines modifications du droit sur ces deux questions[17]. Concernant l'homosexualité, elle recommanda à une majorité de 12 contre 1 que les pratiques homosexuelles entre adultes consentants dans un cadre privé ne constituent plus un crime. En matière de prostitution, elle recommanda à l'unanimité l'adoption d'une législation qui, sans chercher à rendre la prostitution illégale en elle-même, viserait à « chasser de la rue » les actes de racolage en public qui constituent une nuisance choquante pour les citoyens ordinaires. Le gouvernement a finalement fait passer une loi appliquant les recommandations de la Commission en matière de prostitution[18], [14] mais celles relatives à l'homosexualité ne furent pas suivies, et toute initiative pour introduire une proposition de loi en la matière a échoué jusqu'à présent.

C'est moins le sort des recommandations de la Commission Wolfenden qui nous intéresse ici que les principes qui les sous-tendent. Ces derniers sont étonnamment proches de ceux qu'expose Mill dans son essai *On Liberty*. Ainsi, le rapport prévoit à la section 13 :

> La fonction du droit pénal, telle que nous la concevons, est de préserver l'ordre et la décence publiques, de protéger le citoyen de ce qui lui est choquant ou nuisible, et de fournir suffisamment de garde-fous contre l'exploitation ou la corruption d'autrui, notamment de ceux qui sont particulièrement vulnérables du fait de leur jeune âge, de leur faiblesse d'esprit ou de corps, ou de leur inexpérience (…).

Cette conception des fonctions positives du droit pénal constitue la raison principale pour laquelle les recommandations législatives de la Commission en matière de prostitution visent à en réprimer les manifestations publiques offensantes, mais non pas à rendre la prostitution en elle-même illégale. Par ailleurs, la recommandation d'un assouplissement de la loi en matière de pratiques homosexuelles dans un cadre privé

17 Rapport de la Commission sur les délits d'homosexualité et sur la prostitution [*Committee on Homosexual Offences and Prostitution*], CMD. 247 (1957).

18 *The Street Offences Act* (1959).

entre adultes consentants s'appuyait sur le principe formulé clairement à la section 61 du rapport : « il doit rester un domaine de moralité et d'immoralité privées qui, [15] pour le dire sans détours, n'est pas l'affaire du droit ».

Il est intéressant de noter qu'il y a eu aux États-Unis des développements similaires à ceux dont il est aujourd'hui question en Angleterre. En 1955, parallèlement à la publication de son projet de *Model Penal Code*, l'Institut américain du droit (*American Law Institute*) recommanda d'exclure du champ du droit pénal toute relation consentante entre adultes dans un cadre privé. Cette recommandation s'appuyait, entre autres, sur l'idée que « les intérêts séculiers de la communauté ne subissent aucun préjudice du seul fait de pratiques sexuelles atypiques entre adultes consentants dans un cadre privé[19] » ; et qu'« on trouve là la question fondamentale de la protection à laquelle tout individu a droit contre l'intervention de l'État dans ses affaires personnelles lorsqu'il ne cause pas de tort à autrui[20] ». Cette recommandation avait été approuvée par la Commission consultative de l'Institut avant d'être rejetée à la majorité par le Conseil de l'Institut. La question fut donc renvoyée à la réunion annuelle de l'Institut à Washington en mai 1955, où la recommandation – défendue notamment dans un discours éloquent de feu le juge Learned Hand – fut acceptée à l'issue d'un débat houleux, recueillant une majorité de 35 voix contre 24[21].

Il ressort clairement de ce que nous venons de voir que la critique du droit continue d'être animée par les principes de Mill, quelles que puissent en être les insuffisances théoriques. [16] Au cours du siècle passé, ces principes ont néanmoins fait l'objet d'une remise en question à deux reprises sous la plume de deux maîtres du *common law*. Le premier était James Fitzjames Stephen, éminent juge de l'époque victorienne et historien du droit pénal. Sa critique de Mill se trouve dans son livre *Liberty, Equality, Fraternity*, œuvre aussi sombre que remarquable qu'il composa pour répondre directement à l'essai *On Liberty*[22]. Il est évident, d'après

19 American Law Institute, *Model Penal Code*, avant-projet [tentative draft] n° 4, p. 277. [Voir ég. *infra* : *La moralité du droit pénal*, p. 35-36 (pagination d'origine).]

20 *Ibid.*, p. 278.

21 On peut trouver un récit du débat dans *Time*, 30 Mai 1955, p. 13.

22 J.F. Stephen, *Liberty, Equality, Fraternity*, 1873, Londres, MacMillan, 2e éd. 1874. [N.D.T. : Hart précise dans sa bibliographie : « La préface à la seconde édition de 1874 est une réponse à Morley qui prend la défense de Mill dans l'article "Mr. Mill's Doctrine

le ton du livre, que Stephen pense avoir trouvé des arguments écrasants contre Mill, et qu'il estime avoir ainsi démontré que le droit peut légitimement mettre en œuvre la morale en tant que telle ou « combattre les formes de vices les plus choquantes[23] ». Près d'un siècle plus tard, Lord Devlin – aujourd'hui membre de la Chambre des Lords et auteur distingué dans le domaine du droit pénal – a réagi à la publication du rapport de la Commission Wolfenden dans son essai *The Enforcement of Morals*[24]. Il prend pour cible l'idée défendue par le rapport qu'« il doit rester un domaine de moralité et d'immoralité qui n'est pas l'affaire du droit », et soutient au contraire que « la répression du vice est tout autant l'affaire du droit que la répression des activités subversives[25] ».

Bien qu'un siècle sépare ces deux juristes, leurs arguments présentent de grandes similitudes de ton et parfois même de détail. Je consacrerai le reste de ces conférences à les examiner. [17] En effet, bien que leurs arguments soient à certains endroits confus, ils méritent certainement le compliment d'une opposition rationnelle[26]. Ils ne sont pas seulement admirablement fournis en exemples concrets, mais ils expriment également les opinions mûrement réfléchies de juristes subtils bénéficiant d'une grande expérience dans l'administration du droit pénal. Par ailleurs, les positions qu'ils illustrent demeurent assez largement répandues, surtout auprès de juristes anglais et américains, et il se pourrait même qu'elles soient plus populaires, dans ces deux pays, que la doctrine de la Liberté de Mill.

---

of Liberty", *Fortnight Review*, 1er Août 1873. » Il existe une traduction française de cet ouvrage dont nous nous inspirons librement : J.F. Stephen, *Liberté, Égalité, Fraternité*, trad. fr. A. de Gréban, Paris, A. Lacroix et Cie, 1876.]

23 *Ibid.*, p. 162 [« *to persecute the grosser forms of vice* »].

24 P. Devlin, *The Enforcement of morals*, Oxford, Oxford University Press, 1959. [N.D.T. : Tout au long de *Law, Liberty, and Morality*, Hart cite la publication de la conférence de 1959. Devlin publie en 1965 un recueil d'articles sous le même titre. C'est cet ouvrage auquel renvoie couramment ce titre aujourd'hui. La conférence de 1959, rebaptisée « Morals and the Criminal Law », en constitue le premier chapitre (p. 1-25). Ce texte a été traduit : « La morale et le droit pénal », trad. fr. M. Carpentier, *Droit & Philosophie*, 2014, vol. 6, p. 133-156.]

25 *Ibid.* [« La morale et le droit pénal », art. cité, p. 144-145].

26 [N.D.T.] Hart reprend ici une formule de Jane Austen (*Sense and Sensibility*, vol. II, chap. XIV) : « *she did not think he deserved the compliment of rational opposition* ».

MORALE POSITIVE ET MORALE CRITIQUE

Avant d'examiner ces arguments dans le détail, il me semble nécessaire de considérer trois dimensions, distinctes mais liées, de la question qui nous intéresse ici.

Dans les trois formulations que nous avons proposées à la page 4, il apparaît clairement qu'il s'agit d'une question qui *traite* de morale, mais il faut également relever que c'est une question *morale*[27]. Il s'agit de savoir si la mise en œuvre de la morale par le droit est elle-même moralement justifiée. La morale est donc prise en compte de deux manières différentes dans la formulation du problème. L'importance de cette double dimension est due au fait qu'il ne serait manifestement pas suffisant, pour répondre à la question, de montrer que certaines sociétés (la nôtre ou d'autres) admettent comme moralement juste et convenable le fait de chercher, par la contrainte juridique, à obtenir la conformité des conduites avec la morale acceptée. [18] Nul ne peut prétendre dans le même temps débattre de cette question avec sérieux, et soutenir que la théorie de Mill est réfutée au seul motif qu'il existe certaines sociétés dans lesquelles la morale généralement partagée défendrait sa propre mise en œuvre par le droit, même dans les cas où on n'estime pas que l'immoralité a nui à autrui. Au contraire, notre question demeure ouverte dès lors qu'il existe des sociétés au sein desquelles les associations entre personnes blanches et de couleur sont condamnées comme immorales et punies en droit. Certes, il est vrai que les détracteurs de Mill ont souvent fait grand cas du fait que le droit anglais punit à plusieurs endroits l'immoralité en tant que telle, et ce avec le soutien apparent de la morale populaire, notamment dans des affaires sexuelles. Mais ces détracteurs ont généralement admis que ce n'est que le point de départ de la question, et non sa conclusion. En effet, je chercherai à montrer plus loin le caractère confus du recours chez certains juristes à ce qu'ils

27 [N.D.T.] « *A question* about *morality* » / « *a question* of *morality* ». La page 4 renvoie aux formulations successives de la *quatrième* question qui portent sur la mise en œuvre de la morale par le droit : « (i) Le fait que certaines conduites soient immorales au regard de conceptions partagées suffit-il à justifier leur punition par le droit ? (ii) Est-il moralement permis de faire respecter juridiquement la morale en tant que telle ? (iii) L'immoralité devrait-elle en tant que telle constituer un crime ? »

considèrent comme des exemples de mise en œuvre de la morale « en tant que telle » par le droit. Quoi qu'il en soit, ces auteurs ne prétendent pas que leur position soit démontrée par le seul exemple de ces faits sociaux. Ils tentent plutôt de fonder l'idée qu'il peut être moralement justifié d'utiliser le droit pénal de cette manière sur des principes qu'ils estiment universellement applicables, et dont la rationalité leur semble évidente ou se révèlera après discussion.

Ainsi, en répondant à la question (énoncée précédemment) par l'affirmative, Lord Devlin s'appuie sur le principe général selon lequel il est permis à toute société de prendre les mesures nécessaires afin de préserver sa propre existence en tant que société organisée[28]. [19] Il considère alors l'immoralité – même l'immoralité sexuelle privée – comme quelque chose qui compromet l'existence de la société au même titre que la trahison. Bien entendu, bon nombre d'entre nous mettraient en doute ce principe général, tout comme la suggestion d'une analogie entre immoralité et trahison. Nous pourrions soutenir par exemple que la question de savoir si une société est justifiée à prendre les mesures nécessaires à sa préservation dépend du type de société auquel on a affaire, ainsi que du type de mesure envisagée. Si une société se consacrait principalement à la persécution cruelle d'une minorité raciale ou religieuse, ou si les mesures envisagées comprenaient des actes de tortures atroces, alors il serait possible de soutenir que ce que Lord Devlin appelle la « désintégration[29] » d'une telle société serait moralement meilleure que son maintien et qu'il vaudrait mieux ainsi ne prendre aucune mesure en vue de la préserver. Néanmoins, le principe de Devlin selon lequel une société peut prendre les mesures nécessaires à la préservation de son existence n'est pas présenté comme un élément de morale populaire anglaise dérivant sa force de la place qu'il occupe dans le fonctionnement de nos institutions. Il le met plutôt en avant comme un principe, rationnellement acceptable, à mobiliser dans l'évaluation ou la critique des institutions sociales de manière générale. Or, il est évident que l'on doit être prêt à mobiliser de tels principes généraux de morale critique dès lors que l'on prétend pouvoir débattre de la question de savoir si une société a le « droit » de mettre en œuvre sa morale, ou s'il est moralement permis à une société de procéder à cette mise en œuvre par voie

28 P. Devlin, *The Enforcement of Morality*, *op. cit.*, p. 13-14.
29 *Ibid.*, p. 14-15.

juridique[30]. [20] À partir du moment où nous posons la question, c'est que nous présupposons la légitimité d'un point de vue critique porté sur les institutions d'une société donnée au regard de principes généraux et d'une connaissance des faits.

Pour clarifier cette idée, je souhaiterais régénérer la terminologie mise en avant par les utilitaristes du siècle dernier. Ces derniers distinguaient la « morale positive », c'est-à-dire la morale effectivement acceptée et partagée au sein d'un groupe social donné, et les principes moraux généraux mobilisés dans la critique des institutions d'une société, parmi lesquelles sa morale positive elle-même. Nous pouvons qualifier ces principes généraux de « morale critique », et dire que le problème qui nous occupe est une question de morale critique portant sur la mise en œuvre de la morale positive par le droit.

Par ailleurs, un second aspect de cette question qui mérite notre attention est simplement qu'il s'agit d'un problème de *justification.* Dès lors que nous posons la question, c'est que nous admettons à tout le moins le principe critique général (*general critical principle*) suivant lequel le recours par toute société à la contrainte juridique exige une justification, étant donné qu'il s'agit de quelque chose d'inacceptable *prima facie* qui ne peut être toléré qu'en vue d'un bien qui viendrait compenser ce mal. En effet, lorsque les pratiques sociales ne suscitent de prime abord aucune objection ou ne causent aucun mal, on n'exige et on n'offre aucune *justification*, [21] bien qu'on puisse exiger ou offrir des *explications* de ces pratiques ou tenter d'en démontrer la valeur.

Il est essentiel d'examiner précisément ce qui paraît à première vue inacceptable dans la mise en œuvre de la morale par le droit, car cette notion est en vérité moins évidente à saisir que l'on peut le supposer. Elle comporte deux aspects distincts mais liés[31]. Le premier porte sur la punition effective du coupable. Celle-ci consiste le plus souvent en une privation de sa liberté de mouvement, de son droit de propriété, ou de sa liberté d'association avec sa famille ou ses amis. Il peut même s'agir

30 On a critiqué le fait pour Lord Devlin de demander si la société a le *droit* d'imposer son jugement en matière morale dans la mesure où il n'y aurait aucun sens à parler de « droit » dans un tel contexte. Voir : G. Hughes, « Morals and the Criminal Law », *Yale Law Journal*, 1962, vol. 71, p. 672. Cette critique est erronée, ne serait-ce que parce que Lord Devlin invoque un principe critique général pour soutenir la réponse affirmative qu'il apporte à la question.

31 [N.D.T.] Hart reviendra sur cette question dans sa troisième conférence à la page 55 (pagination d'origine).

de lui infliger une souffrance physique, voire de lui donner la mort. Le fait d'imposer ce traitement à qui que ce soit est toujours considéré, en l'absence d'une justification spéciale, comme un mal ; et, de fait, c'est ainsi que la question est perçue dans le droit et la morale de toute société développée. Pour parler comme le ferait un juriste, on peut dire que de tels traitements, s'ils ne sont pas justifiés à titre de sanctions, constituent des délits ou des préjudices.

Le second aspect du problème concerne ceux qui n'enfreindront peut-être jamais la loi, mais qui obéissent sous la menace de sanctions juridiques. C'est à celle-ci, plutôt qu'aux contraintes physiques, que renvoie habituellement l'idée de restriction de la liberté dans les discussions sur les formes de gouvernement. Notons que ces contraintes peuvent appeler une justification pour plusieurs raisons distinctes. Par exemple, on pourrait considérer comme ayant une valeur en soi la possibilité d'exercer un libre choix qu'il ne faudrait donc, *prima facie*, pas entraver ; ou on pourrait n'y attribuer une valeur que dans la mesure où elle permet aux individus de faire des expériences, avec leur vie elle-même, [22] et de découvrir des choses importantes pour eux-même et pour les autres. Mais on peut également voir dans l'entrave à la liberté individuelle un mal qui exige d'être justifié pour des raisons plus simplement utilitaristes, car cette entrave cause une forme particulière de souffrance – souvent très aiguë – pour celui dont les désirs sont frustrés par la peur de la peine. Cette considération revêt une importance toute particulière dans le cas de lois qui mettent en œuvre une morale sexuelle, car elles peuvent provoquer une souffrance d'un degré particulièrement élevé. Les difficultés et les conséquences qu'implique la répression de pulsions sexuelles sont assez différentes de celles qu'implique le fait de s'abstenir de commettre des crimes « ordinaires ». À la différence des pulsions sexuelles, les pulsions de voler, de blesser, voire de tuer, ne sont pas des aspects récurrents et insistants de la vie quotidienne, mis à part pour une minorité de cas de personnes atteintes de troubles mentaux[32]. De manière générale, résister à la tentation de commettre ces crimes n'affecte pas le développement ou l'équilibre de la vie émotionnelle de l'individu, de sa personnalité ou de son bonheur, comme peut le faire le refoulement des pulsions sexuelles.

---

32 [N.D.T.] « *Mentally abnormal cases* ». Hart consacre des développements détaillés à cette question dans la première conférence de *La moralité du droit pénal*.

Enfin, la distinction que nous avons déjà établie entre la morale positive et les principes de morale critique nous permet, dans un troisième temps, de dissiper certains malentendus sur la question ainsi que d'en clarifier le point central. On entend parfois dire que la question n'est pas tant de savoir s'il est moralement justifié de chercher à mettre en œuvre la morale en tant que telle, que de savoir *quelle* morale il s'agit de mettre en œuvre. S'agit-il seulement d'une morale utilitariste qui ne condamne que les activités nuisibles pour autrui ? Ou bien s'agit-il d'une morale qui condamne certaines activités indépendamment du fait de savoir si elles peuvent causer du tort à autrui ? [23] Cette manière de poser la question ne rend pas bien compte de la nature de la controverse, du moins dans sa forme moderne. L'utilitariste qui insiste sur le fait que le droit ne doit punir que les activités nuisibles soulève ce principe à titre de morale critique. Il n'est donc pas concerné par la question de savoir si la société à laquelle il applique ses principes critiques accepte déjà une morale utilitariste comme morale positive. Quand bien même ce serait le cas, il ne peut s'agir là d'une raison pour la mettre en œuvre. Il est vrai que s'il prône efficacement son message, alors il en résultera que certains membres de cette société seront amenés à se comporter (de certaines manières) en utilitaristes. Cependant, cela ne signifie pas que la différence essentielle entre l'utilitariste et son adversaire tienne uniquement au contenu de la morale à mettre en œuvre. Comme il ressort des principales critiques formulées à l'encontre de Mill, les adversaires de l'utilitarisme – qui soutiennent qu'il est moralement admissible de mettre en œuvre la morale en tant que telle – considèrent que le simple fait que certaines règles ou normes de comportement (*standards of behaviour*) aient le statut de morale positive d'une société constitue en soi la raison (ou une partie de la raison) justifiant leur mise en œuvre par le droit. Autrefois, les positions qui s'affrontaient étaient sans doute différentes : la question était peut-être de savoir si l'État devait punir uniquement les infractions séculières ou s'il pouvait également punir les actes de désobéissance vis-à-vis de ce que l'on considérait comme des commandements divins ou des prescriptions de droit naturel. Ce qui est essentiel au débat dans sa forme moderne est l'importance attachée au fait historique qu'une conduite donnée, [24] quelle qu'elle soit, est interdite par une morale positive. Là où l'utilitariste nie que cela ait la moindre importance au regard de la justification de la mise en œuvre de cette morale, son adversaire défend le contraire. Il y a là une divergence de principes critiques, qui ne diffèrent pas seulement sur le contenu de la morale à mettre en œuvre, mais aussi sur un problème plus fondamental, et assurément plus intéressant.

II. US ET ABUS DU RECOURS AUX EXEMPLES

[25] En Angleterre comme en Amérique, le droit pénal comporte toujours des règles qui ne s'expliquent que comme des tentatives de mise en œuvre de la morale en tant que telle, visant à réprimer des pratiques jugées immorales au regard la morale positive, bien qu'elles ne causent pas à autrui ce que l'on considèrerait ordinairement comme un tort. La plupart des exemples nous proviennent de la sphère de la morale sexuelle, qui comprend en Angleterre des lois contre des formes variées de comportement homosexuel entre hommes, la sodomie entre personnes de sexe opposé – même dans le cadre du mariage –, la zoophilie, l'inceste, le fait de vivre des revenus de la prostitution, ou encore le fait de tenir un établissement destiné à la prostitution. Depuis la jurisprudence *Shaw*, on y inclut également la conspiration en vue de corrompre la morale publique, interprétée comme le fait de détourner moralement autrui (aux yeux d'un jury) du « droit chemin ». D'autres ajouteraient à cette liste les règles juridiques contre l'avortement, contre les cas de bigamie ou de polygamie n'impliquant pas de tromperie, ou encore contre le suicide et la pratique de l'euthanasie. [26] Cependant, il paraît erroné de traiter certains de ces derniers exemples comme des tentatives de mise en œuvre de la morale en tant que telle étant donné que l'on omet, ce faisant, de tirer certaines distinctions importantes, comme je tenterai de le démontrer plus loin.

Un rapide coup d'œil en Amérique aux lois pénales des divers États de l'Union révèle quelque chose d'assez étonnant aux yeux d'un Anglais. En plus des éléments punis en droit anglais, il ne semble y avoir aucune pratique sexuelle, exceptées les relations « normales » entre mari et femme ou les actes solitaires de masturbation, qui ne soit interdite par la loi d'un des États. Alors que l'adultère n'est plus pénalement sanctionné en Angleterre depuis l'époque de Cromwell, on le considère dans un grand nombre d'États comme un crime, bien que, dans une minorité d'entre eux, il soit seulement puni si la relation adultérine est publique, notoire, ou ininterrompue. La fornication n'est pas une infraction en Angleterre ni dans la plupart des pays civilisés ; cependant, seule une minorité des États de l'Union ne possède aucune loi qui ne punisse la fornication sous certaines conditions, certains États sanctionnant même un acte isolé[1]. Parallèlement à ces dispositions législatives, il existe une quantité méconnue de mesures locales ou municipales qui sont dans certains cas plus restrictives que les lois de l'État en question, et bien que leur validité soit pour cette raison douteuse, elles ont pu être appliquées. Alors que le code pénal californien ne criminalise pas la prostitution ni la fornication, [27] un arrêté local de Los Angeles prévoit depuis plusieurs années l'infraction du « *resorting* », permettant de condamner des personnes en prouvant simplement qu'elles ont utilisé une chambre en vue de forniquer[2].

Sans doute une grande partie, voire la quasi-totalité, de cette législation américaine contre l'immoralité sexuelle est-elle caduque, comme on le dit souvent. Cependant, les données factuelles en matière d'application du droit pénal sont pour l'heure difficiles à établir. Dans de nombreux États, dont la Californie, les statistiques annuelles en matière de criminalité ne poussent pas la distinction entre les infractions sexuelles au-delà des catégories de « Viol » et « Autres infractions sexuelles ». Néanmoins, un rapport indiquait en 1954 que les lois de Boston sur la sexualité étaient appliquées « normalement », or il y a eu en 1948 248 arrestations pour adultère dans cette ville[3]. Personne, me semble-t-il, ne devrait prendre cette situation à la légère, car l'existence de règles pénales généralement non-appliquées, combinée à la publication de statistiques inadéquates, met entre les mains de la police et du ministère public un formidable pouvoir de discrimination.

Dès le départ, les détracteurs de Mill ont mis en lumière l'existence de règles juridiques sanctionnant l'immoralité comme si cela suffisait à jeter le doute sur son affirmation selon laquelle le droit pénal ne doit pas être utilisé à cette fin. [28] Ses défenseurs, à l'inverse, ont rétorqué

1 Pour un bref résumé, voir le *Model Penal Code* de l'*American Law Institute*, avant-projet n° 4, p. 204-210.

2 En Décembre 1961, la Cour Suprême de Californie jugea que l'arrêté n'était pas conforme aux lois de l'État et fut déclaré nul. Voir à ce sujet : *Carol Lane*, Crim. n° 6929, 57 A.C. 103, 18 *Cal. Rptr.* 33. Ceci fut confirmé à la suite d'une nouvelle audience qui eut lieu le 28 Juin 1962 : 22 *Cal. Rptr.* 857.

3 American Law Institute, *Model Penal Code*, avant-projet No.4, p. 205, n. 16.

que leurs critiques étaient fallacieuses ou inopérantes. John Morley, par exemple, déclare de manière saisissante que le livre de Stephen contient « une bonne part de remue-ménage pompeux » visant à établir l'existence de règles de ce type, et qu'il passe ainsi à côté du fait que « l'existence de lois quelles qu'elles soient est entièrement hors de propos au regard de l'affirmation de Mill selon laquelle il vaudrait mieux que de telles lois n'existent pas[4] ». En réalité, ni Stephen (excepté à un endroit[5]) ni Lord Devlin – qui fait également appel au contenu du droit pénal positif anglais – ne se rendent coupables du sophisme consistant à conclure à ce qui doit être à partir de ce qui est, et on ne peut pas dire non plus que leurs positions soient hors de propos. Forcé par Morley d'expliquer pourquoi il considérait ses exemples comme pertinents dans le débat, Stephen expliqua qu'il pensait qu'il n'était « pas inutile de montrer que Mill était en désaccord avec les conclusions pratiques auxquelles étaient parvenues la plupart des nations par l'expérience ». De manière plutôt similaire, Lord Devlin écrit :

> L'argument est-il compatible ou non avec les principes fondamentaux du droit anglais tel qu'il existe aujourd'hui ? Cette question est la première manière de le tester, bien que ce test ne soit nullement concluant. En matière de philosophie du droit, on est libre de renverser même les conceptions les plus fondamentales si celles-ci sont mal fondées théoriquement. Cependant, [29] examiner l'argument à l'aune du droit existant est un bon point de départ[6].

Il me semble que les remarques de ces deux auteurs, qui manquent peut-être un peu de perspicacité, cherchent seulement à invoquer le principe conservateur bénin selon lequel on peut présumer que les institutions communes et établies de longue date ont probablement des mérites que n'aperçoit pas nécessairement le philosophe rationaliste. Néanmoins, lorsque l'on examine certains principes ou règles de droit pénal longuement discutés par ces auteurs, il apparaît que l'usage qu'ils en font est à la fois confus et déroutant. Ces exemples ne sont pas tirés du domaine de la morale sexuelle, et de nombreux auteurs, qui s'aligneraient pourtant avec la thèse de Mill pour protester contre la sanction pénale de certaines pratiques du seul fait qu'elles enfreignent la morale positive, hésiteraient

4 Cité dans J.F. Stephen, *Liberty, Equality, Fraternity*, *op. cit.*, p. 166 n.
5 *Ibid.*, p. 171-172.
6 P. Devlin, *The Enforcement of Morals*, *op. cit.*, p. 7 [« La morale et le droit pénal », art. cité, p. 137-138].

peut-être à (ou refuseraient de) se débarrasser des règles pénales particulières invoquées par Devlin et Stephen. La force de persuasion de ces derniers serait donc considérable si ces règles étaient à classer parmi celles qui s'expliquent uniquement comme ayant pour fonction de mettre en œuvre la morale. Nous pourrions en effet, pour employer les termes de Stephen, « être disposés à douter » de la vérité de tout principe qui condamnerait ces règles particulières. Je crois cependant qu'il y a de bonnes raisons de contester, contre ces auteurs, que ces règles soient traitées comme des cas de recours au droit dans le seul but de mettre en œuvre la morale. En effet, nous ne sommes pas forcés de choisir entre le rejet de ces règles et l'acquiescement au principe selon lequel le droit pénal peut être utilisé à cette fin. [30] Je dois donc me tourner à présent vers une analyse plus précise de ces exemples que celle que proposent ces auteurs.

LE PATERNALISME ET LA MISE EN ŒUVRE DE LA MORALE

Je commencerai par un exemple mis en avant par Lord Devlin. Il note que, hormis certaines exceptions comme le viol, le droit pénal n'a jamais admis l'invocation du consentement de la victime comme moyen de défense[7]. Celui-ci ne peut pas être invoqué en matière de poursuites pour meurtre ou pour agression volontaire (*deliberate assault*), et c'est la raison pour laquelle l'euthanasie, ou le fait de mettre fin à la vie d'autrui à sa demande par compassion (*mercy killing*), constituent tout de même un meurtre. Il s'agit là d'une règle de droit pénal que de nombreuses personnes souhaiteraient conserver, bien qu'elles souhaiteraient également s'opposer à la répression juridique des entorses à la morale positive qui ne nuisent pas à autrui. Ces points de vue sont contradictoires selon Lord Devlin, car il affirme au sujet de la règle en question « qu'elle n'a qu'une seule explication », à savoir qu'« il y a certaines normes de comportement (*standards of behaviour*), certains principes moraux, dont la société exige qu'on leur obéisse[8] ». Parmi ceux-ci, on trouve le

7 *Ibid.*, p. 8.
8 *Ibid.* [« La morale et le droit pénal », art. cité, p. 138].

caractère sacré de la vie humaine et – vraisemblablement – de l'intégrité physique de la personne (étant donné que la règle s'applique également aux agressions). Ainsi, Lord Devlin prétend que la « fonction » du droit pénal, en ce qui concerne cette règle et d'autres, [31] est « de mettre en œuvre un principe moral, et rien d'autre[9] ».

Cependant, cet argument n'est pas véritablement cohérent, car il n'est tout simplement pas vrai d'affirmer « qu'il n'y a qu'une seule explication ». Les règles excluant le consentement de la victime comme moyen de défense en cas d'agression ou de meurtre peuvent également s'expliquer comme un élément de paternalisme dont la finalité est de protéger les individus contre eux-mêmes. Mill aurait sans doute protesté contre la tendance paternaliste consistant à utiliser le droit pour protéger une victime, même consentante, d'un dommage corporel (*bodily harm*), tout autant qu'il aurait protesté contre le recours au droit dans le seul but de mettre en œuvre la morale positive. Cela ne signifie pas pour autant que ces deux politiques soient identiques. En effet, Mill était lui-même tout à fait conscient de ce qui les sépare : en condamnant toute entrave à la liberté individuelle hormis pour empêcher que l'on nuise à autrui, il identifie néanmoins *différents* types de motifs fallacieux qui ont pu être invoqués pour justifier le recours à la contrainte, parmi lesquels le fait que « ce serait meilleur pour [l'individu] », que « cela le rendrait plus heureux », et que « dans l'opinion des autres ce serait bon[10] ».

À propos de l'attitude du droit pénal à l'égard du consentement de la victime, Lord Devlin soutient que si le droit existait en vue de la protection de l'individu, ce dernier devrait pouvoir ne pas s'en prévaloir lorsqu'il ne le souhaite pas[11]. Mais le paternalisme – c'est-à-dire la protection des personnes contre elles-mêmes – est une politique parfaitement cohérente. [32] Il semble étrange de devoir insister sur ce point au beau milieu du XXe siècle, étant donné que le recul du *laissez-faire*[*] depuis l'époque de Mill est désormais un lieu commun de l'histoire sociale. Les exemples de paternalisme abondent aujourd'hui dans notre droit civil et pénal. Sauf sous ordonnance médicale, la vente de drogues et de stupéfiants, même à des adultes, est punie par le droit pénal, et il paraîtrait très dogmatique de soutenir que la règle créant cette infraction

9 *Ibid.*, p. 9 [« La morale et le droit pénal », art. cité, p. 139].
10 J.S. Mill, *On Liberty*, chap. 1.
11 P. Devlin, *The Enforcement of Morals*, *op. cit.*, p. 8.

« n'a qu'une seule explication », à savoir qu'elle vise, non pas la protection des acheteurs potentiels vis-à-vis d'eux-mêmes, mais seulement la punition de l'immoralité du vendeur. Si, ce qui semble évident, le paternalisme offre une possible explication de telles règles juridiques, alors c'est également possible pour la règle excluant le consentement de la victime comme moyen de défense dans le cadre de poursuites pour agression volontaire. Aucun des deux cas ne nous force à conclure avec Lord Devlin que la « fonction » du droit est « de mettre en œuvre un principe moral, et rien d'autre[12] ».

Au chapitre 5 de son essai, Mill pousse son opposition au paternalisme jusqu'à un point qui peut paraître aujourd'hui absurde. Il cite l'exemple des restrictions à la vente de drogues, qu'il critique comme des entraves à la liberté de l'acheteur potentiel, plutôt qu'à celle du vendeur. Sans doute le fait que nous n'adhérions plus aussi facilement aujourd'hui à cette idée est-il dû, en partie, au déclin général de la croyance que les individus savent mieux qu'autrui ce qui est dans leur intérêt, [33] ainsi qu'à la prise de conscience d'un grand nombre de facteurs venant réduire l'importance à accorder à une liberté apparente de choix ou de consentement. Il peut arriver que l'on fasse des choix ou que l'on donne son consentement sans réflexion adéquate ou sans en apprécier les conséquences, dans la poursuite de désirs qui ne sont que passagers, dans des circonstances telles que le jugement est peut-être obscurci, sous l'empire d'une contrainte psychologique intérieure, voire encore sous une pression exercée par autrui d'un genre trop subtil pour être susceptible d'être prouvée dans un tribunal. Derrière la crainte extrême du paternalisme chez Mill, il y a sans doute une conception de l'être humain ordinaire qui nous semble en décalage avec les faits. Mill lui attribue une psychologie qui correspond trop à celle d'un homme d'âge mûr dont les désirs sont relativement fixes, et ne risquent pas d'être artificiellement stimulés par des influences externes ; un homme qui sait ce qu'il veut ainsi que ce qui peut lui apporter satisfaction ou le rendre heureux, et qui cherche à obtenir ces choses lorsqu'il le peut.

Il sera donc certainement nécessaire de remanier les principes de Mill pour qu'ils puissent rendre compte de la règle de droit pénal discutée ici, ou d'autres cas de paternalisme. Toutefois, même modifiés, ces

---

12 Pour d'autres possibilités d'explications de ces règles, voir : G. Hugues, « Morals and the Criminal Law », art. cité, p. 670.

principes ne cessent pas pour autant de s'opposer à l'utilisation du droit pénal dans le seul but de mettre en œuvre la morale positive. Il suffirait que ces principes permettent que l'on cherche à empêcher de nuire à autrui, par le recours au droit pénal, et ce même lorsque les victimes consentent ou aident à l'accomplissement des actes qui leur causent du tort. La méconnaissance de cette distinction entre le paternalisme et ce que j'ai nommé le « moralisme juridique » [34] est importante parce qu'elle est symptomatique d'une erreur plus générale. En effet, on suppose trop souvent que si une règle juridique n'a pas pour fonction de protéger une personne d'une autre, alors sa raison d'être est de punir l'immoralité ou, pour employer les termes de Lord Devlin, « de mettre en œuvre un principe moral ». On prétend souvent par exemple que c'est la seule manière d'expliquer les lois punissant la cruauté envers les animaux. Cependant, on pourrait tout à fait soutenir que la loi tient compte ici de la *souffrance*, quoique seulement celle d'animaux, plutôt que de l'immoralité du fait de les torturer, et que cela rend non seulement compte de manière crédible des motifs qui sont à l'origine de ces mesures, mais constitue un objectif que l'on considère généralement comme valant la peine d'être poursuivi[13]. Quelqu'un qui défend un tel usage du droit pénal ne peut certainement pas être considéré comme tenu, par souci de cohérence, d'admettre que la loi doit également punir des formes d'immoralité n'impliquant aucune souffrance pour un être sensible.

LA GRADATION MORALE DE LA PEINE

Je reviens à présent sur une erreur très différente que commet Stephen, sans doute plus éclairante, lorsqu'il soutient que le droit pénal, non seulement *devrait avoir*, mais *a* pour fonction de « *combattre* les formes de vices les plus choquantes[14] », et n'est donc pas un simple instrument de prévention des souffrances ou des préjudices. [35] Il affirme que cela est

---

13 Sans raison apparente, Lord Devlin semble ignorer ce point lors de sa brève référence à la cruauté envers les animaux : *The Enforcement of Morals*, *op. cit.*, p. 17.

14 J.F. Stephen, *Liberty, Equality, Fraternity*, *op. cit.*, p. 162.

prouvé par l'existence de certains principes « universellement admis et mobilisés pour régler le degré de peine » à infliger[15]. Son argument est tout simplement que lorsque l'on s'interroge sur le niveau de sévérité avec lequel un délinquant doit être puni, on prend toujours en compte une estimation du degré de gravité morale du crime commis. C'est la raison pour laquelle la force de la tentation, en diminuant la culpabilité morale (*moral guilt*), opère le plus souvent dans le sens d'une atténuation de la peine, alors que cela ne serait pas le cas si la sanction juridique avait pour seul objet d'empêcher que l'on commette des actes nuisibles.

> Un juge a devant lui deux criminels. Il ressort des circonstances de l'affaire que le premier est ignorant et dépravé et semble avoir cédé, sous l'influence de l'autre, à une très forte tentation. Le second a reçu de l'instruction, occupe un certain rang, et n'a commis la faute pour laquelle ils sont tous deux condamnés que sous le coup d'une tentation comparativement moindre. J'ose dire que s'il devait être fait une différence entre eux, tout juge siégeant en Angleterre prononcerait une sentence plus légère contre le premier[16].

Il ne fait pas de doute que Stephen esquisse de manière adéquate l'opinion reçue fréquemment appliquée par les tribunaux dans l'administration du droit pénal, bien que celle-ci soit peut-être moins consensuelle aujourd'hui qu'à l'époque où il écrivait. Nombre de ceux qui protestent contre la mise en œuvre de la morale sexuelle par le droit admettraient tout de même, voire attendraient, [36] que la sévérité de la peine s'aggrave ou s'atténue avec le degré de perversité de l'acte. Mais Stephen, comme beaucoup d'autres, a voulu déduire trop de choses de ce simple constat. Il prétend que si l'on attache de l'importance au principe selon lequel les différences morales entre les infractions doivent être reflétées dans la gradation des sanctions juridiques, alors cela montre que *l'objet* de la peine n'est pas seulement de prévenir les actes « dangereux pour la société », mais de « combattre les formes de vices les plus choquantes[17] ». Ainsi, si l'objet du droit pénal est (ou inclut) d'« encourager la vertu » et de « supprimer le vice[18] », il s'ensuit logiquement que le droit pénal « doit exercer une contrainte sur le vice, non pas seulement dans la mesure nécessaire à la protection de

15 *Ibid.*
16 *Ibid.*, p. 163.
17 *Ibid.*, p. 162 ; trad. fr. p. 113.
18 *Ibid.*, p. 159 ; trad. fr. p. 112.

soi, mais de manière générale, par la raison que le vice est un mal[19] ». Nous pouvons ainsi rendre juridiquement punissables les actions qui sont condamnées comme immorales par la société, même si celles-ci ne sont pas nuisibles.

Cet argument est un *non sequitur* car Stephen n'a pas vu que les questions « quel type de conduite peut être légitimement punie ? » et « avec quelle sévérité doit-on punir différentes infractions ? » sont distinctes et indépendantes. Il y aurait de nombreuses raisons de souhaiter que la gradation juridique des infractions, exprimée dans la sévérité des peines, ne soit pas en décalage avec l'estimation commune de leur immoralité (*wickedness*) respective. Une première raison serait que ce décalage n'est pas souhaitable d'un point de vue utilitariste : [37] cela risquerait d'embrouiller les jugements moraux, de jeter le discrédit sur le droit, ou les deux à la fois. Une autre raison serait que des principes de justice ou d'équité (*principles of justice or fairness*) exigent qu'entre différents coupables les délits moralement distincts soient traités de manière différente, et que les délits moralement semblables soient traités de manière similaire. Ces principes demeurent largement respectés, bien que l'on soit aujourd'hui moins enclin à insister sur leur application lorsqu'elle peut compromettre d'autres objectifs de la peine tournés vers l'avenir (*forward-looking aims*), tels que la prévention ou la réhabilitation. Mais ceux qui admettent que nous devrions tenter d'ajuster la sévérité de la peine à la gravité morale des infractions ne s'engagent pas pour autant à soutenir qu'une peine est justifiée du seul fait de l'immoralité de l'acte puni. Ils peuvent sans incohérence soutenir, d'une part, que l'existence d'un *système* pénal (*system of punishment*) n'est justifiée que pour la prévention des conduites nuisibles qui seules doivent être punies, et accorder, d'autre part, lorsque la question du *quantum* de la peine (*quantum of punishment*) entre en jeu, que nous devrions nous en remettre aux principes qui font de l'immoralité respective des différents délinquants l'un des éléments de détermination de la sévérité de la peine.

D'une manière générale, il n'est pas possible d'inférer, à partir des principes utilisés pour déterminer la sévérité de la peine, les finalités mêmes du système pénal ou les types de conduites qui peuvent être légitimement sanctionnés. En effet, certains de ces principes, tels la prohibition de la torture et des châtiments cruels, correspondent à

19 *Ibid.*, p. 147-148 ; trad. fr. p. 102.

d'autres valeurs qu'il peut être souhaitable de mettre en balance [38] avec les valeurs principales par lesquelles nous justifions le principe de la peine, quitte à en restreindre la portée. Ainsi, même si nous ne souhaitions punir que les activités nuisibles à autrui, il se pourrait tout de même qu'il nous paraisse nécessaire d'établir des distinctions morales entre délinquants (pour l'une des deux raisons indiquées ci-dessus), sans que cela nous engage pour autant à devoir accepter de punir les activités qui ne nuisent pas à autrui. Cela montrerait seulement que ce qui s'avère moralement tolérable, dans une théorie de la peine, peut se révéler plus complexe que nos théories ne le suggèrent initialement. Il n'est pas possible, dans le cadre de la vie en société, de promouvoir une unique valeur ou un unique objectif moral sans rencontrer le besoin de compromettre avec autrui.

IMMORALITÉ PRIVÉE ET INDÉCENCE PUBLIQUE

Jusqu'à présent, l'examen des deux exemples invoqués par les auteurs que nous avons étudiés a permis d'établir deux distinctions importantes : la distinction entre paternalisme et mise en œuvre de la morale, d'une part, et la distinction entre justification de la peine et justification de son *quantum*, d'autre part. Notre troisième exemple est celui de la bigamie. Elle n'est pas évoquée par Stephen ni par Lord Devlin, mais la punition de la polygamie est citée par le doyen Rostow comme un exemple de mise en œuvre de la morale dans un article qui prend la défense de Lord Devlin contre ses critiques[20]. La bigamie est toutefois un cas étrangement complexe [39] dont l'examen révèle qu'elle ne peut pas être classée sans ambiguïté parmi les tentatives de mise en œuvre de la morale. Dans la brève discussion qui suit, j'essaierai de montrer, dans

20 E. Rostow, « The Enforcement of Morals », *Cambridge Law Journal*, 1960, vol. 18, p. 190. Le Doyen Rostow évoque principalement la polygamie « fondée sur un sentiment religieux sincère » plutôt que la « bigamie contractée pour le plaisir ». Il demande (rhétoriquement) : « Ne devrions-nous pas conclure que la monogamie est un thème si fondamental dans l'actuelle morale commune des États-Unis que la condamnation de la polygamie en tant que crime est justifiée quoi qu'elle ne repose que sur des "sentiments" et non sur la "raison" ? »

le cas de la bigamie comme dans les exemples évoqués plus haut, que ceux qui souhaitent conserver cette règle de droit pénal ne s'engagent pas pour autant à punir l'immoralité en tant que telle, car la punition de la bigamie peut reposer sur d'autres fondements raisonnables.

Dans la plupart des pays de *common law*, le fait pour une personne mariée de célébrer un second mariage alors que le premier époux est encore en vie constitue une infraction criminelle, et ce même si le nouveau conjoint a conscience de l'existence du premier mariage. La répression de la bigamie en l'absence de tromperie a ceci de curieux qu'en Angleterre, ainsi que dans de nombreux ordres juridiques où la bigamie est punie, la cohabitation sexuelle des deux parties n'est pas un délit. Si un homme marié souhaite cohabiter avec une autre femme, voire même plusieurs autres femmes, il peut le faire en toute impunité au regard de la législation pénale. Il peut créer un nouveau foyer et faire comme s'il était marié : il peut célébrer son union avec du champagne et distribuer des parts de gâteau avec tout le cérémonial social accompagnant habituellement un mariage valide. [40] Rien de tout ceci n'est illégal ; mais s'il accomplit une cérémonie de mariage, alors la loi intervient non seulement pour le déclarer nul, mais pour punir le bigame.

Pourquoi le droit n'intervient-il qu'à cet endroit, laissant de côté l'immoralité de la cohabitation sexuelle ? Plusieurs réponses ont été apportées à cette question. Certains ont suggéré que le but de la répression juridique de la bigamie était de préserver les archives publiques de toute confusion, ou de déjouer des combines élaborées dans le but de donner à voir comme légitimes des enfants qui ne le sont pas. Dans son commentaire de l'avant-projet du *Model Penal Code*, l'Institut américain du droit suggère que l'adultère bigame, même s'il n'implique pas de tromperie, peut appeler une sanction pénale car c'est un affront public et une provocation pour la première épouse, et parce que la cohabitation sous l'apparence d'un mariage a une propension à « entraîner la désertion, la non-assistance et le divorce[21] ». Il y a là, insiste-t-on, des torts causés à des individus que le droit pénal est justifié à prévenir par la peine.

Quelques-unes de ces suggestions semblent plus ingénieuses que convaincantes. Les préjudices qu'ils mettent en lumière sont sans doute assez réels, mais nombreux sont ceux qui estimeraient que l'argument

21 American Law Institute, *Model Penal Code*, avant-projet n° 4, p. 220.

en faveur d'une répression de la bigamie demeurerait valable même si ces préjudices avaient de faibles chances de survenir, ou si l'on avait pourvu ailleurs à leur éventualité par la création d'infractions spécifiques qui, par exemple, ne pénaliseraient pas la bigamie en soi, mais plutôt le fait de faire enregistrer de fausses déclarations aux registres publics. [41] La plupart de ceux qui trouvent peu convaincantes ces diverses justifications du droit en vigueur, tout en souhaitant le voir maintenu en l'état, insisteront sans doute sur le fait que, dans un pays qui attache une profonde signification religieuse au mariage monogame ainsi qu'à l'acte qui le solennise, la loi contre la bigamie doit être acceptée comme visant à protéger ces sensibilités religieuses à l'encontre d'un acte public qui désacraliserait cette cérémonie. Comme pour les deux exemples précédents, la question est à nouveau de savoir s'il est incohérent, pour ceux qui défendent l'usage du droit pénal à ces fins, de nier que la loi puisse également être utilisée pour punir l'immoralité en tant que telle.

Je ne pense pas qu'il y ait d'incohérence dans cette combinaison d'attitudes, mais nous devons de nouveau établir une distinction importante. Il est important de se rendre compte que si le droit intervient dans le cas de la bigamie pour protéger les sensibilités religieuses de l'outrage que provoque cet acte public, le bigame n'est pas puni pour son impiété ni pour son immoralité, mais pour la nuisance qu'il cause. La loi porte alors sur l'offense que porte à autrui sa conduite publique, et non pas sur l'immoralité de sa conduite privée qui, dans la plupart des pays, demeure entièrement impunie. Dans ce cas, comme dans le cas de crimes ordinaires qui causent un dommage physique, la protection de ceux qui sont susceptibles d'être affectés constitue pour le droit un objectif tout à fait intelligible, et l'on ne pourrait certainement pas dire ici que « la fonction du droit pénal est de mettre en œuvre un principe moral, et rien d'autre ». Il faut noter que Lord Devlin lui-même, à la différence de son défenseur le doyen Rostow, [42] semble faire cette distinction, puisqu'il n'inclut pas la bigamie dans la liste des crimes que les principes du rapport Wolfenden nous obligeraient à rejeter. Il ne s'agit pas d'une omission de sa part, car il énonce spécifiquement au sujet des crimes qui sont inclus dans la liste « que ce sont autant d'actes qui peuvent être accomplis en privé sans causer d'offense à autrui[22] ».

22 P. Devlin, *The Enforcement of Morals*, *op. cit.*, p. 9. Lord Devlin accueille néanmoins chaleureusement la défense du doyen Rostow. Voir : *id.*, « Law, Democracy, and Morality »,

On peut douter que les principes énoncés par Mill dans son essai *On Liberty* permettraient de punir la bigamie, en l'absence de tromperie, au seul motif que ce serait un acte public heurtant les sensibilités religieuses. Bien qu'il admette clairement que l'on doive considérer les « sensibilités » ainsi que les « intérêts » d'autrui, et qu'un acte heurtant ces sensibilités mérite à tout le moins un blâme moral, il l'affirme et le nuance dans un langage qu'il est notoirement difficile d'interpréter. Il semble penser que l'on peut seulement justifier le blâme et la punition de l'offense faite aux sensibilités d'autrui si deux conditions au moins sont réunies : premièrement, une association ou une relation spéciale doit avoir existé entre les parties de sorte qu'il existe une obligation de considération envers des individus « déterminés » ; et deuxièmement, le préjudice retenu ne doit pas être « seulement contingent » ou « involontaire[23] ».

[43] Nous pouvons écarter la première de ces conditions comme trop restrictive, et interpréter la seconde comme signifiant simplement que l'offense faite aux sensibilités doit être à la fois sérieuse et vraisemblable. La question de savoir si la bigamie doit être punie ou non dépendra alors d'estimations comparatives (sur lesquelles les avis peuvent bien entendu diverger) du degré d'importance, d'une part, de l'offense faite aux sensibilités et, d'autre part, des restrictions de liberté et des souffrances imposées par ces mesures. Les défenseurs du droit en vigueur soutiendront certainement que l'interdiction de la bigamie impose peu de sacrifices et de souffrances. Les personnes concernées peuvent profiter de la substance de leur union et se présenter sous l'apparence d'un mariage valide. Elles ne se voient retirer qu'un seul élément de respectabilité juridique – quoique sans doute le plus important. Le cas qui nous intéresse est donc tout à fait différent de tentatives de mise en œuvre de la morale sexuelle qui exigeraient la répression d'instincts puissants intimement liés au bonheur personnel. D'un autre côté, les opposants à cette loi pourraient également faire valoir de manière plausible qu'à une époque de déclin de la foi, les sensibilités religieuses susceptibles d'être heurtées par un mariage bigame ne sont plus désormais, ni très répandues ni très profondes, et qu'il suffit alors que de tels mariages soient simplement considérés comme juridiquement nuls.

University of Pennsylvania Law Review, 1962, vol. 110, p. 640 [réimpr. in *The Enforcement of Morals*, 1965 (recueil), *op. cit.*, chap. 5, p. 86-101].

23 J.S. Mill, *On Liberty*, chap. 4.

L'exemple de la bigamie démontre la nécessité de distinguer l'immoralité d'une pratique et l'indécence publique ou la nuisance qu'elle peut constituer. Ceci est d'importance générale car, dans le cours de son développement, le droit anglais a souvent considéré de cette manière des comportements qui étaient précédemment punis simplement parce qu'ils étaient interdits par la religion ou la morale acceptées. [44] Ainsi, tout déni des vérités de la religion chrétienne était autrefois puni en Angleterre parce que blasphématoire, alors qu'on ne le punit plus désormais que s'il est fait d'une manière choquante ou insultante qui risque de constituer une atteinte à l'ordre public. Bien entendu, ceux qui défendent cette forme moderne de la punition du blasphème ne s'engagent pas, de ce seul fait, à adopter les croyances religieuses de ceux dont les sensibilités sont préservées de l'injure. Ils peuvent même s'opposer sans incohérence à toute tentative visant à imposer l'observance de cette religion, ou de toute autre.

En matière sexuelle, une délimitation similaire sépare généralement la punition de l'immoralité et la punition de l'indécence. Les Romains distinguaient le domaine du Censeur, concerné par la morale, du domaine de l'Édile, responsable de la décence publique. Mais peut-être cette distinction n'a-t-elle pas reçu suffisamment d'attention à notre époque[24]. Bien plus, dans son discours à la Chambre des Lords dans l'arrêt *Shaw*, Lord Simonds a mis un point d'honneur à marquer son indifférence à l'égard de cette distinction.

> L'étiquette qu'il convient de donner à l'acte offensant importe peu. Là où il paraîtra à l'un de *Vos Lordships* qu'il s'agit d'une atteinte à la décence publique, il semblera à un autre qu'il constitue une corruption de la morale publique dès lors que l'acte pourrait réussir dans son objectif évident de provoquer des désirs libidineux[25].

[45] Néanmoins, cette distinction est à la fois claire et importante. Les rapports sexuels entre mari et femme ne sont pas immoraux, mais ils constitueront une atteinte à la décence publique s'ils ont lieu en public. Les rapports homosexuels entre adultes consentants dans un cadre privé sont immoraux au regard de la morale conventionnelle, mais ne sont pas une atteinte à la décence publique, bien qu'ils seraient à la fois

24 Voir néanmoins : Anon., « The Censor as Aedile », *Times Literary Supplement*, 4 Août 1961.
25 *Shaw v. Director of Public Prosecution* [1961] 2 All E.R. 452.

immoraux et indécents s'ils avaient lieu en public. Le fait qu'un même acte, s'il a lieu en public, peut être perçu à la fois comme immoral et comme une atteinte à la décence publique, ne doit pas nous faire perdre de vue la différence entre les deux aspects de cette conduite, ni la différence entre les principes sur lesquels doivent reposer les justifications de la punition de ces différents aspects. La récente législation anglaise en matière de prostitution fait état de cette distinction. Elle ne pénalise pas la prostitution, mais punit ses manifestations publiques afin de protéger le citoyen ordinaire de certains aspects dérangeants dont il peut se trouver témoin contre sa volonté.

On m'objectera peut-être que je fais trop grand cas, dans cette discussion, de la distinction entre ce que l'on fait en public et ce que l'on fait en privé. On pourrait faire valoir que l'on offense la sensibilité d'autrui, non seulement lorsque l'on impose à la vue de témoins involontaires des activités immorales ou leurs préludes commerciaux, mais également lorsque ceux qui condamnent comme immorales certaines pratiques sexuelles apprennent que d'autres s'y livrent en privé. De ce point de vue, il n'y aurait aucun intérêt à s'attacher à la distinction entre ce que l'on fait en privé et ce que l'on fait en public. Mais si on ne se préoccupait plus de cette distinction, [46] il n'y aurait plus de différence en pratique, bien que les deux soient conceptuellement distincts, entre le fait de punir pour simple immoralité et le fait de punir les conduites qui choquent les sensibilités d'autrui. Toute conduite fortement condamnée comme immorale serait alors susceptible d'être punie.

Il est important de ne pas confondre cet argument avec la thèse, que j'examinerai plus loin, d'après laquelle la préservation d'une morale sociale serait en elle-même une valeur qui permettrait de justifier le recours à la contrainte. En effet, le présent argument ne fait pas appel à l'importance de la morale pour soutenir sa mise en œuvre, mais invoque le principe de Mill selon lequel la contrainte peut être légitimement utilisée pour empêcher que l'on nuise à autrui. On peut opposer de nombreuses objections à un tel usage de ce principe. Certains soutiendront que la détresse provoquée par la seule possibilité que d'autres soient en train d'enfreindre la morale en privé ne peut pas en soi constituer un « tort », excepté chez quelques personnes névrosées ou hypersensibles que cette simple idée rend littéralement « malades ». D'autres admettront qu'une telle détresse peut bel et bien constituer un tort, même pour des personnes normales, mais soutiendront que ce tort est trop faible pour pouvoir compenser le grand malheur que cause la mise en œuvre juridique de la morale sexuelle.

Bien que ces difficultés ne soient pas dénuées de poids, elles sont d'importance secondaire. L'objection fondamentale est assurément que l'on ne peut reconnaître la liberté individuelle comme une valeur en elle-même tout en admettant l'existence d'un droit à être protégé de la détresse qui résulte du simple fait de savoir que d'autres agissent d'une manière que l'on juge mauvaise. [47] En effet, l'extension du principe utilitariste selon lequel la contrainte peut être utilisée pour prémunir les hommes contre un préjudice, de manière à y inclure la protection contre cette forme de détresse, ne saurait s'arrêter ici. Si la détresse qui résulte de la croyance que d'autres ont une conduite mauvaise constitue un tort, alors celle résultant de la croyance que d'autres font ce que l'on ne souhaite pas qu'ils fassent en est également un. Punir des personnes parce qu'elles provoquent chez autrui cette forme de détresse reviendrait à les punir simplement parce que d'autres objectent à ce qu'elles font ; or la seule liberté qui pourrait coexister avec cette extension du principe utilitariste serait celle de faire les choses auxquelles personne n'objecte sérieusement. Une telle liberté serait clairement nulle (*nugatory*). Reconnaître la liberté individuelle comme valeur en elle-même implique, au minimum, que l'on accepte le principe selon lequel l'individu peut agir comme il le souhaite, même si d'autres sont perturbés lorsqu'ils l'apprennent – à moins, bien sûr, qu'il existe d'autres raisons valables de l'interdire. Aucun ordre social qui accorderait la moindre valeur à la liberté individuelle ne saurait également reconnaître le droit d'être protégé d'une détresse ainsi occasionnée.

Cependant, le fait de protéger des heurts ou des offenses aux sensibilités provoqués par une manifestation publique est une toute autre affaire, comme le reconnaissent la plupart des systèmes juridiques. La distinction est parfois très fine. C'est le cas, par exemple, de la profanation d'objets ou de cérémonies sacrées, car ceux heurtés ou choqués par la manifestation publique ne le seraient pas s'ils ne souscrivaient à certaines croyances religieuses ou morales. Cependant, le recours à la sanction pénale pour protéger ceux rendus vulnérables à la manifestation publique du fait de leurs croyances [48] laisse le contrevenant libre, s'il le peut, de faire la même chose en privé. Cela ne revient pas à punir quelqu'un uniquement parce que d'autres objectent à ce qu'il fait.

LA THÈSE MODÉRÉE ET LA THÈSE EXTRÊME

Lorsque nous nous éloignons de ces exemples, qui sont certainement discutables, pour nous tourner vers les raisons positives censées justifier la mise en œuvre de la morale, il devient important de distinguer une thèse modérée et une thèse extrême, bien que les détracteurs de Mill aient parfois oscillé entre l'une et l'autre sans les distinguer. Lord Devlin me semble soutenir, dans la majeure partie de son essai, la thèse modérée, alors que Stephen semble soutenir la thèse extrême.

Selon la thèse modérée, une morale partagée est le ciment de la société. Il n'y aurait sans elle que des agrégats d'individus, pas de société. « Une morale acceptée » est, pour employer les termes de Lord Devlin, « aussi essentielle à l'existence de la société qu'un gouvernement accepté[26] ». Un acte immoral particulier peut ne léser, ne mettre en danger, ni ne corrompre autrui, ou, lorsque réalisé en privé, ne choquer ou n'offenser personne – cela ne résout pas la question. Lorsque nous considérons une conduite, nous ne devons ignorer ses effets sur le code moral : nous pouvons alors, si nous gardons ceci à l'esprit, voir que celui qui « n'est pas un danger pour les autres » peut néanmoins, [49] par sa conduite immorale, « menacer l'un des grands principes moraux sur lequel la société est fondée[27] ». En ce sens, la violation d'un principe moral est une infraction « contre la société dans son ensemble[28] », et la société peut recourir au droit pour préserver sa morale, de même qu'elle l'utilise pour sauvegarder tout ce qui peut être essentiel à son existence. C'est pourquoi « la répression du vice est tout autant l'affaire du droit que la répression des activités subversives[29] ».

Par contraste, la thèse extrême n'accorde pas seulement une valeur instrumentale à la morale partagée – analogue à l'existence d'un gouvernement stable. Elle ne justifie pas la punition de l'immoralité comme une mesure visant à préserver la société de la dissolution ou de l'effondrement, comme c'est le cas de la trahison. La mise en œuvre de la morale se

26 P. Devlin, *The Enforcement of Morals*, *op. cit.*, p. 13 [« La morale et le droit pénal », art. cité, p. 142].

27 *Ibid.*, p. 8 [« La morale et le droit pénal », art. cité, p. 138].

28 *Ibid.*

29 *Ibid.*, p. 15 [« La morale et le droit pénal », art. cité, p. 144-145].

voit accorder une valeur en elle-même, même si les actes immoraux ne nuisent à personne de manière directe, ni même de manière indirecte en affaiblissant le ciment moral de la société. Je ne prétends pas qu'il soit possible d'attribuer chacun des arguments avancés à l'une ou l'autre de ces deux thèses, mais je pense qu'elles caractérisent néanmoins les principales positions critiques derrière la plupart des arguments, et elles révèlent par la même occasion une ambiguïté dans l'expression « mettre en œuvre la morale en tant que telle ». Peut-être la manière la plus claire de distinguer les deux thèses est-elle de constater qu'il y a toujours deux niveaux auxquels on peut se demander si une atteinte à la morale positive est nuisible. Nous pouvons nous demander, tout d'abord, « cet acte nuit-il à quelqu'un indépendamment de ses répercussions sur la morale partagée de la société ? ». Nous pouvons nous demander, ensuite, « cet acte affecte-t-il la morale partagée, [50] fragilisant ainsi la société ? ». La thèse modérée requiert une réponse affirmative au moins à la seconde question pour justifier la punition d'un acte. La thèse extrême ne requiert une réponse affirmative à aucune des deux questions.

Lord Devlin semble défendre la thèse modérée. Je dis bien « semble », car bien qu'il écrive que la société a le droit de mettre en œuvre la morale en tant que telle au motif qu'une morale partagée est essentielle à l'existence de la société, il n'est du tout clair que l'affirmation selon laquelle l'immoralité met en péril ou affaiblit la société est pour lui une question de fait empirique (*empirical fact*). Il semble tantôt s'agir d'une supposition *a priori*, tantôt d'une – très curieuse – vérité nécessaire. Cela se révèle de manière importante par le fait que, mise-à-part une vague référence à « l'histoire » montrant que « le relâchement des liens moraux est souvent la première étape de la désintégration[30] », il n'avance aucun élément de preuve (*evidence*) pour montrer que la déviance vis-à-vis de la morale sexuelle acceptée, même entre adultes dans un cadre privé, serait quelque chose qui, au même titre que la trahison, menace l'existence de la société. Aucun historien digne de confiance n'a soutenu cette thèse, et de nombreux indices tendent à l'infirmer. En tant que proposition de fait, elle ne mérite pas plus de respect que la déclaration de l'empereur Justinien selon laquelle l'homosexualité serait la cause des tremblements de terre[31]. La croyance de Lord Devlin en cette thèse,

30 *Ibid.*, p. 14-15 [« La morale et le droit pénal », art. cité, p. 144].

31 *Novels* 77, chap. 1 et 141.

ainsi que son apparente indifférence à cette question empirique (*question of evidence*), découlent par endroits d'un postulat non interrogé. [51] Il s'agit de l'idée selon laquelle toute morale – la morale sexuelle ainsi que celle interdisant les actes portant atteinte à autrui tels que le meurtre, le vol, ou la malhonnêteté – forme une toile homogène, de sorte que ceux qui s'écartent d'une partie sont susceptibles de s'écarter de l'ensemble. Il est bien entendu évident, c'est l'une des plus anciennes intuitions de la théorie politique, que la société ne pourrait exister sans une morale reflétant et complétant l'interdiction par le droit des conduites qui nuisent à autrui. Cependant, il n'y a aucun indice solide pour étayer – et de nombreux indices réfutent – la théorie selon laquelle ceux qui s'écartent de la morale sexuelle conventionnelle sont, d'autres manières, hostiles à la société.

Il semble toutefois y avoir quelque chose de plus intéressant au cœur du raisonnement de Lord Devlin, mais guère plus convaincant, que la conception de la morale sociale comme une toile homogène. Il paraît glisser de la proposition tout à fait recevable selon laquelle une *certaine part* de morale partagée est essentielle à l'existence de la société, à la proposition irrecevable selon laquelle il y a identité entre une société et sa morale telle qu'elle existe à un moment donné de son histoire[32], de sorte qu'un changement de sa morale équivaut à la destruction de la société. La première proposition pourrait même être acceptée comme une vérité nécessaire, plutôt que comme une vérité empirique, reposant sur une définition assez plausible de la société comme un corps d'être humains qui partagent certaines opinions morales. La seconde proposition, en revanche, est absurde. Prise au pied de la lettre, elle nous empêcherait de dire que la morale d'une société donnée a évolué, [52] et, au lieu de cela, nous obligerait à soutenir qu'une société a disparu et qu'une autre a pris sa place. Or, c'est seulement ce critère absurde de ce que signifie l'existence continue d'une même société qui permettrait d'affirmer, sans élément de preuve, que tout écart par rapport à la morale partagée d'une société mettrait en danger son existence.

Il apparaît alors clairement que c'est seulement cette identité tacite d'une société et de sa morale partagée qui permet à Lord Devlin de nier l'existence d'une immoralité privée, et qui sous-tend sa comparaison de

32 Sur ce point important, voir Richard Wollheim, « Crime, Sin, and Mr. Justice Devlin », *Encounter*, Novembre 1959, p. 34.

l'immoralité sexuelle, même lorsqu'elle a lieu « en privé », avec un acte de trahison. Sans doute est-il vrai que la morale sexuelle conventionnelle évoluera dans un sens plus permissif si la loi tolère que l'on s'en écarte et que les gens viennent à en avoir connaissance, bien que cela ne semble pas avoir été le cas pour ce qui concerne l'homosexualité dans les pays européens où elle n'est plus punie en droit. Cependant, même si la morale conventionnelle évoluait ainsi, la société en question n'aurait pas pour autant été détruite ou « subvertie ». Nous devrions comparer un tel développement, non pas au renversement violent d'un gouvernement, mais à une mutation constitutionnelle pacifique de sa forme, compatible non seulement avec la préservation d'une société mais également avec son progrès.

III. DIVERSES FORMES DE MISE EN ŒUVRE

[53] Dans la dernière conférence j'ai distingué les formes modérée et extrême de la thèse selon laquelle on peut légitimement utiliser le droit pénal pour mettre en œuvre la morale. D'après la thèse modérée, il existe un contraste certain entre des crimes portant manifestement atteinte à autrui (comme le meurtre et l'agression), et la prohibition par le droit de conduites simplement immorales entre adultes consentants dans un cadre privé. Ce contraste semble à première vue indiquer que l'on doit considérer la prohibition et la punition de ces conduites comme une forme de mise en œuvre de la morale « en tant que telle ». Néanmoins, d'après cette théorie, une fois comprise la vérité selon laquelle la morale d'une société est nécessaire à son existence, il apparaît clairement que n'importe quel acte immoral, quelque privé que soit son caractère, doit être tenu pour dangereux à long terme car « il menace les principes moraux sur lesquels la société est fondée » et met donc en péril son existence. De ce point de vue, la mise en œuvre de la morale (supposément indispensable pour préserver la morale) [54] est nécessaire à l'existence même de la société, et se trouve donc de ce fait justifiée.

La thèse extrême présente de nombreuses variantes, et on ne voit pas toujours clairement laquelle ses partisans souhaitent mettre en avant. Dans certaines variantes, la mise en œuvre de la morale par le droit n'a qu'une valeur instrumentale. Il ne s'agit que d'un moyen, bien qu'indispensable, d'atteindre une fin valable en soi : préserver la morale. C'est cette fin qui justifie la mise en œuvre juridique de la morale. Selon d'autres variantes, cette mise en œuvre a une valeur intrinsèque. Les formes de la thèse extrême ont toutes en commun de soutenir, contrairement à la thèse modérée, que la mise en œuvre et la préservation de la morale ne tirent pas uniquement leur valeur de leurs conséquences bénéfiques pour la pérennité de la société.

On peut noter un flottement ambigu de Lord Devlin entre une variante de la thèse extrême et la thèse modérée. Si l'on interprète comme une proposition de fait son énoncé central selon lequel la préservation de la morale d'une société est nécessaire à son existence (comme l'analogie avec la répression de la trahison semble nous y inviter), alors l'existence continue d'une société doit être distinguée de la préservation de sa morale. Dès lors, le maintien de la société devient en réalité une conséquence souhaitable de la préservation de sa morale. Partant du postulat que la mise en œuvre de la morale équivaut – ou est nécessaire – à sa préservation, c'est cette conséquence souhaitable qui justifie la mise en œuvre de la morale. [55] Interprété de cette manière, Lord Devlin est un partisan de la thèse modérée, et son argument est utilitariste. L'objection que l'on peut lui opposer est que son énoncé empirique crucial ne repose sur aucun élément de preuve : c'est un utilitarisme qui n'a pas recours aux faits. D'un autre côté, si nous n'interprétons pas comme une affirmation empirique mais comme une vérité nécessaire l'idée que toute immoralité, même privée, menace l'existence de la société (comme nous invite à le faire l'absence de tout élément de preuve), alors l'existence continue d'une société n'est pas quelque chose de différent de la préservation de sa morale : ce sont deux choses identiques. De ce point de vue, la mise en œuvre de la morale n'est pas justifiée par les conséquences positives qu'elle entraîne pour la société, à savoir la préserver de la dissolution et de la décomposition. Elle est simplement justifiée comme équivalent à – ou requise pour – la préservation de la morale de la société. Il s'agit là d'une forme de la thèse extrême qui n'est dissimulée que par l'identification tacite d'une société à sa morale, chose que j'ai critiquée dans ma dernière conférence.

Il me semble que Stephen défend certaines formes de la thèse extrême de manière plus cohérente que Lord Devlin ne défend la thèse modérée. Cependant, avant de considérer cette question, il est important de nous remémorer les difficultés qu'implique l'idée, simple en apparence, que l'on puisse obtenir par la contrainte juridique n'importe quel type de comportement. Nous avons déjà distingué deux aspects de cette mise en application du droit[1] : le premier, la contrainte, consiste à obtenir par la menace d'une sanction juridique que l'on fasse, ou s'abstienne de faire, ce que la loi ordonne ou interdit. Le second consiste en la punition effective de ceux qui ont enfreint la loi. [56] Hormis ces deux aspects, il y en

1 [N.D.T.] Voir page 21 de sa première conférence (pagination d'origine).

a d'autres qu'il est important de ne pas négliger lorsque l'on considère l'usage légal de la « force ». Ainsi, des mesures peuvent être prises dans le but de rendre impossible ou difficile la désobéissance au droit, et ce afin de l'entraver plutôt que la punir. Un exemple bien connu en Angleterre est le pouvoir conféré aux autorités publiques par l'*Obscene Publications Act* de 1857 de saisir et de détruire les publications obscènes, la loi autorisant dans d'autres ordres juridiques la fermeture de locaux utilisés comme maisons clauses. Un autre aspect de la mise en application du droit que l'on peut distinguer ici est le recours à la pression pour inciter ceux qui sont effectivement en train d'enfreindre la loi – ou menaçant de l'enfreindre – à cesser de le faire. Le fait que ces moyens de pression puissent être également employés dans le cadre de la punition ne doit pas nous empêcher de faire la différence. Le moyen le plus fréquemment utilisé en Angleterre et en Amérique est l'emprisonnement de ceux qui refusent de se plier à l'ordonnance d'une juridiction jusqu'à ce qu'ils s'y soumettent, ou les « ordonnances de cessation et d'abstention » (*cease and desist orders*) assorties d'une astreinte augmentant chaque jour tant que dure la désobéissance. Sans doute la première se présente-t-elle d'habitude comme une peine infligée pour outrage au tribunal (*contempt of court*). Des excuses sont habituellement exigées, en plus de l'obéissance, pour mettre fin à l'emprisonnement pour outrage, mais celui-ci a pour fonction première de constituer une forme de pression à la disposition de ceux qui doivent assurer le respect du droit.

Ces distinctions sont importantes pour ce qui nous intéresse, car la thèse extrême [57] (selon laquelle la mise en œuvre juridique de la morale est justifiée, non par ses conséquences, mais comme valeur en soi) nécessitera une réflexion séparée selon différents aspects de la mise en application du droit. De plus, une réflexion sur ces différents aspects nous forcera à remettre en question le postulat de Lord Devlin, qui est peut-être également celui de Stephen, selon lequel la mise en œuvre de la morale et sa préservation sont identiques, ou sont du moins nécessairement connectées.

La mise en application comme contrainte (enforcement as coercion). Si nous considérons le premier aspect de la mise en application du droit, à savoir la contrainte par la menace, alors on voit apparaître une grande différence entre le fait d'inciter des personnes, à travers la crainte de la sanction, à s'abstenir d'actions qui portent atteinte à autrui, et le fait de les inciter à s'abstenir d'actions qui s'écartent de la morale acceptée mais qui ne nuisent à personne. La valeur que l'on attache au premier cas est facile à comprendre : le fait de préserver les êtres humains du meurtre, de la violence ou d'autres formes de préjudices constitue un bien indépendamment des motifs pour lesquels on incite autrui à s'abstenir de commettre ces crimes. Cependant, lorsqu'il n'y a ni de mal à prévenir ni de victime potentielle à protéger, comme c'est souvent le cas lorsque l'on transgresse la morale sexuelle conventionnelle, alors il devient difficile d'affirmer qu'il faut défendre le respect du droit, même s'il n'est obtenu que par la crainte de la sanction en dépit du malheur et du sacrifice de la liberté qu'il implique. Le fait d'accorder une valeur au seul caractère conforme de la conduite, en faisant abstraction de ses motivations et de ses conséquences, ne relève pas de la morale mais du tabou. [58] Ceci ne signifie pas que nous ne puissions intelligiblement attribuer de la valeur à des vies consacrées à des idéaux de chasteté ou de déni de soi. Parvenir à la discipline de soi, en matière sexuelle comme dans d'autres domaines de la conduite personnelle, doit être considéré pour toute théorie morale comme l'une des composantes de la vie bonne. Mais c'est la retenue *volontaire* qui est précieuse dans ce cas, et non la soumission à la contrainte qui semble dénuée de toute valeur morale.

On peut bien entendu soutenir que la conformité juridiquement imposée, bien qu'elle n'ait pour ces raisons aucune valeur en elle-même, est indispensable pour enseigner ou maintenir une morale que l'on observe volontairement dans la plupart des cas. « C'est le fait que l'on pende des hommes pour meurtre qui conduit à voir le meurtre comme un crime si terrible[2]. » Il n'y a rien de contradictoire dans les théories soutenant que la menace de la sanction juridique est nécessaire pour encourager ou maintenir la pratique volontaire de la morale. Cependant, il s'agit de théories qui nécessitent l'appui de faits empiriques, et il n'y a que

2 Rapport de la Commission Royale sur la peine capitale [*Royal Commission on Capital Punishment*], CMD. 8932 (1953), section 61. La citation provient de l'article de Stephen sur la peine capitale paru dans *Fraser's Magazine*, Juin 1864, p. 761. [N.D.T. : Voir ég. J.F. Stephen, *General View of the Criminal Law of England*, Londres, Macmillan, 1863, p. 99 : « Certains hommes, sans doute, ne s'abstiennent du meurtre que parce qu'ils craindraient d'être pendus s'ils en commettaient un. Des centaines de milliers s'en abstiennent parce qu'ils perçoivent le meurtre avec horreur. L'une des grandes raisons pour lesquelles ils perçoivent le meurtre avec horreur est justement que les meurtriers sont pendus avec l'approbation vigoureuse de tous les hommes raisonnables. »]

très peu d'éléments de preuve pour soutenir l'idée que la crainte de la punition est le meilleur moyen d'enseigner la morale. Une grande partie de la morale est transmise et maintenue sans crainte de la sanction, et là où elle est enseignée grâce à celle-ci, il existe un danger permanent que cette crainte soit l'unique motif d'observance.

La mise en application comme punition. Le second aspect de la mise en application du droit consiste, non pas dans la menace de la sanction, [59] mais dans le fait d'infliger la peine aux délinquants. Si, lorsque la conduite visée n'est pas nuisible, nous demandons quelle peut être la valeur d'une peine, alors la réponse la plus évidente est une « théorie » rétributiviste de la peine (*retributive theory of punishment*). La peine infligée n'est pas justifiée par ses conséquences bénéfiques pour la société ou pour la personne qui est punie, mais par le fait que la souffrance est la réponse moralement la plus appropriée ou la plus « adéquate » au mal qui a été commis. Je ne peux pas entreprendre ici un examen complet de cette théorie de la peine, mais je souhaiterais attirer l'attention sur l'un de ses points saillants. Une théorie qui ne cherche pas à justifier la peine par ses conséquences mais par la cruauté du crime qu'elle punit n'est sans doute plausible – voire même intelligible – que si le crime a pu nuire à autrui et qu'il y a donc non seulement un malfaiteur, mais une victime. Même les partisans les plus fervents de la doctrine utilitariste ont dû être tentés, par moments, par l'idée simple qu'il est juste ou bon qu'une personne qui a intentionnellement infligé des souffrances à autrui doit être, elle aussi, amenée à souffrir. Je doute que quiconque a lu les archives d'Auschwitz ou de Buchenwald n'ait ressenti une forte attirance pour ce principe. Sans doute est-ce ce principe qui a mu même les plus réfléchis de ceux qui soutenaient la punition des criminels concernés, et non l'idée que la punition aurait à l'avenir des conséquences bénéfiques. Néanmoins, la force de cette forme de rétribution dépend assurément de l'existence d'une victime ainsi que d'un coupable, [60] car il est alors possible de concevoir la peine comme une mesure visant à empêcher le coupable de prospérer alors que ses victimes ont péri ou souffrent encore. Les principes exigeant qu'on l'en empêche sont certainement analogues aux principes de justice et d'équité dans la distribution du bonheur et de la souffrance – principes qui imprègnent également d'autres domaines de la morale. Je ne soutiendrais pas moi-même que cette analogie soit suffisante, mais elle devrait certainement nous empêcher de rejeter d'entrée de jeu toute théorie rétributiviste en tant que telle. Cependant, lorsqu'on ne trouve pas de victime mais seulement la transgression d'une règle morale, alors l'idée que la peine constitue la juste réponse à l'immoralité n'a pas même ce fondement-là. La rétribution semble ici ne reposer sur rien d'autre que sur l'affirmation invraisemblable selon laquelle, en matière morale, noir et noir font blanc (*two blacks make a white*) : que le mal de la souffrance ajouté au mal de l'immoralité qu'il punit ont pour résultat un bien moral (*a moral good*).

RÉTRIBUTION ET DÉNONCIATION

Dans le chapitre qu'il consacre à la doctrine de la liberté de Mill et à son rapport à la morale, Stephen s'attache principalement à identifier et à révéler les incohérences et les présupposés erronés sur la nature humaine et la société qui invalident selon lui les arguments de Mill. Il consacre comparativement peu de place à l'explication des fondements positifs de sa propre thèse selon laquelle le droit pénal doit être employé, non seulement pour la protection « contre les actes dangereux pour la société », [61] mais également pour « combattre les formes de vices les plus choquantes[3] ». En effet, il n'est pas facile de déceler dans ses arguments un exposé précis des valeurs que constitue ou garantit d'après lui la mise en œuvre juridique de la morale. La caractéristique la plus notable de sa réflexion sur ces questions, et pour beaucoup la plus repoussante, est son insistance sur la légitimité – le caractère « sain[4] » – du ressentiment ou de la haine envers le criminel, ainsi que du désir de vengeance à son endroit. Étant donné l'importance qu'il accorde à ce thème, il est facile de conclure que la position de Stephen repose sur une forme simple – voire grossière – de théorie rétributiviste : la punition du criminel est justifiée parce que « le sentiment de haine et le désir de vengeance sont des éléments importants de la nature humaine qui devraient, dans de tels cas, être satisfaits de manière régulière, publique et légale[5] ».

3 J.F. Stephen, *Liberty, Equality, Fraternity*, *op. cit.*, p. 162.
4 *Ibid.*, p. 162, 165.
5 *Ibid.*, p. 162.

L'insistance de Stephen sur la légitimité de la haine et du désir de vengeance est centrale dans sa conception de la peine, et des juges anglais qui lui ont succédé leur ont attaché une importance similaire. Lors du dernier débat au sein de la Chambre des Lords sur la peine capitale, Lord Goddard – le précédent *Lord Chief Justice* d'Angleterre – déclara : « je ne vois pas en quoi on considèrerait comme non-chrétien ou indigne que ce pays soit prêt à venger les crimes[6] ». Ce ne serait cependant pas faire justice à Stephen [62] que de prétendre que sa doctrine se limite à cette forme de la théorie rétributiviste, car ses arguments contiennent au moins un autre élément. J'appellerai celui-ci l'élément de dénonciation (*denunciatory element*) pour des raisons qui deviendront apparentes. Bien que Stephen ne le distingue pas lui-même de sa propre version de la théorie rétributiviste, cela vaut la peine de l'examiner de manière isolée. En effet, il occupe une place importante dans la conception de la fonction et de la justification de la peine qui est, aujourd'hui encore, caractéristique des juges anglais, et que partagent de nombreux juristes conservateurs Anglais et Américains.

Pour comprendre les thèses de Stephen sur la mise en œuvre de la morale par le droit, il est important de noter qu'il part, comme Lord Devlin, du principe que la société à laquelle sa doctrine s'applique est caractérisée par un degré considérable de solidarité morale, et qu'elle se trouve donc profondément perturbée par les violations de son code moral. Pour Lord Devlin, la morale mise en œuvre par le droit doit être « publique », dans le sens où elle doit être généralement partagée et identifiable par les trois marques de « l'intolérance, l'indignation, et le dégoût[7] ». Pour Stephen, de même :

> On ne peut rien punir qui ne soit vigoureusement et explicitement condamné par l'opinion publique, telle qu'exprimée par la pratique commune d'une société. (…) Pour pouvoir punir, il faut une écrasante majorité morale[8].

Il est possible que ces conditions aient été réunies, vers le milieu de l'ère victorienne en Angleterre, [63] en ce qui concerne « ce nombre considérable

6 *Hansard* [Rec. des débats parlementaires], Chambre des Lords (5e série), vol. 198 (1956), p. 743.

7 P. Devlin, *The Enforcement of Morals*, *op. cit.*, p. 17 : « voici les forces derrière la loi morale » [« La morale et le droit pénal », art. cité, p. 148].

8 J.F. Stephen, *Liberty, Equality, Fraternity*, *op. cit.*, p. 173-174.

d'actes » qui, d'après Stephen, étaient traités comme des crimes simplement parce qu'ils étaient jugés particulièrement immoraux. Peut-être y avait-il alors « une écrasante majorité morale » qui entretenait le sain désir de vengeance qu'il évoque que l'on doit satisfaire par la punition du coupable. Il serait cependant sociologiquement naïf de supposer que ces conditions sont réunies dans l'Angleterre contemporaine, du moins en ce qui concerne la morale sexuelle. Le fait que certains veuillent bien évoquer une morale sexuelle officielle ne doit pas nous faire perdre de vue qu'il peut exister, en matière sexuelle comme dans d'autres, plusieurs conceptions morales mutuellement tolérantes. N'oublions pas non plus que, même là où l'on trouve une certaine homogénéité de pratique et de croyance, ceux qui s'en écartent peuvent susciter, non pas tant de la haine ni de la rancœur, mais de la pitié ou un mépris amusé.

En un sens, donc, la doctrine de Stephen – comme une bonne partie de celle de Lord Devlin – peut sembler planer au-dessus de la *terra firma* de la réalité sociale contemporaine. Elle a beau constituer une construction bien articulée, intéressante en ce qu'elle révèle l'état d'esprit caractéristique des juges anglais, elle n'en manque pas moins d'applicabilité à la société contemporaine. Cependant, gardant à l'esprit cette image sans doute illusoire de la société, Stephen écrit parfois comme si la fonction de la peine n'était pas tant de rétribuer que de dénoncer. Elle vise alors moins à satisfaire des sentiments de haine ou de vengeance qu'à exprimer de manière énergique la condamnation morale du délinquant, ainsi qu'à « ratifier » la morale qu'il a violée. [64] Cette idée est présente dans un passage de *Liberty, Equality, Fraternity* où Stephen décrit le droit pénal comme donnant des « contours nets au sentiment de colère » ainsi « qu'une satisfaction particulière au désir de vengeance[9] ». La même idée est par ailleurs exprimée de manière plus élaborée et plus claire dans son ouvrage *History of the Criminal Law* :

> La sentence de la loi est au sentiment moral du public, vis-à-vis de n'importe quel délit, ce que le sceau est à la cire chaude. Elle convertit en un jugement final permanent ce qui ne serait autrement qu'un sentiment passager. (…) Pour faire court, le fait d'infliger une peine par le droit donne une expression définie, une ratification solennelle ainsi qu'une justification à la haine suscitée par la perpétration de l'infraction qui correspond à la sanction morale ou populaire, telle qu'elle se distingue de la sanction de conscience,

9 *Ibid.*, p. 165.

> de cette partie de la morale qui est également sanctionnée par le droit pénal. (…) Les formes dans lesquelles sont exprimées la colère délibérée et la juste désapprobation – l'exécution de la justice pénale étant la plus catégorique de ces formes – ont à cette gamme de passions un rapport équivalent à celui qu'entretient le mariage à l'autre [les passions sexuelles][10].

De nombreux aspects de cette théorie manquent nul doute de clarté, parmi lesquels, notamment, l'idée énigmatique selon laquelle la peine « justifie » le sentiment qu'elle exprime. Cela dit, son sens est globalement clair, et c'est un thème auquel des juges ultérieurs ont fait écho. [65] Ainsi, à l'époque actuelle, Lord Denning a déclaré dans son intervention devant la Commission Royale sur la peine capitale :

> La punition des crimes graves devrait refléter de manière adéquate la révulsion que ressent la majorité des citoyens à leur égard. C'est une erreur de considérer que la peine ne puisse avoir d'autre objet que de dissuader, de réformer ou de prévenir. La justification ultime de toute peine ne réside pas dans le fait qu'elle est dissuasive, mais en ce qu'elle constitue la dénonciation énergique d'un crime par la communauté ; et, de ce point de vue, il y a des meurtres qui dans l'état présent de l'opinion exigent la dénonciation la plus énergique qui soit, à savoir la peine de mort[11].

Nonobstant l'éminence des juristes qui la défendent, cette justification de la peine semble reposer sur un étrange amalgame, notamment lorsqu'elle est appliquée à des conduites qui ne nuisent pas à autrui. Elle présente la simple expression de la condamnation morale comme une valeur à défendre au prix même de la souffrance humaine, et traite comme un mode d'expression tout particulièrement approprié ou « énergique » (*emphatic*) le fait d'infliger cette souffrance. Est-ce cependant véritablement intelligible ? La simple expression de la condamnation morale a-t-elle une valeur en soi qui mérite d'être défendue à ce prix ? L'idée que l'on puisse punir ceux qui enfreignent un code moral, non pas pour prévenir un préjudice ou une souffrance, ni la récidive, mais simplement comme un moyen d'évacuer ou d'exprimer énergiquement une condamnation morale, [66] se rapproche par trop près de l'idée du sacrifice humain comme expression d'un culte religieux. Par ailleurs, même si nous

10 J.F. Stephen, *A History of the Criminal Law of England, Vol. II*, Londres, MacMillan & Co., 1883, p. 81-82.

11 Rapport de la Commission Royale sur la peine capitale, section 53.

écartons cette objection il faut en surmonter une autre. Qu'entend-on par l'idée que la peine est un moyen approprié pour exprimer une condamnation morale énergique ? C'est avec des *mots* que l'on exprime d'ordinaire une condamnation morale. Si une situation exige une telle dénonciation, on ne voit pas bien pourquoi une déclaration publique solennelle ne serait pas le moyen le plus « approprié » ou « énergique » de l'exprimer. Pourquoi une dénonciation devrait-elle prendre la forme d'une peine ?

Il me semble que les partisans de cette théorie entendent vraisemblablement, par les idées de dénonciation « énergique » et d'expression « appropriée » d'une condamnation morale, que cette dénonciation a pour effet, pour le contrevenant comme pour d'autres, d'inculquer ou de renforcer le respect envers le code moral qui a été violé. Mais la théorie prend alors un caractère nouveau : la mise en œuvre de la morale par le droit considérée comme valeur en elle-même indépendamment de ses conséquences devient la théorie selon laquelle la mise en œuvre de la morale a une valeur du fait qu'elle préserve une morale existante. Nul doute qu'il s'agit là de la forme la plus plausible de la thèse extrême. Cependant, à moins de la tenir pour intuitivement évidente, de l'accepter sans débat, ou sans faire appel à un principe général de morale critique – comme Stephen semble le faire par moments –, cette théorie s'expose à une série de critiques majeures.

[67] Une première critique porte sur une question factuelle déjà abordée, et s'exprime ainsi : affirmer que sa mise en œuvre juridique permet bien de préserver la morale sociale doit reposer sur des éléments de preuve, or ils sont rares, du moins en matière de morale sexuelle. Ces problèmes sont sans doute assez complexes : tout examen approfondi du rôle que jouent les interdictions légales dans le maintien de la conviction qu'une conduite est moralement mauvaise doit distinguer différents types d'immoralité. Certains, comme la fornication, bien que condamnés moralement et avec une certaine sincérité, peuvent néanmoins représenter une tentation pour une majorité d'hommes, alors que d'autres, comme l'inceste ou l'homosexualité, sont des pratiques pour lesquelles la plupart d'entre eux peuvent ressentir de l'aversion voire du dégoût. Concernant ce deuxième ensemble, il serait ainsi surprenant que l'interdiction légale soit un facteur déterminant du maintien du sentiment général d'immoralité que ces pratiques suscitent. En effet,

s'il existe véritablement ce que Lord Devlin appelle un sentiment général « d'intolérance, d'indignation, et de dégoût », que Stephen qualifie de « majorité morale écrasante » (ce n'est selon eux que lorsque ces éléments sont réunis que la punition de l'immoralité est justifiée), alors la conviction que de telles pratiques sont moralement mauvaises est sûrement indissociable, dans l'esprit de la majorité, du dégoût instinctif et du sentiment profond qu'elles sont « contre nature ». Il me semble invraisemblable de soutenir que l'écrasante majorité morale serait susceptible de changer d'avis sur ces questions, et de se défaire de ses sentiments instinctifs profonds, si l'État ne reflétait plus, dans les peines qu'il inflige, ces opinions morales concernant l'homosexualité. [68] Cela apparaît d'ailleurs en net décalage avec l'expérience des pays dans lesquels l'homosexualité entre adultes consentants dans un cadre privé n'est pas juridiquement punie. Il ne s'agit pas de nier que là où le droit interdit de telles pratiques, certains s'abstiendront seulement par crainte de la peine ou, pour employer les termes de Stephen, parce qu'ils respectent la « ratification solennelle » par le droit de la morale sociale, et ce quelle que soit la frustration de leurs instincts que cela entraînera. Cependant, le fait qu'ils s'abstiennent pour ces raisons ne change en rien le sentiment général que ces pratiques sont moralement mauvaises.

Comme le remarque l'un des détracteurs de Lord Devlin[12], le véritable dissolvant de la morale sociale n'est pas l'échec du droit à soutenir les restrictions morales avec des sanctions pénales, mais plutôt la possibilité de la libre discussion critique. C'est celle-ci – ou l'auto-critique qu'elle engendre – qui nous force à distinguer le simple dégoût instinctif de la condamnation morale. Si de nos jours « l'écrasante majorité morale » est divisée ou incertaine sur de nombreuses questions de morale sexuelle, c'est parce que la libre discussion en la matière a permis d'attirer l'attention sur certains sujets à la lumière de découvertes en anthropologie et en psychologie. Ces apports sont très divers, parmi eux le caractère inoffensif de nombreuses déviances sexuelles, la variété des morales sexuelles dans différentes sociétés, ou encore le lien qui existe entre une morale sexuelle restrictive et une politique répressive sévère. [69] Bien que peu considèrent désormais qu'il est justifié d'interdire la libre discussion du fait de son impact sur la morale sociale dominante, Stephen était

12 R. Wollheim, « Crime, Sin, and Mr. Justice Devlin », art. cité, p. 40.

néanmoins tout à fait conscient que sa doctrine générale l'engageait à défendre cette position. Il affirmait ainsi assez catégoriquement qu'il n'y voyait aucune objection en principe, mais que ce n'était plus possible, en pratique, à l'époque où il écrivait[13].

LA PRÉSERVATION DE LA MORALE ET LE CONSERVATISME MORAL

Cette dernière considération nous amène à ce qui est véritablement le problème central de la thèse extrême. Supposons, contrairement à ce qu'indiquent les éléments de fait, que l'image que propose Stephen de la société et de ses mécanismes moraux soit réaliste. Il y aurait donc réellement, en matière sexuelle, un code moral bénéficiant du soutien d'une majorité écrasante qui serait profondément perturbée lorsque celui-ci est enfreint – même par des adultes dans un cadre privé. La punition des coupables permettrait réellement de maintenir le sentiment qu'une telle conduite est immorale, punition sans laquelle la morale acceptée évoluerait dans un sens plus permissif. La question centrale est la suivante : peut-on affirmer qu'empêcher un tel changement et maintenir le *statu quo* moral d'une société constituent des valeurs permettant de justifier le coût en misère humaine qu'entraîne la mise en œuvre de la morale par le droit ? [70] S'agit-il simplement d'une affirmation gratuite, ou repose-t-elle sur des principes critiques qui permettent de relier les choses auxquelles on accorde ici de la valeur à d'autres qui en ont également ?

Il est nécessaire d'établir quelques distinctions. Concernant l'importance de la préservation de la morale sociale, il nous semble qu'il existe un danger perpétuel de confondre trois propositions. La première veut que toute morale sociale, quel que soit son contenu, accorde une place, à des degrés variables, à certaines valeurs universelles telles que la liberté individuelle, la protection de la vie humaine, ou la protection contre un préjudice délibérément infligé. Il y aura donc toujours une bonne partie de la morale sociale qui vaudra la peine d'être préservée,

13 J.F. Stephen, *Liberty, Equality, Fraternity*, *op. cit.*, chap. 2, spéc. p. 58, 81, p. 82-84.

et ce malgré le coût qu'implique pour ces mêmes valeurs leur mise en œuvre par le droit. Il est alors trompeur de soutenir avec Lord Devlin que la morale sociale tire sa valeur du fait qu'elle préserve les principes universels qui sont nécessaires à la conservation de la société. Au contraire, la préservation d'une société quelconque n'a de valeur que dans la mesure où son existence assure aux êtres humains le bénéfice de ces valeurs universelles. On peut soutenir en effet qu'une société dont la morale ne reconnaîtrait ces valeurs d'aucune manière serait empiriquement et logiquement impossible. Même si elle existait, une telle société ne serait d'aucune valeur pratique pour les êtres humains. Ceci étant concédé, gardons-nous toutefois de suivre Lord Devlin lorsqu'il envisage la morale sociale comme une toile homogène dont tous les éléments sont nécessaires à l'existence de la société. [71] Bien que ces valeurs universelles essentielles doivent être préservées, nous devons rester conscients avec Mill que la société peut non seulement survivre, dans d'autres domaines, à des divergences individuelles par rapport à sa morale dominante, mais qu'elle peut également en tirer profit.

La deuxième proposition, plus inhabituelle et plus difficile à exposer en des termes précis, veut que l'état d'esprit ou l'attitude qui caractérise la pratique d'une morale sociale est une chose très précieuse qu'il est vital d'entretenir et de préserver au sein de toute société. En effet, la pratique de toute morale sociale mobilise nécessairement ce que l'on pourrait appeler des valeurs *formelles*, à distinguer des valeurs *matérielles* que renferment son contenu ou ses règles particulières. Dans ses relations morales avec autrui, l'individu perçoit les questions de conduite d'un point de vue impersonnel et applique, à lui-même et aux autres, des règles générales de manière impartiale. Il devient conscient des envies, des attentes, et des réactions d'autrui, dont il tient compte ; il exerce une discipline et un contrôle de soi en adaptant sa conduite à un système de revendications réciproques. Ce sont là des vertus universelles, qui constituent l'attitude spécifiquement morale à adopter à l'égard de la conduite. Il est vrai que ces vertus sont apprises en se conformant à la morale d'une société particulière, mais leur valeur ne dérive pas du fait qu'elles sont considérées comme des vertus dans cette société. Nous n'avons qu'à faire l'expérience hobbesienne d'imaginer l'absence complète de ces vertus pour voir qu'elles sont indispensables à toute forme coopérative de vie humaine ainsi qu'à toute vie personnelle réussie. Aucun principe de morale critique qui accorderait la moindre attention aux faits les plus élémentaires de la nature humaine, [72] ainsi qu'aux conditions dans lesquelles les êtres humains doivent mener leur existence, ne pourrait proposer que nous nous passions de ces vertus. Ainsi donc, si par conservation de la morale, on entend la préservation d'une appréhension morale de la conduite et des valeurs formelles qui l'accompagnent, alors cela constitue certainement une valeur. Mais si cela est juste, c'est néanmoins sans rapport avec le problème qui nous intéresse ici, car la conservation de la morale entendue dans *ce* sens n'est pas identique au maintien, et ne requiert pas le maintien, du code moral d'une société tel qu'on le trouve à un moment donné de son existence. Elle ne requiert donc pas non plus *a fortiori* la mise en œuvre juridique de ses règles. L'attitude morale à l'égard de la conduite a d'ailleurs souvent survécu à la critique, la violation, et le relâchement final d'institutions morales particulières. On pourrait sans doute parvenir, par le recours à la sanction pénale, à figer la morale dominante d'une société à un stade donné de son existence. Cependant, même si c'était le cas, cela ne contribuerait en rien à la survie de l'esprit qui anime la morale sociale et ses valeurs formelles – cela pourrait même grandement leur nuire.

La préservation de la morale au sens où nous l'entendons ici, qui constitue clairement une valeur, doit donc être distinguée du simple conservatisme moral. Ce dernier revient à accorder de la valeur à la préservation de toute règle de morale sociale existante, quel qu'en soit le contenu, et à justifier sa mise en œuvre par le droit. Cette proposition serait au moins intelligible si l'on pouvait attribuer à l'ensemble de la morale sociale le statut qu'attribuent les systèmes théologiques, ou la doctrine du Droit de la Nature, [73] à certains principes fondamentaux. On aurait alors au moins fourni un principe général à l'appui de l'affirmation d'après laquelle le maintien de toute règle de morale sociale constitue une valeur justifiant sa mise en œuvre par le droit. On indiquerait ainsi clairement la source de la valeur revendiquée. L'application de tels principes généraux à la présente situation pourrait alors être discutée et débattue, et le conservatisme moral constituerait une forme de morale critique à employer dans l'examen des institutions sociales. Il ne se limiterait pas au seul dogme brut – comme c'est le cas lorsqu'il est dissocié de tout principe général – selon lequel la conservation d'une morale sociale quelle qu'elle soit doit nécessairement l'emporter sur le coût en misère humaine et l'atteinte à la liberté que cela implique. Sous cette forme dogmatique, le conservatisme moral soustrait en réalité la morale positive à la possibilité de toute critique morale.

Pour des raisons évidentes, il ne nous paraîtrait sans doute plus guère plausible aujourd'hui de fonder une morale critique sur la théorie d'après laquelle toute morale sociale a le statut de commandement divin ou de vérité éternelle découverte par la raison. C'est d'ailleurs peut-être en matière de morale sexuelle que ce serait le moins plausible, étant donné que celle-ci est à l'évidence déterminée par des goûts et des conventions variables. Même dans cette optique, cependant, la défense de la mise en œuvre de la morale par le droit ne pourrait se limiter à la simple affirmation gratuite que cette mise en œuvre est justifiée. Il faut noter en effet que même les grands théoriciens de la société les plus désireux de défendre la valeur de la morale positive et des coutumes de sociétés particulières à l'encontre des critiques utilitaristes et rationalistes, comme ce fut le cas de Burke ou Hegel, [74] ne se sont jamais contentés d'affirmer que cela aurait une valeur en soi. Ils ont plutôt déployé des *théories* de la nature humaine et de l'histoire afin d'étayer leurs positions. L'argument principal de Burke, exprimé en termes de « sagesse des âges » et de « doigt de la providence », est essentiellement un argument évolutionniste : les institutions sociales qui se sont développées peu à peu au cours de l'histoire d'une société représentent une adaptation aux besoins de celle-ci qui est toujours susceptible de mieux convenir à la majorité de ses membres que ne le pourrait un projet de vie sociale idéal conçu par des individus ou imposé par le législateur. Pour Hegel, la valeur des institutions établies d'une société particulière repose sur une doctrine métaphysique complexe qui n'est pas aisément compréhensible, et que je ne peux certainement pas exposer de façon satisfaisante dans la phrase que je lui consacre ici. Dans ses grandes lignes, il s'agit de la doctrine selon laquelle l'histoire des sociétés humaines est un processus par lequel se manifeste l'Esprit Absolu, et dont chaque étape dans ce développement est un pas rationnel, voire même logique, qui a donc une valeur.

Aussi discutable que cet arrière-plan théorique puisse se révéler dans un cas donné, il est néanmoins susceptible de faire l'objet d'une critique rationnelle, d'une acceptation, ou d'un rejet. Affirmer la valeur des institutions sociales ne reposera donc pas sur une simple déclaration dogmatique, de sorte que l'affirmation partagera le sort des théories générales déployées pour la soutenir. Toutefois, nous devons nous rappeler qu'une défense évolutionniste de la tradition et des coutumes, [75] à l'image de celle déployée par Burke contre les rationalistes révolutionnaire ou critique, offre peu de soutien à la mise en œuvre de la morale sociale par le droit. Chez Burke, peut-être parce qu'il était un *whig* malgré son conservatisme, la valeur des institutions établies réside dans le fait qu'elles se sont développées par une adaptation libre, quoique sans doute inconsciente, des hommes à leurs conditions de vie. Ainsi, faire usage de la contrainte pour maintenir le *statu quo* moral d'une société à un moment donné de son histoire reviendrait à arrêter artificiellement le processus d'où les institutions tirent leur valeur.

La distinction entre l'usage de la contrainte pour mettre en œuvre la morale et les autres méthodes que nous utilisons en réalité pour préserver celle-ci – comme l'argumentation, le conseil, et l'exhortation – est à la fois très importante et souvent négligée dans les discussions portant sur notre sujet. Stephen semble la plupart du temps oublier ou ignorer ces autres méthodes dans les arguments qu'il développe contre Mill, ainsi que la grande importance que leur accorde ce dernier[14]. En effet, il argumente souvent comme si la doctrine de Mill sur la liberté signifiait que les hommes ne doivent jamais exprimer aucune conviction concernant la conduite de leurs concitoyens dès lors que celle-ci ne porte pas atteinte à autrui. Il est vrai que Mill soutient que « l'État ou le public » ne sont pas fondés à décider, « *en vue de réprimer ou de punir*[15] », que de telles conduites sont bonnes ou mauvaises. Il n'est cependant pas vrai qu'il considère, concernant de telles conduites ou « les expériences de vie » qu'elles représentent, [76] que « personne d'autre n'a à redire à leur sujet[16] ». Il ne soutient pas non plus que la société puisse « déterminer précisément là où s'arrête l'éducation et là où commence une parfaite indifférence morale[17] ». En formulant ces critiques mal fondées, non seulement Stephen comprend de travers et déforme les idées de Mill, mais il révèle l'étroitesse de sa conception de la morale et des processus par lesquels elle se maintient. La préoccupation principale de Mill tout au long de son essai est de restreindre l'usage de la contrainte, et non

14 *Ibid.*, p. 126-142.
15 *Ibid.*, p. 137 ; J.S. Mill, *On Liberty*, chap. 5 [trad fr., p. 216].
16 J.F. Stephen, *Liberty, Equality, Fraternity*, *op. cit.*, p. 141.
17 *Ibid.*, p. 170.

pas d'encourager l'indifférence morale. Il est vrai qu'il inclut dans la contrainte (*constraint*) ou la coercition (*coercion*[18]) qu'il désapprouve, non seulement la mise en œuvre juridique de la morale, mais également d'autres formes péremptoires de pression sociale telles que le blâme moral et les exigences de conformité. Cependant, c'est gravement se méprendre sur la morale que de supposer que, là où nous ne pouvons pas employer la contrainte pour la soutenir, nous devons demeurer silencieux et indifférents. Au chapitre 4 de son essai, Mill se donne beaucoup de mal pour indiquer les autres ressources qui sont à notre disposition et auxquelles nous devrions avoir recours :

> Ce serait grandement se méprendre sur cette doctrine que d'y voir une défense de l'indifférence égoïste, selon laquelle un homme ne s'intéresserait nullement à la conduite des autres, et qu'il ne devrait s'inquiéter de leur "bien-agir" et de leur bien-être que lorsque que son propre intérêt est en jeu. (…) Les hommes doivent s'aider les uns les autres à distinguer le meilleur du pire, et s'encourager à préférer l'un et à éviter l'autre[19].

[77] La discussion, le conseil, le débat : tous ces éléments laissent l'individu « juge suprême », et peuvent donc d'après Mill être employés dans une société où la liberté est correctement respectée. Nous pouvons même « forcer autrui à entendre » « des conseils pour l'aider à juger, et des exhortations pour raffermir sa volonté[20] ». Nous pouvons, dans des cas extrêmes, le « prévenir » de notre jugement défavorable ou de nos sentiments de dégoût et de mépris. Nous pouvons éviter sa compagnie et inciter d'autres à l'éviter. Certains estimeront peut-être que Mill s'approche ici dangereusement d'une forme de contrainte, bien qu'il n'y voie que des éléments « strictement liés au jugement défavorable d'autrui », et donc à ne jamais employer à des seules fins de punition[21]. Quoiqu'il en soit, s'il s'aventure dans cette direction, il apparaît clairement qu'il reconnaît l'importante vérité selon laquelle nous ne sommes pas forcés, en matière de morale, de choisir entre l'indifférence et la contrainte délibérée.

---

18 [N.D.T.] Toutes les occurrences du terme « contrainte » jusqu'à présent sont une traduction du terme *coercion* et non *constraint*. Il est important de le préciser étant donné l'importance du terme « contrainte » en philosophie du droit. Ainsi, par exemple, c'est le terme *coercion* qu'emploie Hart dans sa critique de la théorie du « *law as coercive orders* » dans *CL*, p. 20, 26, 42.

19 J.S. Mill, *On Liberty*, chap. 4 [trad. fr., p. 177-178].

20 *Ibid.* [trad. fr., p. 179 : « (…), mais il demeure le juge suprême »].

21 *Ibid.* [trad. fr., p. 181].

POPULISME MORAL ET DÉMOCRATIE

L'essai *On Liberty* de Mill, tout comme l'ouvrage *De la démocratie en Amérique* de Tocqueville, constituait un puissant plaidoyer pour une appréciation lucide des dangers qui accompagnent les bienfaits de la démocratie. Le plus grand des dangers selon ces auteurs n'est pas que la majorité utilise en fait ses pouvoirs pour opprimer une minorité, mais plutôt qu'on en vienne, avec la propagation des idées démocratiques, à ne plus considérer comme critiquable que la majorité agisse ainsi. [78] Pour Mill, ces dangers font partie du prix à payer pour tout ce qui, dans le gouvernement démocratique, a de la valeur. Bien que le prix vaille certainement la peine d'être payé, il est soucieux de rappeler aux défenseurs de la démocratie ce danger et la nécessité de rester vigilant. « Il demeure primordial de limiter le pouvoir du gouvernement sur les individus, même lorsque les détenteurs du pouvoir sont régulièrement responsables devant la communauté, c'est-à-dire devant le parti le plus fort en son sein[22] ».

Mill insiste tellement sur ce thème que son essai constitue d'une certaine manière, comme le souligne Morley, « l'un des livres les plus aristocratiques jamais écrits[23] ». La doctrine de Mill contraste en effet nettement avec l'accent que place Stephen sur l'importance de l'opinion publique en matière morale, ainsi que sur la fonction de la peine comme « expression du sentiment moral du public ». Comme le rapporte Stephen dans sa préface[24], Morley soutient que, là où Mill cherche à protéger la minorité d'une contrainte exercée par la majorité, les principes de Stephen l'y exposeraient.

Cependant, ce dernier rejette l'accusation de Morley, et peut-être est-elle injuste. L'objection de Stephen n'est pas facile à réconcilier avec l'importance qu'il accorde à « l'écrasante majorité morale » ; [79] mais peut-être une position aussi complexe que la sienne ne se réduit-elle pas à l'idée que la réclamation populaire de mesures de contrainte ou de sanctions pénales est justifiée simplement parce qu'elle serait populaire,

22 J.S. Mill, *On Liberty*, chap. 1 [trad. fr., p. 66].

23 Cité dans la préface de J.F. Stephen, *Liberty, Equality, Fraternity*, *op. cit.*, p. XV.

24 *Ibid.*, p. XVII.

ou qu'elle serait le cri de la majorité. Néanmoins, l'inquiétude qu'éprouve Mill qu'une telle doctrine se propage avec la démocratie était assurément justifiée. Il peut sembler facile de conclure qu'une loyauté envers les principes démocratiques doive entraîner l'acceptation de ce que l'on peut appeler le populisme moral : l'opinion selon laquelle la majorité a un droit moral à dicter comment nous devons tous vivre. C'est là une mauvaise compréhension de la démocratie qui menace toujours la liberté individuelle, et je consacrerai le reste de cette conférence à l'identification de la confusion sur laquelle elle repose[25].

L'erreur centrale consiste à ne pas distinguer, d'une part, le principe recevable selon lequel il vaut mieux confier le pouvoir politique à la majorité, et, d'autre part, l'assertion irrecevable selon laquelle ce que fait la majorité avec ce pouvoir ne doit pas être soumis à la critique ni rencontrer d'opposition. Nul ne peut se prétendre démocrate s'il n'accepte le premier principe, mais aucun démocrate n'a besoin d'accepter le second. En effet, Mill, comme d'autres, combine une foi [80] en la démocratie comme forme de gouvernement la meilleure – ou la moins nuisible –, avec l'intime conviction qu'il y a beaucoup de choses que même un gouvernement démocratique ne saurait faire. L'association de ces deux attitudes est pertinente, car bien qu'un démocrate doive penser que la démocratie est meilleure que d'autres formes de gouvernement, il n'a pas pour autant besoin de considérer qu'elle est parfaite ou infaillible, ni qu'elle ne doit jamais rencontrer d'opposition. Pour soutenir une telle conclusion, il nous faudrait ajouter une prémisse supplémentaire qui

---

25 Il y a des traces de cette confusion dans la dernière contribution en date de Lord Devlin à ce sujet : « *Law, Democracy, and Morality* », art. cité. Il y affirme (p. 639) que « dans une démocratie le législateur doit supposer que les règles morales de sa société sont bonnes et vraies, et si ce n'est pas le cas alors il ne devrait pas avoir de rôle actif dans le gouvernement. (...) Mais il n'a pas à répondre de leur bonté et de leur vérité. Son mandat l'engage à préserver les traits essentiels de sa société, et non pas à les reconstruire en fonction de ses propres idées. » Toutefois, il concède ailleurs (p. 644) qu'un législateur « dispose d'une large marge de discrétion pour déterminer jusqu'où il est prêt à porter le droit tel qu'il estime qu'il devrait être ». L'objectif principal de Lord Devlin dans cet article est d'établir « contre la position des philosophes » (*sic*) qu'il n'y a pas de véritable objection à ce que la morale soit une question à soumettre au vote populaire (p. 642), à ce qu'elle soit une question de fait (p. 649), et que dans une démocratie « on ne peut pas mettre dans une catégorie à part les hommes instruits pour décider les questions morales » (p. 643). On trouverait peu de gens pour contester ces idées pour ce qui concerne la morale positive. Cela ne résout cependant pas la question : qu'est-ce qui justifie sa mise en œuvre par le droit ? Lord Devlin semble à ce sujet assez satisfait des arguments qu'il avait déjà exposés, ainsi qu'avec l'analogie avec la trahison que nous avons critiquée plus haut.

irait bien au-delà de la simple affirmation selon laquelle il est mieux de confier le pouvoir politique à la majorité plutôt qu'à une classe restreinte. Cette prémisse constituerait vraisemblablement une forme d'identification, séculière ou autre, de la *vox populi* à la *vox Dei*, dont l'une des variantes – à laquelle il a fréquemment été fait référence au cours de ces conférences – est l'opinion selon laquelle la morale positive soutenue par une écrasante majorité morale jouit d'une immunité contre toute critique.

Bien sûr, il n'est pas surprenant que de telles confusions aient pu surgir, ni qu'elles puissent survivre même au sein de démocraties, comme les États-Unis, [81] où les droits des individus sont protégés dans une certaine mesure à l'égard de la majorité par une constitution écrite, ou encore l'Angleterre, où le membre élu au Parlement est depuis longtemps considéré comme le représentant, mais non le délégué, de ses électeurs. En effet, il y a dans le fonctionnement d'une démocratie de nombreuses dynamiques susceptibles d'encourager la conviction que le principe du gouvernement démocratique *signifie* que la majorité a toujours raison. Même un politicien d'un esprit des plus nobles peut souhaiter renouveler son mandat, et il se facilite la tâche s'il adopte une attitude complaisante ou passive à l'égard de ce que la majorité considère comme juste, plutôt qu'en adhérant strictement à l'idée que son devoir est de faire ce qu'il estime être juste, en acceptant ensuite son renvoi s'il ne parvient pas à convaincre la majorité de le maintenir dans ses fonctions. Cependant, ce qui peut être une tentation compréhensible pour un législateur élu doit être regretté chez ceux qui ne sont pas soumis à la même tentation. Quels que soient les autres arguments en faveur d'une mise en œuvre de la morale, la simple loyauté envers les principes démocratiques ne saurait obliger personne à admettre qu'il est justifié de l'imposer à une minorité, et ce même lorsque la morale populaire est soutenue par une « écrasante majorité » ou qu'elle s'accompagne d'un sentiment général « d'intolérance, d'indignation, et de dégoût ».

CONCLUSION

J'espère que ces trois conférences sont suffisamment courtes et claires pour qu'un résumé détaillé ne soit pas nécessaire. En conclusion, je dirai plutôt un mot sur la méthode d'argumentation que j'ai adoptée. [82] J'ai supposé depuis le début que quiconque soulève, ou est prêt à discuter, la question du caractère justifiable de la mise en œuvre de la morale, considère que les institutions de toute société – y compris sa morale positive – peuvent être soumises à la critique. Ainsi, la proposition selon laquelle il peut être justifié de chercher à mettre en œuvre la morale constitue, tout comme sa négation, une thèse de morale critique qui requiert pour l'étayer un principe général critique. Elle ne peut être établie ni réfutée en se contentant de renvoyer aux pratiques effectives ou à la morale d'une ou de plusieurs sociétés données. Lord Devlin, dont j'ai qualifié l'approche de « thèse modérée », ne semble pas contester cette position ; mais j'ai soutenu par ailleurs que le principe critique général qu'il déploie – selon lequel une société a le droit de prendre toute mesure nécessaire à sa conservation – ne lui permet pas de parvenir à ses fins. Il n'existe en effet aucune preuve que la préservation d'une société requière la mise en œuvre de sa morale « en tant que telle ». La position de Devlin semble n'échapper à cette critique que grâce à une définition confuse de ce qu'est une société.

J'ai également supposé d'emblée que quiconque considère cette question comme ouverte au débat accepte nécessairement le principe critique, central à toute morale, qui veut que la misère humaine et la restriction de la liberté sont des maux. C'est en effet la raison pour laquelle la mise en œuvre de la morale appelle une justification. Je me suis ensuite efforcé d'extraire, et de libérer de toute ambiguïté, les principes généraux qui sous-tendent les différentes variétés de la thèse extrême selon laquelle la mise en œuvre de la morale (ou sa protection face au changement) [83] a une valeur en dehors des conséquences bénéfiques qu'elle peut avoir pour la préservation de la société. Ces principes invitent à tenir pour des valeurs, au nom desquelles nous devrions restreindre la liberté et infliger la misère de la peine à des êtres humains, ce qui semble à vrai dire relever de la préhistoire de la morale, voire même jurer avec l'esprit général de celle-ci. Parmi ces éléments, on trouve ainsi la conformité extérieure des comportements aux règles morales obtenue seulement par la peur, ou encore la gratification de sentiments de haine envers le malfaiteur – et sa punition « à titre de rétribution » – même là où il n'y a aucune victime à venger ou pour demander justice. On trouve également le fait d'infliger une peine comme simple symbole ou expression d'une condamnation morale, ce qui revient à mettre une morale sociale, aussi répressive ou barbare soit-elle, à l'abri de tout changement. Il ne fait aucun doute que je n'ai pas *prouvé* que ces choses ne sont pas des valeurs qui justifient le prix payé en souffrance humaine et en perte de liberté. Il aura peut-être suffi de révéler ce que l'on nous offre à ce prix.

LA MORALITÉ DU DROIT PÉNAL

The Morality of the Criminal Law :
Two Lectures

Conférences Lionel Cohen –
Université hébraïque de Jérusalem, 1964

Traduit de l'anglais par Gregory Bligh
et Bruno Gnassounou

I. ÉVOLUTION DES CONCEPTIONS DE LA RESPONSABILITÉ[1]

LA JUSTICE DE LA PEINE
Le trouble mental comme cause d'irresponsabilité

[5] Cette conférence porte entièrement sur la question de la responsabilité pénale. J'ai choisi de faire une conférence sur ce sujet en ce lieu parce que le droit israélien a hérité de la même doctrine que le droit anglais en ce qui concerne la responsabilité pénale en cas de trouble mental[2], et parce que cet héritage s'est avéré gênant pour les deux pays. Je fais bien

---

1 Cette première conférence a été reproduite sous le même titre (« Changing Conceptions of Responsibility ») dans le recueil *Punishment and Responsibility*, Oxford, Oxford University Press, 2e éd. 2008, chap. 8, p. 186-209. Les sous-sections du texte original ne portent pas de titres. Nous avons dû les ajouter ici pour des raisons éditoriales. Trad. fr. Gregory Bligh.

2 [N.D.T.] « *Mentally abnormal person / mental abnormality* ». Ces deux expressions se retrouvent tout au long du texte (p. 5-6, 8-9, 11-12, 14-15, 17, 22, 24-25). (i) Il ne s'agit pas pour Hart de traiter de « personnes *anormales* » ni d'« *anomalies* mentales », mais de situations permettant une exonération de responsabilité pénale. Le Code pénal de 1810 évoquait les cas de « démence » (Anc. art. 64). Le Nouveau code pénal exonère désormais la responsabilité de la personne atteinte, au moment des faits, d'un « trouble *psychique* » ayant « aboli [son] discernement ou le contrôle de ses actes » (art. 122-1). À l'inverse, le Code civil ne décharge pas la personne de toute responsabilité civile et dispose que le dommage causé à autrui sous l'empire d'un « trouble *mental* » oblige à réparation (art. 414-3). Un choix de traduction s'impose donc. Le vocabulaire médical semble retenir l'expression « trouble *mental* » : voir M.-A. Crocq et J.-D. Guelfi *et al.* (Dir.), *DSM-5 – Manuel diagnostique et statistique des troubles mentaux*, Paris, Elsevier Masson, 5e éd. 2015. Par souci de correspondance avec le texte de Hart (dans lequel le terme « *mental* » est omniprésent), nous retenons, pour ces cas d'exonération de la responsabilité pénale, « trouble mental ». (ii) Le trouble mental comme cause d'exonération n'est pas à confondre avec l'élément moral ou subjectif qui constitue, avec l'élément matériel, une infraction (voir *infra*, n. 6). Ainsi, il faut ainsi distinguer le fait qu'une infraction ne soit pas constituée, concernant un individu sain d'esprit, car on ne peut rapporter la preuve de l'élément subjectif, et,

sûr référence aux règles dégagées dans l'affaire *McNaughten* (*McNaughten rules*[3]) de 1843. En Israël, la Cour Suprême est parvenue à compléter ces règles excessivement strictes en faisant usage de la doctrine figurant à la section 11 du *Criminal Code Ordinance* de 1936 selon laquelle « un acte de volonté » (*exercise of the will*) est nécessaire à l'engagement de la responsabilité. Cela est la conséquence de la célèbre affaire *Mandelbrot v. Attorney General*[4] ainsi que des affaires ultérieures qui ont intégré dans le droit israélien l'interprétation de cette section proposée par le juge Agragnat. Bien qu'ils puissent admirer cette démarche audacieuse, les juristes anglais ne peuvent pas emprunter comme issue de secours, pour échapper aux limites des règles *McNaughten*, une doctrine similaire selon laquelle toute responsabilité pénale requiert un « acte volontaire », bien que de nombreux juristes éminents y voient une exigence fondamentale du droit pénal anglais. En effet, cette doctrine a toujours été comprise seulement comme une exclusion des cas de mouvements musculaires involontaires, comme le somnambulisme, « l'automatisme », ou l'action réflexe[5]. Il y a toutefois eu des changements en Angleterre, et après une période d'immobilisme, la masse consolidée de notre droit pénal positif est en train de s'assouplir par endroits et de céder à ses critiques. Néanmoins, ces changements récents ainsi que les critiques actuelles du droit en matière de responsabilité pénale peuvent intéresser les juristes israéliens en ce qu'ils ont pris une direction différente des développements auxquels ont assiste dans leur pays.

[6] Permettez-moi tout d'abord de dire quelque chose d'assez général et de très élémentaire à propos du contexte historique de ces évolutions récentes. Dans tout système juridique avancé, la possibilité d'être

---

d'autre part, le fait qu'un individu soit exonéré de responsabilité pénale en raison d'un trouble mental.

3 [N.D.T.] Les règles *McNaughten*, dégagées par la Chambre des Lords dans l'affaire *R. v. McNaughten* [1843] 8 E.R. [*English Reports*] 718, reconnaissent pour la première fois en droit britannique la possibilité pour un individu accusé d'un crime de plaider la démence afin d'échapper à la mise en cause de sa responsabilité pénale.

4 *Mandelbrot v. Attorney General* (1956) 10 P.D. [*Piskei Din*] 281.

5 Voir : J. Edwards, « Automatism and Responsibility », *Modern Law Review*, 1958, vol. 21, p. 375 ; H.L.A. Hart, « Acts of Will and Responsibility », in O.R. Marshall (Dir.), *The Jubilee Lectures of the Faculty of law, Sheffield University*, Londres, Stevens & Sons, 1960 (réimpr. in *Punishment and Responsibility*, Oxford, Oxford University Press, 2e éd., 2008, chap. 4, p. 90-112). La doctrine telle qu'elle est formulée désormais provient de J. Austin, *Lectures in jurisprudence*, 4e éd. R. Campbell (Dir.), Londres, John Murray, 1879, Lecture XVIII.

condamné pour un crime sérieux dépend, non seulement du fait que le délinquant a matériellement accompli les actes interdits par la loi, mais également du fait que ces actes ont été réalisés dans un certain état d'esprit ou avec une certaine volonté. Ce sont là les conditions ou les « éléments subjectifs[6] » de la responsabilité pénale et, en dépit de nombreuses de variations de détail et de terminologie, ces conditions sont globalement les mêmes dans la plupart des systèmes juridiques. Même si on tue un être humain, on ne peut être puni pour meurtre dans la plupart des pays civilisés si on n'a pas agi intentionnellement, si on a agi accidentellement ou par erreur, ou sous l'empire d'un trouble mental. Les juristes de tradition anglo-américaine utilisent l'expression latine *mens rea* (un esprit coupable) comme qualification globale de ces éléments subjectifs nécessaires ; et d'après les idées couramment acceptées, la *mens rea* est un élément nécessaire à la responsabilité qui doit être établi *avant* le verdict. Ce n'est donc pas seulement quelque chose à prendre en considération dans la détermination de la sentence ou dans le traitement de la personne condamnée, bien que l'on puisse également en tenir compte pour cela.

J'ai dit que j'aborderai dans cette conférence les développements récents en Angleterre sur ce sujet, mais je me préoccuperai moins des évolutions du droit lui-même que des changements d'attitude, parmi

---

6 [N.D.T.] « *Mental elements* ». Hart utilise le terme « *mental* » de deux manières qu'il convient de distinguer dans la traduction. (i) L'expression « *mental element* » renvoie à l'intention de l'individu qui constitue, avec l'acte matériel, l'un des deux éléments de l'infraction (p. 6 (2 occurrences), 8, 15, 28, 29). Il cite à ce sujet : G. Williams, *The Mental Element in Crime*, Jerusalem, Magnes Press, Hebrew University, 1965. On parle en droit pénal français de l'élément « moral » de l'infraction, mais le recours à ce terme aurait posé problème pour traduire un texte qui porte sur la *moralité* du droit pénal. Cependant, on emploie également en droit anglais l'expression « *subjective mental element* ». Or, le droit français de la responsabilité *civile* connaissait, jusque récemment (Cass., Plén., 9 mai 1984, *Derguini*), l'élément « moral » *ou* « *subjectif* » dont il fallait rapporter la preuve, en plus de l'élément matériel, pour qu'une faute soit imputable à la personne. Nous avons donc choisi, lorsque le *droit* fait référence à l'état d'esprit de l'individu comme élément constitutif de l'infraction, d'employer l'expression « élément *subjectif* ». (ii) Ce premier usage de « *mental* » (*mental element* / élément subjectif) doit être distingué d'un second usage : « *mental abnormality* / *state* / *disorder* / etc. ». Celui-ci renvoie à l'appréciation médicale (ou objective) de l'état psychique ou psychiatrique de l'individu (ex. : « trouble mental » ; « état mental » ; « maladie mentale », etc.). Nous réservons « mental » pour ce second usage. (iii) Bien entendu, Hart ne s'intéresse à ce facteur « mental » (l'état, le trouble, …) que dans la mesure où il affecte ou exonère la responsabilité *pénale* de l'individu. Il n'est pas pour autant à confondre avec l'élément « subjectif » (ou moral) *constitutif* de toute infraction.

les critiques du droit, envers la doctrine de l'élément subjectif de la responsabilité pénale dans son ensemble. Ce changement d'attitude critique est, je crois, plus important que tout changement particulier dans le détail de la doctrine de la *mens rea*. Je dis ceci parce que durant un siècle au moins, les personnes de tendance libérale se sont accordées pour la plupart à voir dans le respect de la doctrine de la *mens rea* la marque d'un système juridique civilisé. Jusqu'à récemment, la plupart des critiques du droit pénal ont eu pour objectif principal de garantir une prise en compte sérieuse et sans réserve de cette doctrine par le droit en vigueur. On a réclamé son extension et préconisé qu'il soit toujours exigé des tribunaux qu'ils fassent de véritables efforts, avant la condamnation, pour déterminer si l'accusé avait réellement agi en connaissance de cause (*knowledge*), intentionnellement, en possession de ses pleines facultés mentales (*sanity*) ou en présence de tout autre autre élément subjectif que le droit désigne, dans sa définition des crimes, comme une condition nécessaire à la responsabilité pénale (*criminal liability*). [7] Il est vrai que le droit anglais a souvent hésité sur cette question et a même très récemment entretenu l'idée qu'il ne peut pas véritablement se permettre de chercher à déterminer l'état mental réel d'un homme avant de le punir. Il y a toujours eu des juges anglais pour approuver la remarque du *Chief Justice* Brian au tribunal des *Common Pleas* en 1477, dans laquelle il affirma que « la pensée de l'homme ne peut pas comparaître en justice ; le diable seul connaît la pensée de l'homme[7] ». Il y a donc en droit anglais de nombreux compromis sur cette question de savoir si l'état d'esprit de l'homme doit être pris en compte pour ce qui concerne la criminalité de ses actes. Non seulement existe-t-il certains crimes pour lesquels la responsabilité est « stricte » (*strict*), c'est-à-dire pour lesquels ni conscience des actes ni négligence n'est requise pour obtenir la condamnation, mais il existe également certaines doctrines de responsabilité « objective » (*objective*) comme celle qui fut appuyée par la Chambre des Lords dans l'affaire très critiquée *Director of Public Prosecutions v. Smith*[8] à propos de laquelle Lord Denning vous a présenté une conférence il y a trois ans[9]. Cette doctrine permet à

7 *Year Books* ; Pasch Ed. IV. ; fig. pl. 2.

8 *Director of Public Prosecutions v. Smith* [1960] A.C. 290.

9 A.T. Denning, *Responsibility before the law*, Jerusalem, Magnes Press, Hebrew University, 1961. [N.D.T. : Hart écrit dans la conférence suivante que l'intervention de Denning a eu lieu deux années auparavant et non trois (p. 49). Cette conférence n'est pas facile à

un tribunal d'imputer à un accusé une intention ou une conscience de ses actes qu'il n'a peut-être pas eue, mais qu'un homme moyen aurait eue. Des théories ont été développées en faveur de cette doctrine de la « responsabilité objective », la plus célèbre étant celle qui fut exposée par le grand juge américain Oliver Wendell Holmes dans son livre *The Common Law.* Néanmoins, des générations de juristes progressistes et de critiques libéraux du droit ont perçu la doctrine de la *mens rea* comme quelque chose qu'il fallait chérir et étendre, et ils pouvaient citer, pour se défendre contre le scepticisme du *Chief Justice* Brian, la robuste déclaration au dix-neuvième siècle du *Lord Justice* Bowen pour qui « l'état d'esprit d'un homme est autant un fait que l'état de sa digestion[10] ». Ils auraient ajouté que pour le droit pénal le premier est bien plus important que le second.

Mais récemment en Angleterre, la critique progressiste et libérale du droit a changé de direction. [8] Bien que je pense que ce changement impliquera en fin de compte l'ensemble de la doctrine de la *mens rea*, il concerne principalement à l'heure actuelle la responsabilité pénale des personnes atteintes d'un trouble mental, et le meilleur moyen pour moi de présenter cette évolution sera d'esquisser le chemin qu'a pris la critique du droit sur cette question. Jusqu'à récemment, la doctrine principale en droit anglais était bien sûr celle établie par les célèbres règles *McNaughten* formulées par les juges de la Chambre des Lords en 1843. Selon cette doctrine, comme chacun sait, un trouble mental ne peut constituer une cause d'irresponsabilité pénale que s'il comprend trois éléments : premièrement, l'accusé doit avoir souffert d'un défaut de raison au moment de l'acte ; deuxièmement, cela doit avoir découlé d'une maladie mentale ; troisièmement, celle-ci doit avoir eu pour résultat que l'accusé n'a pas eu conscience (*knowledge*) de la nature de son acte ni du fait qu'il était illégal. Dès le départ, les critiques anglais ont dénoncé ces règles parce que leur effet est de n'exonérer que ceux dont le trouble mental a pour conséquence d'empêcher la conscience des actes. Aux yeux de ces critiques, cela revenait au refus dogmatique de reconnaître qu'un homme peut être conscient de ses actes – et de leur caractère mauvais ou illégal – sans pour autant être en mesure de contrôler ses actions en

---

trouver. Denning revient sur l'affaire *D.P.P. v Smith* et ses ramifications dans son ouvrage *Landmarks in the Law*, Londres, Butterworths, 1984, p. 333-348.]

10 *Edgington v. Fitzmaurice* [1889] 29 Ch. D. [*Law Reports, Chancery Division*] 459.

raison de son état mental. Or, insistent-ils, cette incapacité devrait être le point fondamental de toute doctrine intelligible de la responsabilité. L'idée est simplement que, dans tout système civilisé, seuls ceux qui *auraient pu* se conformer à la loi devraient être punis. Pour quelle raison, si ce n'est pour mettre cela en lumière, devrait-on se préoccuper de ce dont un homme peut avoir conscience, de son intention, ou d'autres éléments subjectifs ?

Bon nombre de critiques, exaspérés et envieux, donnèrent l'exemple de systèmes juridiques étrangers qui ne partageaient pas l'obsession anglaise pour le critère de la conscience de ses actes pris comme unique élément constitutif de la responsabilité. En 1810, déjà, le Code français exonérait tout simplement la responsabilité de ceux qui souffraient de *démence** (*madness*[11]), sans spécifier de connexion particulière entre celle-ci et l'acte particulier commis. Le Code allemand de 1871 faisait mention de l'incapacité ou de la capacité réduite à reconnaître le caractère mauvais d'une conduite ou à agir en accord avec cette reconnaissance. Plutôt que la question de savoir si l'on sait ce que l'on fait, c'est ainsi le critère de la capacité à se conformer à la loi qui fut mis au centre du problème de la responsabilité – ce que saluèrent les critiques. [9] La Loi belge de Défense sociale de 1930 ne fait aucune référence à la conscience de ses actes ou à l'intelligence, mais parle simplement du défaut de capacité d'une personne à contrôler ses actions comme conséquence d'un trouble mental. Ainsi, jusqu'à récemment, le grand objectif des critiques s'inspirant de ces modèles étrangers était essentiellement d'obtenir un amendement de la doctrine anglaise de la *mens rea* sur ce point : compléter le test purement cognitif par un test volitif (*volitional test*), admettant ainsi qu'un homme peut être incapable de se conformer à la loi tout en sachant qu'il l'enfreint.

Cette querelle fit rage tout au long du dix-neuvième siècle et fut marquée par certaines caractéristiques singulières. Dans son grand ouvrage *The History of the Criminal Law*[12], James Fitzjames Stephen présente cette controverse comme une dispute entre médecins et juristes. D'après lui, les médecins accusaient les juristes de prétendre pouvoir répondre au problème médical ou scientifique de la responsabilité avec des critères

11 [N.D.T.] Hart propose (entre parenthèses) une équivalence entre « démence » et « *madness* ». Les termes ne réapparaitront plus.

12 J.F. Stephen, *A History of the Criminal Law of England*, *Vol. II*, Londres, MacMillan & Co., 1883, chap. 19, « On the relation of madness to crime ».

datés, en limitant l'enquête judiciaire à la question de la connaissance des actes. Les juristes leur rétorquaient qu'en cherchant à fournir des preuves portant sur d'autres problèmes, les médecins tentaient d'imposer illicitement aux jurys leurs opinions sur ce qui devrait exempter un homme accusé d'un crime – *illicitement*, parce que la responsabilité est une question de droit et non de science. La dispute stagnait manifestement autour de l'ambiguïté du terme « responsabilité » à propos duquel il aurait fallu en dire plus. Néanmoins, il est également remarquable que l'on n'ait pas exposé clairement, au cours de cette longue controverse, la raison pour laquelle l'aliénation mentale devrait être reconnue en droit comme une cause d'irresponsabilité[13]. Cette question fondamentale pour les enjeux de la doctrine de la *mens rea* demeura à peine évoquée. Une telle doctrine est-elle rendue nécessaire parce que la peine correspond au prix à payer, au moyen d'une rétribution équivalente en souffrance, pour un acte moralement mauvais ? Si tel est le cas, quel doit avoir été, selon une théorie de la rétribution, l'état d'esprit de la personne punie ? Ou alors, doit-on considérer que la *mens rea* est nécessaire parce que la peine est un moyen de dissuasion, finalité qui serait frustrée ou inutile si l'on punissait des personnes qui, au moment du crime, n'avaient pas conscience de leurs actes ou qui étaient privées de certaines aptitudes mentales ? [10] Enfin, il se pourrait également que cette doctrine donne lieu, non pas à une théorie rétributiviste, mais à des principes d'équité ou de justice qui empêchent que l'on punisse un homme, aux fins d'autrui, qui n'était ni capable ni raisonnablement en mesure d'éviter de commettre l'acte pour lequel il est puni. Bien que Bentham et Blackstone se soient exprimés sur ces questions de principes fondamentaux, ces auteurs n'apparaissent cependant que très peu dans la bataille, parfois

13 [N.D.T.] « *Insanity as a form of excuse* ». Cette traduction n'est qu'un pis aller étant donné que l'« *excuse* » en *common law* britannique et la « cause d'irresponsabilité » en droit français sont adossées à des conceptions différentes de la responsabilité et du procès. Le Nouveau code pénal français retient l'expression « cause d'irresponsabilité » (Partie législ., Liv. Ier, Tit. II, Chap. 2), que nous reprenons ici. Le Code pénal de 1810 connaissait les « crimes et délits *excusables* » – tels le meurtre de l'époux adultère surpris en flagrant délit avec l'amant dans le domicile conjugal (Anc. art. 324, al.2). Il s'agit cependant d'un « faux-ami ». Les effets de cette excuse portaient sur la peine, entrainant sa réduction, ce qui impliquait la *reconnaissance* de la responsabilité pénale. Le crime « excusable » était à opposer aux faits échappant à la qualification d'infraction, tels, par exemple, les actes commis en situation de légitime défense qui « ne *sont pas* des crimes et délits » et n'engageaient donc pas la responsabilité de l'individu (Anc. art. 327). Ils n'avaient donc pas besoin d'être « excusés ».

très confuse, qui fut livrée tout au long du siècle par les réformistes anglais contre les règles *McNaughten*. Toutefois, il était clair, malgré ce flou, qu'aucune des parties ne songeait à remettre en cause la totalité de la doctrine de la *mens rea*. Il était simplement question d'y apporter des amendements ou d'y faire des ajouts.

Toutes les offensives contre les règles *McNaughten* furent contrées jusqu'en 1957. On ne peut pas dire que les gardiens de cette doctrine aient eu à mobiliser des armes très sophistiquées pour leur défense. Le bon vieux gourdin anglais, qui a battu en brèche tant de réformes du droit pénal, fut de nouveau suffisant. Ainsi, lorsque la commission présidée par Lord Atkins en 1923 recommanda d'ajouter aux règles *McNaughten* ce qu'elle appela le cas de la « pulsion irrésistible », certains membres de la section judiciaire de la Chambre des Lords prédirent, lors du débat au sein de cette Chambre[14], le tort qui résulterait pour la société d'un tel amendement. On ne chercha pas à répondre à l'observation selon laquelle le droit de nombreux autres pays était déjà conforme à cette proposition ; et on demeura silencieux au sujet des États-Unis où une modification similaire des règles *McNaughten* avait été acceptée depuis longtemps dans plusieurs États, prenant en compte, en plus des cas de personnes qui n'ont pas conscience de leurs actes, les cas d'incapacité à se conformer aux exigences de la loi, sans que cela n'engendre pour autant de résultats désastreux. Le droit en vigueur fut néanmoins amendé en 1957, en grande partie du fait de l'immense contribution à l'étude de cette question menée par la Commission Royale sur la peine capitale[15]. [11] Cependant, il ne fut pas modifié tel que le recommandait la Commission, mais dans le sens d'un curieux compromis introduisant un mécanisme, emprunté au droit écossais, permettant d'invoquer une cause d'atténuation de la responsabilité (*a plea of diminished responsibility*). La section 2 de l'*Homicide Act* (loi sur l'homicide) de 1957 prévoit ainsi, dans des termes étranges, que si la « responsabilité mentale » d'une personne accusée de meurtre est « substantiellement » affaiblie en raison d'un trouble mental, elle ne peut être condamnée pour meurtre mais seulement pour homicide involontaire,

14 *Hansard* [Rec. des débats parlementaires], 5e série, vol. 57, Lords (1-24), p. 443-476 : « Si cette loi était adoptée de graves conséquences s'ensuivraient » (Lord Sumner, p. 459) ; « Quelle porte ouvre-t-on là ! » (Lord Hewart, p. 467) ; « Ce serait opérer un changement très dangereux » (Lord Cave, p. 475).

15 Rapport de la Commission Royale sur la peine capitale [*Royal Commission on Capital Punishment*], Cmd. 8932 (1953).

encourant une peine maximale d'emprisonnement à perpétuité. Cette évolution du droit demeure plutôt modeste étant donné qu'elle est limitée au meurtre et qu'elle ne fait à vrai dire que dans la demi-mesure : l'accusé n'échappe pas à la condamnation mais ne reçoit pas la peine maximale. Ce changement n'exonère donc pas la responsabilité mais atténue la sanction.

Il est nécessaire de dire un mot ou deux des résultats, au cours des six dernières années, de cette nouvelle cause d'atténuation de la responsabilité. Les juges ont eu d'abord tendance à la traiter comme si elle ne concernait que certaines affaires en marge des règles *McNaughten*, et non comme une évolution majeure. Ainsi, dans ses instructions aux jurés, Lord Goddard refusa d'indiquer qu'il fallait tenir compte, pour cette cause atténuation, de la capacité de l'accusé à se conformer à la loi, et non seulement de sa connaissance de ses actes[16]. Cependant, l'actuel *Lord Chief Justice* énonça dans une décision importante que l'on devait bien en tenir compte, et il donna une interprétation large à cette section afin d'inclure la condition du psychopathe sous l'expression « altération de l'esprit ». Il expliqua qu'il était important de considérer, non seulement ce dont l'accusé avait connaissance, mais aussi sa « capacité à exercer sa volonté pour contrôler ses actes physiques conformément à un jugement rationnel[17] ». Ce sont toutefois les statistiques qui révèlent le caractère le plus remarquable du recours à cette atténuation de responsabilité depuis six ans : la crainte qu'elle permettrait d'échapper à la punition dans un grand nombre de cas s'est révélée sans fondement. En effet, depuis l'adoption du *Homicide Act*, l'invocation du trouble mental a permis au même pourcentage de personnes accusées de meurtre que précédemment (environ 47 %) d'échapper à la condamnation. Il s'avère donc que cette nouvelle cause d'atténuation s'est pratiquement substituée, [12] dans les affaires d'homicide volontaire, à l'invocation de la démence sous les anciennes règles *McNaughten*[18]. Bien que cette réforme se soit montrée satisfaisante dans la mesure où les craintes ressenties ne se soient pas concrétisées, l'atténuation de responsabilité a néanmoins ses détracteurs. Qui plus est, son adoption a pour partie accéléré le changement général d'attitude dont je vais parler plus loin.

16 *R. v. Spriggs* [1958] 1 Q.B. [*Law Reports, Queen's Bench Division*] 270.

17 *R. v. Byrne* (1960) 44 Cr. App. R. [*Criminal Appeal Reports*] 246.

18 Pour les statistiques, voir : *Murder : Home Office Research Unit Report*, H.M.S.O. [Imprimerie nationale de Sa Majesté] (1961), Table 7, p. 10.

SUBSTITUER LE TRAITEMENT MÉDICAL À LA RESPONSABILITÉ PÉNALE ?

J'ai dit que l'introduction de la responsabilité diminuée constituait un changement à la fois timide et de faible envergure. Elle a néanmoins marqué la fin d'une époque dans la critique du droit en matière de responsabilité pénale des personnes souffrant d'un trouble mental. Depuis son introduction, la critique a largement changé de caractère. Au lieu de demander à la Cour de se consacrer plus sérieusement à la tâche de séparer les délinquants en deux catégories – ceux qui sont pleinement responsables et donc justement condamnables parce qu'ils avaient la pleine capacité de se conformer à la loi, et ceux qui n'avaient pas cette capacité et qui doivent donc être exonérés –, les critiques considèrent désormais que cette approche est erronée. Au lieu de rechercher une expansion de la doctrine de la *mens rea*, ils ont argué qu'elle devrait être éliminée et ont présenté la prolifération des infractions de responsabilité stricte comme un pas dans la bonne direction ainsi qu'un modèle à suivre. Les plus audacieux d'entre eux ont évoqué le besoin de « contourner » ou d'« écarter » les questions de responsabilité et ont condamné comme une perte de temps – voire pire – les efforts fournis dans le passé pour élargir le champ des règles *McNaughten*. En effet, leur attitude envers de telles réformes ressemble à celle du communiste qui condamne la charité privée dans un système capitaliste parce qu'elle aurait tendance à dissimuler les erreurs radicales du système, et donc à le préserver. Parmi les partisans de ces idées nouvelles, Lady Wootton est de loin la mieux informée, la plus incisive et la plus influente. Ses travaux percutants en matière de responsabilité pénale ont beaucoup contribué à transformer l'aspect – et à mon avis à élever le niveau général – de la discussion[19].

[13] Ainsi a-t-on assisté, depuis 1957, au développement d'un scepticisme nouveau allant bien au-delà des anciennes formes de critiques. Il porte sur l'institution de la répression pénale dans son ensemble

19 Voir : B. Wootton, *Social Science and Social Pathology*, Londres, Georges Allen & Unwin, 1959, spéc. chap. 8 : « Mental Disorder and the Problem of Moral and Criminal Responsibility » ; *id.*, « Diminished Responsibility : A Layman's View », *Law Quarterly Review*, 1960, vol. 76, p. 224 ; *id.*, *Crime and the Criminal Law*, Londres, Stevens & Sons, 1963. [N.D.T. : Voir le compte rendu critique du dernier ouvrage par H.L.A. Hart, « *Crime and the Criminal Law.* By Barbara Wootton », *Yale Law Journal*, 1965, vol. 74, p. 1325-1331.]

en ce qu'elle comprend des éléments qui la distinguent d'un système d'hygiène sociale tourné purement vers l'avenir, pour lequel nos seules préoccupations dans notre rapport au délinquant sont les objectifs futurs et rationnels de prévention de crimes ultérieurs, de protection de la société, ainsi que le traitement et – si possible – la guérison du délinquant. La punition du criminel, même telle que conçue jusqu'alors par les critiques les plus progressistes des règles *McNaughten*, n'est *pas* une simple question d'hygiène sociale. Elle diffère d'un tel système tourné purement vers l'avenir par l'accent qu'elle met sur quelque chose qui se trouve dans le passé : l'état d'esprit de l'accusé, non pas lors de son procès, mais au moment où il a enfreint la loi.

Pour de nombreuses critiques actuelles, porter ainsi son regard sur l'état d'esprit antérieur de l'accusé comme condition de sa soumission à des mesures coercitives (*compulsory*) est perçu comme un détournement inutile des objectifs véritables, orientés vers l'avenir, d'un système rationnel de contrôle social. Le passé, insistent-ils, est révolu, et l'état d'esprit antérieur de l'accusé n'a d'importance que pour établir le diagnostic des causes de son délit, ou le pronostic de ce que l'on peut faire pour lutter contre ces causes. De ce point de vue, aucun élément passé ne peut en soi justifier – n'est requis – pour autoriser notre traitement présent de l'accusé. On peut déterminer ce traitement en faisant exclusivement référence aux conséquences des actes de l'accusé pour la société ainsi que pour lui-même. Lady Wootton soutient que si l'objectif du droit pénal est de « prévenir les actions socialement nuisibles », et non la rétribution pour des méfaits passés, alors la doctrine conventionnelle place la condition de la *mens rea* « au mauvais endroit[20] ». La *mens rea* est seulement pertinente, selon elle, *après* la condamnation, comme guide des mesures à prendre afin de prévenir la récidive. Elle considère « illogique », si l'objectif du droit pénal est la prévention, [14] que la *mens rea* fasse partie de la définition d'un crime, et qu'elle soit une condition nécessaire pour que le délinquant encoure des mesures de contrainte[21].

---

20 Voir B. Wootton, *Crime and the Criminal Law*, *op. cit.*, p. 52. Toutefois, elle ne considère pas explicitement la possibilité qu'il y ait des objections morales au fait d'appliquer des sanctions, même à titre préventif, à ceux à qui il a manqué la capacité de se conformer à la loi, et ce même si le but du droit pénal est de prévenir le crime. Voir *infra*, p. 23-24 [pagination d'origine].

21 *Ibid.*, p. 51.

Cette façon de penser conduit à une révision radicale du système pénal qui, esquissé dans ses grandes lignes et dans sa forme la plus extrême, se présente ainsi : une fois prouvé dans un tribunal que le comportement extérieur d'une personne correspond à la définition légale d'un crime, cela suffit, sans avoir apporté la preuve de la *mens rea*, à lui imposer des mesures coercitives. Celles-ci peuvent être de nature pénale, thérapeutique ou les deux ; il se peut également que l'on estime dans un cas particulier qu'aucune des deux ne soit nécessaire et que l'accusé soit disculpé. Cependant, le choix entre ces alternatives ne doit pas être fait en fonction de l'état mental antérieur du délinquant – sa culpabilité – mais en évaluant, à la vue de son état mental présent et de sa situation générale, quelles mesures sont les plus susceptibles d'avoir les conséquences les plus bénéfiques pour lui ainsi que pour la société.

J'ai nommé ceci la forme la plus extrême de la nouvelle approche, car telle que je l'ai formulée ici, elle est généralement applicable à tous les délinquants quels qu'ils soient. Ce n'est pas un système réservé uniquement à ceux que l'on décrirait comme atteints d'un trouble mental. Dans cette forme extrême de la théorie, la doctrine de la *mens rea* disparaîtrait du droit. Ainsi, les distinctions que nous établissons couramment et que nous considérons vital d'établir avant la condamnation d'un délinquant – par exemple, entre le tort commis intentionnellement et celui qui ne l'est pas – perdraient toute pertinence. Démontrer que c'est involontairement ou sans négligence que l'on a frappé ou blessé autrui ne préserverait donc plus de la condamnation ni de la possibilité du traitement, pénal ou thérapeutique, qu'un tribunal jugerait opportun au regard de l'état mental ou du caractère de la personne.

Il s'agit là, comme je le dis, de la forme extrême de la théorie, et c'est celle que soutient désormais Lady Wootton[22]. Toutefois, il est certainement possible de concevoir une forme moins extrême, quoique plus complexe, qui ne remplacerait pas la doctrine de la *mens rea* dans sa totalité, [15] mais seulement la partie qui concerne la responsabilité juridique des personnes souffrant d'un trouble mental. Dans cette forme plus modérée de la théorie, une personne saine d'esprit continuerait

22 Dans *Crime and the Criminal Law*, *op. cit.*, p. 46-57, elle affirme clairement que l'élimination ou le « dépérissement » de la doctrine de la *mens rea* comme condition de la responsabilité devra s'appliquer à l'ensemble de ses éléments, et non uniquement au trouble mental. La responsabilité stricte est ainsi accueillie comme un modèle à suivre pour le futur.

d'échapper à la condamnation si elle avait agi involontairement, ou en l'absence d'un autre élément subjectif constitutif du crime dont elle serait accusée. L'innovation se situerait alors dans le fait qu'aucune forme de trouble ou de démence ne constituerait plus un obstacle à la condamnation, et que ces éléments ne seraient donc plus examinés en amont de celle-ci[23]. La question ne serait examinée qu'après la condamnation afin de déterminer quelles mesures de peine ou de traitement seraient les plus efficaces dans un cas particulier. Il est important de noter que la préoccupation principale, pour la plupart des partisans de l'élimination de la responsabilité, concerne les insuffisances ou les absurdités de la loi en vigueur en ce qui concerne les délinquants atteints de troubles mentaux. Il est donc possible que certains de ces militants n'aient eu à l'esprit que la forme la plus modérée de la théorie qui se limite justement à de tels délinquants. Mais je doute que cette position soit véritablement représentative, car nombreux sont ceux, y compris Lady Wootton, à soutenir qu'il est impossible de tracer une ligne satisfaisante entre les délinquants sains d'esprit et ceux atteints d'un trouble mental : nous ne disposons simplement d'aucun critère clair ou fiable auquel nous puissions nous en remettre. Ils soulignent que les définitions générales de la santé mentale sont trop vagues ou trop contradictoires, et que nous devrions nous libérer de ces catégorisations trompeuses afin de traiter de la manière la plus appropriée, du point de vue de la société, toutes les personnes qui ont effectivement manifesté le comportement défini comme l'*actus reus* d'un crime. Le caractère involontaire du tort causé ne devrait pas exclure un examen des mesures à prendre, s'il y en a, afin d'éviter une récidive[24]. Ce scepticisme relatif à la possibilité d'établir des distinctions entre les délinquants normaux et anormaux engage (*commits*) ceux qui militent pour l'élimination de la responsabilité à soutenir la forme extrême de la théorie.

Voilà donc l'essentiel de la nouvelle idée. Bien entendu, l'expression « élimination de la responsabilité » semble assez alarmante, et lorsque les travaux de Lady Wootton placèrent initialement cette expression au centre du débat, les colonnes du journal *The Times* notèrent l'agitation suscitée dans les milieux juridiques entre autres. L'inquiétude était cependant en partie inutile [16] puisqu'elle provenait des ambiguïtés

23 Sauf dans les cas indiqués *infra*, p. 25 n. [pagination d'origine].

24 Voir : B. Wootton, *Crime and the Criminal Law*, *op. cit.*, p. 51.

du mot « responsabilité », et il est à mon avis important de distinguer deux des significations très différentes que peut avoir ce terme difficile. Dire que quelqu'un est juridiquement responsable de quelque chose signifie souvent simplement que l'on pourra, d'après certaines règles juridiques, lui infliger une souffrance ou l'obliger à verser un dédommagement dans certaines éventualités. L'expression « il le paiera » recouvre ces deux éléments. Dans ce premier sens, bien qu'une personne ne soit ordinairement responsable que de ses propres actions ou du tort qu'elle a commis, elle peut également être responsable des actions d'autres personne si des règles juridiques le prévoient. Dans ce sens en effet, un nouveau né ou bien une personne totalement aliénée pourraient être juridiquement responsables – encore une fois, si les règles le prévoient – car le mot veut simplement dire qu'ils sont susceptibles de devoir répondre de quelque chose ou de devoir payer, et nous pouvons appeler cette signification du mot la « responsabilité juridique » (*legal accountability*). Or, la nouvelle idée – le programme de l'élimination de la responsabilité (*responsibility*) – n'a pas pour objet, comme certains l'ont craint, d'éliminer toute responsabilité juridique (*legal accountability*) : les personnes qui enfreignent la loi ne seront pas simplement laissées en liberté. Ce que cette théorie cherche à éliminer, c'est l'enquête visant à déterminer si une personne qui a commis un acte interdit par la loi était responsable au moment de l'acte. Responsable (*responsible*) entendu en ce sens ne renvoie pas au problème juridique de la responsabilité (*accountability*), mais plutôt à la capacité qu'ont les gens normaux à contrôler leurs actions et à se conformer à la loi, dans la mesure où celle-ci relève de l'esprit ou de la volonté d'une personne. Dans cette acception, la responsabilité peut être « entravée ». C'est en effet le langage employé à la section 2 du *Homicide Act* de 1957 qui introduit l'idée de responsabilité diminuée en droit anglais. Elle évoque la responsabilité « mentale » d'une personne, et même (dans la rubrique se rapportant à la section 2) celles « souffrant de » responsabilité diminuée. Il est bien sûr facile de voir pourquoi cette seconde signification de la responsabilité (que l'on pourrait appeler « la responsabilité personnelle ») s'est développée aux côtés de l'idée première de la responsabilité juridique. La raison en est nul doute que le droit limite habituellement, mais pas toujours, la responsabilité juridique aux personnes dont les capacités de contrôle de soi sont considérées comme normales.

Ainsi, peut-être les nouvelles idées sont-elles moins alarmantes qu'elles ne le semblent à première vue. Elles sont également moins nouvelles, [17] et ceux qui les défendent ont souligné d'emblée des développements antérieurs du droit anglais qui semblent avoir présagé ces idées d'apparence révolutionnaires. Lady Wootton elle-même fait grand cas du fait que la doctrine de la *mens rea* a déjà été diluée, au regard des délinquants ordinaires, par l'introduction de la responsabilité stricte, désapprouvant l'émoi que cela a pu susciter. Hormis ce cas, toutefois, les tribunaux sont souvent parvenus à prendre en charge la situation des personnes atteintes d'un trouble mental accusées de crimes, tout en contournant la question de leur responsabilité personnelle au moment de la commission de l'infraction. Il existe de nombreuses manières d'éviter le problème. Une personne peut être considérée inapte à plaider devant un tribunal en raison de son état mental, tout comme on peut la certifier aliénée avant le procès. Elle peut également, sauf dans le cas d'une accusation de meurtre, plaider coupable en suggérant une peine avec sursis sous condition de traitement psychiatrique[25]. En vérité, parmi les personnes souffrant d'un trouble mental, un faible pourcentage seulement a été jugé sous les règles *McNaughten*. Cela s'explique par le fait qu'invoquer ces règles avec succès est synonyme de détention à Broadmoor pour une période indéfinie[26]. Ainsi, nombreux sont ceux qui, préfèrant sans doute risquer la condamnation et l'emprisonnement, ne soulèvent pas la question du trouble mental. L'idée ancienne de retenir le trouble mental comme un facteur de la responsabilité de l'accusé à traiter en amont de la condamnation n'a donc eu de réalité, à quelques exceptions près, que dans des procès pour homicide volontaire auxquels seule s'applique la cause d'atténuation de responsabilité.

Néanmoins, la prise de distance la plus importante par rapport aux idées contenues dans la doctrine de la *mens rea* se trouve dans le *Mental Health Act* de 1959 qui développe certains principes de la législation antérieure. La section 60 de cette loi dispose que si dans un procès – mis-à-part lorsque l'infraction n'est pas punie d'emprisonnement ou lorsque la peine est fixée

---

25 En 1962, le nombre de personnes âgées de plus de 17 ans ainsi traitées était respectivement de 36 (déclarées incapables de plaider devant un tribunal), 5 (certifiées aliénées avant le procès) et 836 (sursis sous condition d'un traitement psychiatrique). Voir : *Criminal Statistics*, 1962, p. 44.

26 [N.D.T.] L'hôpital de Broadmoor est une institution psychiatrique à haute sécurité dans le comté du Berkshire. Les plus célèbres tueurs en série du pays y ont été internés.

par la loi (ce qui n'exclut en pratique que le meurtre) – deux médecins sont d'accord sur le fait que l'accusé tombe dans l'une des quatre catégories de maladie mentale (*mental disorder*) spécifiées [18], alors les tribunaux pourront, après condamnation, ordonner sa détention pour un traitement médical au lieu d'ordonner une sanction pénale, bien qu'il faille rapporter la preuve qu'une telle détention est justifiée. Les quatre catégories sont très larges, incluant même le trouble psychopathique en dépit du manque de critères clairs ou consensuels entourant cette condition. La loi demande aux tribunaux, lorsqu'ils choisissent entre des mesures médicales ou pénales, de prendre en considération la nature de l'infraction ainsi que le caractère et les antécédents du délinquant. Ces pouvoirs ont été largement employés[27], et sont disponibles même dans des cas où une accusation de meurtre a été réduite à une accusation d'homicide involontaire par l'invocation d'une excuse de provocation ou d'une atténuation de responsabilité.

Les partisans du programme de l'élimination de la responsabilité accueillent à bras ouverts les pouvoirs conférés par le *Mental Health Act* pour substituer le traitement obligatoire à la peine, mais ils n'y voient inévitablement qu'un compromis tombant en deçà de ce qui est requis. Nous comprendrons mieux leurs points de vue si nous cherchons à comprendre pourquoi. Ce compromis tombe en-deçà de leurs attentes sur quatre points. Premièrement, c'est un pouvoir discrétionnaire d'ordonner un traitement obligatoire au lieu d'une punition qui est conféré aux tribunaux. Ainsi, même si l'on rapporte les preuves médicales appropriées, les juges peuvent tout de même appliquer une peine conventionnelle s'ils le choisissent. Les juges *peuvent* encore raisonner en termes de responsabilité, et il est évident qu'il leur arrive de le faire dans ces affaires. D'ailleurs, dans la majorité des cas de condamnation pour homicide involontaire où l'accusé a invoqué avec succès une responsabilité diminuée, les tribunaux ont imposé des peines d'emprisonnement en dépit des pouvoirs qui leurs sont accordés par la section 60 du *Mental Health Act*. Le *Lord Chief Justice* a pu soutenir qu'il est possible dans de tels cas de démontrer, en se basant sur les faits, que le prisonnier a *une certaine* responsabilité pour laquelle il doit être puni[28]. Deuxièmement, la loi elle-même préserve une conception des méthodes pénales, telles que

27 En 1962, 1187 ordonnances d'hospitalisation furent délivrées sous cette section (*Criminal Statistics*, 1962, p. 94).

28 *R. v. Morris* (1961) 45 Cr. App. R. 185.

l'emprisonnement, entachée par l'idée qu'elles constituent la contrepartie d'un méfait antérieur et non une simple alternative au traitement médical – car si les tribunaux peuvent punir ou ordonner un traitement médical, [19] ils ne peuvent combiner les deux. Bien entendu, il s'agit là d'un refus de concevoir les mesures punitives et médicales de la manière qu'exigent les nouveaux critiques[29], à savoir comme des mesures d'hygiène sociale à utiliser selon les effets pronostiqués sur la personne condamnée. Troisièmement, le système présuppose à l'heure actuelle que l'on puisse, sur la base des quatre catégories législatives de maladies mentales, distinguer de manière satisfaisante ceux qui sont sains d'esprit de ceux qui ne le sont pas. Néanmoins, les réformateurs les plus radicaux ne sont pas simplement sceptiques quant au caractère adéquat des critères permettant de distinguer, par exemple, le psychopathe du délinquant ordinaire. Ils soutiennent également qu'il peut exister une propension à adopter un comportement socialement nuisible chez des personnes qui sont autrement normales, et qu'un système rationnel doit pouvoir prendre en charge de tels cas.

Quatrièmement, et c'est là l'élément le plus important pour ces critiques, le système est vicié car les pouvoirs du tribunal ne peuvent être exercés qu'après la condamnation du délinquant pour laquelle la preuve de la *mens rea* au moment de l'infraction est toujours requise. Le trouble mental de l'accusé peut encore être soulevé avant la condamnation à titre d'excuse s'il le souhaite. Ainsi, le *Mental Health Act* ne contourne pas toute la question de la responsabilité et n'élimine pas la doctrine de la *mens rea*. Il élargit le champ de l'appréciation discrétionnaire du tribunal dans son traitement d'une personne condamnée en lui permettant de choisir entre des mesures pénales et thérapeutiques, et en lui permettant en pratique de faire ce choix de manière largement indépendante de l'état d'esprit du délinquant au moment de l'infraction. Son grand mérite est que le délinquant souffrant d'un trouble mental, qui aurait auparavant préféré se soumettre à une peine d'emprisonnement plutôt que plaider la démence sous les règles *McNaughten* (puisque cela signifierait en cas de succès une détention à Broadmoor pour une durée indéterminée), peut désormais mettre en avant sa condition mentale après condamnation dans l'espoir d'obtenir une ordonnance d'hospitalisation en lieu d'une peine d'emprisonnement.

---

29 Voir : B. Wootton, *Crime and the Criminal Law*, *op. cit.*, p. 79-80.

Il nous faut à présent examiner les mérites de l'affirmation selon laquelle [20] nous devrions évoluer du système actuel qui résulte du *Mental Health Act* vers un système dans lequel les juridictions pénales seraient entièrement libérées de la doctrine de la *mens rea*. Elles pourraient alors choisir de manière discrétionnaire de prononcer des mesures soit pénales soit médicales, sur simple preuve que l'accusé a commis les actes matériels d'un crime. Dans un tel système, les prisons et les hôpitaux seraient tous deux « de simples lieux de sûreté » dans lesquels les délinquants « recevront le traitement qui semble le plus susceptible, au regard de l'expérience, de provoquer le résultat escompté[30] ».

Ceux qui préconisent l'adoption de ces idées nouvelles dans leur intégralité mettent en avant des arguments de nature et de qualité très inégale, parmi lesquels il est nécessaire que nous séparions l'ivraie du bon grain. L'argument le plus faible, qui est peut-être celui que l'on entend le plus, veut que notre attachement à la notion de responsabilité personnelle incorporée dans la doctrine de la *mens rea* n'a de sens que si nous souscrivons à une théorie rétributiviste de la peine selon laquelle celle-ci est utilisée, et se justifie, comme une réponse « appropriée » ou « adéquate » pour des méfaits antérieurs, et non comme une simple prévention des conduites antisociales. Comme je l'ai soutenu ailleurs[31], cet argument est une confusion philosophique dont Lady Wootton est victime parce qu'elle établit une dichotomie trop grossière entre « punition » et « prévention ». Elle ne considère pas même l'existence d'une dimension morale de la peine qui est pourtant très courante, très simple et, excepté peut-être pour le déterministe, parfaitement défendable. Il s'agit de l'idée selon laquelle nous devrions, par considération d'équité ou de justice envers les individus, limiter la répression (même conçue comme « préventive ») à ceux qui ont eu une capacité normale, ainsi qu'une opportunité réelle, d'obéir à la loi. Cela demeure un idéal intelligible de justice envers les individus que nous punissons, et ce même si nous les punissons pour protéger la société du mal causé par le crime plutôt que pour venger le mal qui a été fait. Et cela demeure un idéal intelligible même si, en assurant cette forme d'équité (*fairness*) envers ceux que nous punissons, nous ne garantissons qu'un moindre

30 *Ibid.*, p. 79-80.

31 H.L.A. Hart, *Punishment and the Elimination of Responsibility*, Londres, Athlone Press, 1962, p. 27-30 (réimpr. in *Punishment and Responsibility*, *op. cit.*, chap. 7, p. 158-185).

degré de conformité à la loi que celui que nous obtiendrions avec un système de responsabilité stricte intégrale qui rejetterait la doctrine de la *mens rea*.

[21] Néanmoins, on peut tout à fait soutenir qu'il existe à l'heure actuelle des cas dans lesquels la reconnaissance de ce principe de justice dans l'application de la doctrine de la *mens rea* entraîne un coût trop élevé en matière de sûreté de la société. Il y a des cas, en effet, où l'exigence de la *mens rea* opère de façon surprenante et potentiellement dangereuse. Dans l'état actuel du droit, une personne peut causer beaucoup de tort, voire en tuer une autre, sans qu'elle ne soit ni punie ni soumise à un traitement ou une surveillance médicale. Ce fut le cas il y a trois ans lorsqu'un sergent de la *United States Air Force*[32], à la suite d'une soirée alcoolisée, tua une fille dans son sommeil, à en croire ses dires. Il fut jugé pour meurtre, mais le ministère public, sur qui reposait la charge d'établir la preuve que son récit était faux, ne parvint pas à en persuader le jury, si bien que le sergent fut acquitté et libéré. On notera qu'au cours des dernières années, dans des affaires de conduite dangereuse où l'accusé invoquait des « automatismes » ou une perte subite de conscience, les tribunaux se sont efforcés de réduire la portée de cette cause d'irresponsabilité. En effet, acquitter de telles personnes sans les soumettre à un traitement médical obligatoire présenterait des dangers sociaux évidents. Les tribunaux ont donc mis en place un arsenal juridique très élaboré permettant de distinguer l'automatisme « sain » et « dément » (*insane*), chacun étant assorti d'un fardeau de la preuve propre[33]. Sans doute des cas aussi dangereux que ceux-là sont-ils suffisamment rares pour représenter un risque que nombre de personnes préfèrent courir, plutôt que de voir l'introduction d'un nouveau système qui se passerait de toute preuve de la *mens rea*. Dans tous les cas, il n'est pas nécessaire de mettre en place un système aussi extrême pour prendre en charge de tels cas. Dans le cas d'infractions physiquement nuisibles, par exemple, il serait possible de donner aux tribunaux, malgré l'acquittement de l'accusé, le pouvoir d'ordonner toute mesure de traitement ou de surveillance médicale qui leur paraîtrait appropriée.

---

32 *The Times*, 18 février 1961 (Staff Sergeant Boshears).

33 Voir : *Bratty v. Attorney Geneneral for Northern Ireland* [1961] 3 All E.R. 523 ; et M. Cross, « Reflections on Bratty's Case », *Law Quarterly Review*, 1962, vol. 78, p. 236.

Toutefois, les arguments les plus importants en faveur du système plus radical dans lequel la simple preuve de l'acte matériel suffirait [22] à soumettre l'accusé à des mesures coercitives de traitement ou de punition proviennent de ceux, comme Lady Wootton, qui ont minutieusement examiné dans les cas d'homicide les rouages réels de la vieille cause d'irresponsabilité pour démence et de la cause d'atténuation introduite en 1957 par le *Homicide Act.* Cette loi traite le trouble mental comme un aspect de la *mens rea.* Elle oblige les tribunaux à répondre, avant le verdict, à la question de savoir si la « responsabilité mentale » de l'accusé, c'est-à-dire sa capacité à contrôler ses actions, était « considérablement réduite » au moment où il a commis le meurtre. Dans son impressionnante et minutieuse étude de tous les cas dans lesquels cette cause d'atténuation a été invoquée jusqu'en septembre 1962 (au nombre de 199), Lady Wootton tire la conclusion qu'il faut écarter cette question que l'on pose de force aux tribunaux alors qu'il est impossible d'y répondre. Elle réitère ici la plainte, mainte fois émise au fil des ans par les juges, qu'il est impossible de distinguer une pulsion irrésistible d'une pulsion à laquelle l'accusé n'a tout simplement pas résisté.

Néanmoins, pour former une opinion mesurée, il est nécessaire de distinguer les assertions philosophiques douteuses de celles qui relèvent du bon sens. Les arguments philosophiques (que je n'étudierai pas en détail ici) vont chercher trop loin. Ils n'entendent pas simplement montrer que les tribunaux manquent habituellement de preuves suffisamment claires pour répondre à la question de savoir si un homme aurait pu agir autrement, mais plutôt qu'*il est impossible en principe* d'y répondre. Lady Wootton soutient ainsi que la responsabilité d'un homme, ou sa capacité à résister à la tentation, est « enfouie dans sa conscience, dans laquelle nul être humain ne peut pénétrer[34] ». Elle n'est connue, si tant est qu'elle puisse l'être, que par lui seul et par Dieu : c'est quelque chose qu'autrui ne connaîtra jamais. Or, puisqu'« il est impossible de se mettre dans la peau d'un autre[35] », on ne pourra jamais en former ne serait-ce qu'une estimation raisonnable. Cependant, il est étrange que Lady Wootton ne soulève pas la même objection à propos des règles *McNaughten* et de la question de savoir si un homme a eu conscience de ses actes ou de leur caractère illégal, [23] alors que la conscience est tout autant – ou aussi

34 Voir : B. Wootton, « Diminished Responsibility : A Layman's View », art. cité, p. 232.
35 Voir : B. Wootton, *Crime and the Criminal Law, op. cit.*, p. 74.

peu – enfermée en lui que l'est sa capacité à se contrôler. Obtenir des réponses sur la capacité de la personne peut s'avérer plus difficile que d'en obtenir au sujet de sa conscience. Dans des circonstances favorables, cependant, si nous connaissons bien un homme et que nous le croyons quand il nous parle de sa lutte ou de ses efforts pour se contrôler, nous serions tout autant fondés à dire : « il n'y est tout simplement pas arrivé, bien qu'il ait essayé », que nous le serions à dire : « il ne savait pas que le pistolet était chargé ». Il se peut même parfois que nous possédions de bons éléments de preuve que dans certaines conditions – par exemple la petite enfance ou un état cliniquement défini comme la dépression post-natale – les êtres humains sont incapables, ou moins capables qu'un adulte normal, de maîtriser certaines pulsions. Lorsqu'un enfant ou une personne qui n'a pas toutes ses facultés mentales essayent en vain de ravaler leurs larmes, les faits ne nous obligent pas simplement à dire : « il pleure habituellement quand cela arrive ». Nous disons – et pourquoi ne pas le dire en effet ? : « il a beau avoir résisté de son mieux, il n'a pas pu s'empêcher de pleurer ».

Il faut néanmoins concéder que des cas aussi clairs ne sont pas représentatifs de ceux qui se présentent aux tribunaux où la personne accusée se bat souvent pour sa vie ou pour sa liberté. Les meilleurs arguments de Lady Wootton sont certainement indépendants de ses remarques philosophiques, plus discutables, à propos de notre capacité à savoir ce qui se cache dans l'esprit ou le cœur d'autrui. Son argument central est que les éléments de preuve présentés aux tribunaux pour déterminer s'il manquait à l'accusé la capacité de se conformer à la loi, ou si cette capacité était considérablement réduite, ne montrent au mieux que sa *propension* à commettre certains types de crimes. Selon elle, il serait faux d'en inférer qu'il n'aurait pas pu éviter de commettre le crime dont on l'accuse. Elle qualifie cet argument fallacieux de « circulaire » : nous inférons le manque de capacité de l'accusé à contrôler ses actions de sa propension à commettre des crimes, puis nous expliquons cette propension par son manque de capacité à se contrôler, et excusons ainsi ses crimes. Les adversaires de Lady Wootton ont critiqué cette conception des preuves, médicales ou autres, sur lesquelles les tribunaux basent leurs décisions dans ces affaires[36]. [24] Ils soutiennent que c'est au moins en partie *à travers* l'étude des crimes d'un homme que l'on peut discerner

36 Voir : N. Walker, « M'Naghten's Ghost », *The Listener*, 29 Août 1963.

son incapacité à contrôler ses actions. Toutefois, la preuve menant à cette conclusion ne tient pas simplement au fait qu'il a commis ces crimes plusieurs fois, mais à la manière, aux circonstances, ainsi qu'à l'état psychologique dans lequel il les a commis. Par ailleurs, on prend en compte bien plus d'éléments que les crimes répétés d'un homme pour parvenir à une conclusion sur sa capacité à contrôler ses actions. On n'invoque pas seulement un comportement antisocial pour l'expliquer ou pour l'excuser, même dans le cas du psychopathe – condition dont la définition pose de grands problèmes. Je pense qu'il y a beaucoup à retenir de ces critiques. Néanmoins, le débat médico-légal (*forensic*) qui a lieu devant le juge et le jury autour de la question de savoir si une personne souffrant de maladie mentale aurait pu contrôler ses actions, ou si sa capacité en ce sens n'était pas « considérablement réduite », me semble le plus souvent très irréaliste. Les éléments de preuve qui sont présentés, non seulement se contredisent fréquemment, mais ne semblent avoir qu'un rapport très éloigné au problème spécifique du pouvoir ou de la capacité de l'accusé à se contrôler à un moment précis dans le passé. Je peine à imaginer que, sur cette question, quelque chose de cohérent puisse pénétrer l'esprit des jurés une fois entendues les expertises complexes ainsi que la mise en garde du juge selon laquelle « il est impossible de prouver ces problèmes de manière scientifique[37] ». Je compatis avec les juges qui ont la difficile tâche de diriger les jurys sur cette question. En Israël, il n'y a pas de jurys à diriger, et ce sont les juges eux-mêmes qui sont confrontés à ces difficultés. Ils doivent décider, d'après le principe établi dans l'affaire *Mandelbrot*, si l'action d'une personne atteinte d'un trouble mental, mais qui savait néanmoins ce qu'elle faisait, est survenue « indépendamment de l'exercice de sa volonté ».

En raison de ces difficultés, je préférerais, à l'état actuel du droit, l'approche que j'ai nommée la forme « modérée » de la nouvelle doctrine. Dans cette perspective, la question de la *mens rea* demeure une condition nécessaire de la responsabilité, à investiguer et à trancher avant condamnation, sauf dans des cas de troubles mentaux. [25] L'innovation serait que l'accusé ne pourrait plus invoquer une forme de trouble mental pour éviter la condamnation. Ce serait une question à n'étudier qu'après condamnation, principalement tournée vers l'état mental

37 Selon le *Chief Justice* Parker, in *R. v. Byrne* (1960) 44 Cr. App. R. 246.

actuel, et non antérieur, du criminel. En effet, il ne serait pertinent de prendre en compte l'état mental au moment de l'infraction qu'en tant qu'il fournirait une preuve supplémentaire de la nature du trouble ou quelque indication quant au traitement approprié. Cet objectif pourrait sans doute être atteint assez facilement si l'on supprimait la possibilité pour l'accusé d'invoquer son aliénation ou sa responsabilité diminuée, et si l'on étendait les dispositions du *Mental Health Act* de 1959 à toutes les infractions, y compris le meurtre. Cependant, j'irais plus loin en prévoyant que dans les cas où serait apportée une preuve directe suffisante de l'existence d'une maladie mentale, les tribunaux ne devraient plus être autorisés à raisonner en termes de responsabilité, ni à infliger de sanction pénale au lieu d'un traitement obligatoire. Pourtant, même cette réforme modérée soulève des questions difficiles qui requièrent une considération minutieuse[38].

38 Parmi ces questions difficiles, celles qui suivent me paraissent être les plus importantes. (1) Si l'enquête post-condamnation portant sur les troubles mentaux de la personne condamnée doit se focaliser sur son état mental actuel, que doit faire un tribunal vis-à-vis d'un délinquant (i) qui souffrait de maladie mentale au moment de son crime mais qui en est désormais guéri ? Ou (ii) qui était « normal » au moment du crime mais qui est malade au moment de sa condamnation ? (2) Les dispositions du *Mental Health Act* n'exigent pas que le tribunal soit convaincu, lorsqu'il rend une ordonnance d'hospitalisation, qu'il a existé un rapport causal entre la maladie mentale de l'accusé et le crime qu'il a commis. Il est seulement prévu que le tribunal, dans l'exercice d'une appréciation discrétionnaire, tienne compte de la nature du crime. Cela ne pourrait-il poser problème si les tribunaux se trouvaient obligés, en vertu de l'existence de preuves médicales, de rendre une ordonnance d'hospitalisation ? (3) Les différents éléments de la *mens rea* (la conscience de ses actes, l'intention, et le contrôle minimum des mouvements musculaires requis pour une action) peuvent être absents chez une personne autrement normale, mais également en raison de la maladie mentale de la personne (comparez la différence désormais établie entre des automatismes « sains » et « déments ») (voir *supra*, p. 17, n. 2 [pagination originale]). Il serait sans doute préférable qu'il n'y ait pas d'acquittement dans ce dernier cas ; mais pour identifier de tels cas une recherche de troubles mentaux serait nécessaire préalablement au verdict lorsqu'il y aurait lieu d'en soupçonner l'existence.

PRÉSERVER LA LIBERTÉ INDIVIDUELLE

Je pense que beaucoup aimeraient aller plus loin que cette forme « modérée », [26] et s'accorderaient avec Lady Wootton pour demander l'élimination de la doctrine de la *mens rea* dans son ensemble, ou au moins pour espérer son « dépérissement ». Si je ne les rejoins pas, c'est parce que j'ai des doutes sur trois points principaux. Le premier concerne la liberté individuelle. Dans un système où la preuve de la *mens rea* n'est plus une condition nécessaire à la condamnation, les occasions d'interférences officielles avec nos vies et de recours à la coercition croîtront. Prenons par exemple la notion d'agression criminelle. Si l'on se débarrassait de la doctrine de la *mens rea*, chaque coup porté à autrui serait susceptible de faire l'objet d'une enquête, même s'il était évident aux yeux d'un policier qu'il était purement accidentel ou porté par mégarde, et qu'il ne constituerait donc pas une agression volontaire dans l'état actuel du droit. Dans l'approche nouvelle, il faudrait examiner s'il existe une condition curable ou traitable qui, si elle s'avérait sérieuse, devrait alors faire l'objet de mesures médicales ou pénales. Sans doute le ministère public ferait-il preuve de bon sens, comme c'est le cas à présent, mais il faudrait lui confier des pouvoirs discrétionnaires considérables afin qu'il trie, dans la masse, les cas susceptibles de faire l'objet d'une prise en charge thérapeutique ou pénale. Personne ne saurait voir avec sérénité une telle expansion des pouvoirs de police, car elle s'accompagnera d'une grande incertitude pour chaque individu. Les interférences officielles avec nos vies seront plus fréquentes, tandis que nous serons moins capables de prédire leur incidence dès lors que n'importe quel coup accidentel ou porté par mégarde pourra en constituer l'occasion.

Ma seconde crainte porte sur une idée à laquelle Lady Wootton attache beaucoup d'importance : au lieu de distinguer, comme nous le faisons actuellement, la peine (l'emprisonnement ou autre) et le traitement médical obligatoire, nous devrions les considérer seulement comme des formes alternatives de mesures d'hygiène sociale à employer en fonction de l'estimation de leurs résultats futurs. Ainsi, selon elle, aucun jugement de responsabilité ne devrait être requis avant d'appliquer des mesures telles que l'emprisonnement que nous considérons aujourd'hui comme des sanctions pénales. Lady Wootton pense que cela ne posera aucun problème du moment qu'il est bien entendu que l'objet et la justification du droit pénal sont la prévention du crime, et non le fait de faire payer le criminel pour sa perversité. [27] Cependant, je ne pense pas que l'on puisse balayer avec autant de facilité les objections au fait de détacher le recours aux méthodes pénales des jugements de responsabilité. Bien que Lady Wootton se réjouisse par avance du jour où la « distinction formelle » entre les hôpitaux et les prisons aura disparu, elle ne suggère pas que nous abandonnions l'usage de mesures comme l'emprisonnement. Elle admet la possibilité que « ceux à qui la médecine n'a rien à offrir[39] » puissent être placés dans des « lieux de sûreté » pour recevoir « le traitement qui semble le plus susceptible, au regard de l'expérience, de provoquer le résultat escompté » ; et bien que ce ne soit que pour des raisons pratiques que l'on tiendra leurs « lieux de sûreté » séparés des lieux de ceux pour qui la médecine a quelque chose à offrir, elle accepte tout à fait l'idée que l'on puisse utiliser l'emprisonnement pour son effet dissuasif sur la personne condamnée.

Cette vision du futur évoque chez moi deux réponses distinctes : l'une est une objection morale, l'autre est un doute sociologique ou criminologique. L'objection morale est la suivante : si nous emprisonnons un homme qui a enfreint la loi dans le but de le dissuader – et d'autres par son exemple – alors nous utilisons celui-ci pour le bienfait de la société. Nombreux sont ceux qui, comme moi-même, considèrent qu'il s'agit d'une mesure qui doit être justifiée (entre autres) par la démonstration que la personne concernée aurait pu s'empêcher d'agir ainsi. De ce point de vue, qui n'est ni ésotérique ni confus, l'individu a le droit de ne pas être instrumentalisé de la sorte, à moins qu'il lui ait été possible d'éviter d'agir comme il l'a fait. Lady Wootton évacuerait sans doute cette position comme étant une forme déguisée de conception rétributiviste de la peine. Or, les deux conceptions sont en réalités indépendantes, comme j'ai tenté de le montrer : bien que nous devions trouver une justification morale au fait de punir un homme qui a volontairement enfreint la loi, la peine que nous sommes autorisés à lui infliger peut néanmoins être entièrement orientée vers la prévention de crimes ultérieurs, commis par lui ou par d'autres, au lieu d'être dirigée vers une quelconque « rétribution ».

39 B. Wootton, *Crime and the Criminal Law*, *op. cit.*, p. 79.

À cette objection morale, on pourra répondre qu'elle repose entièrement sur la supposition que l'emprisonnement à des fins de dissuasion continuera, sous le nouveau système, d'être généralement perçu comme une mesure radicalement distincte d'un traitement médical, [28] appelant une justification en termes de responsabilité. Certains considéreront cette supposition comme injustifiée, arguant du fait que le fonctionnement du nouveau système entraînera l'effacement progressif de cette distinction, et que la condamnation par un tribunal suivie d'une peine d'emprisonnement sera peu à peu mise sur le même plan qu'une visite médicale obligatoire suivie d'une détention dans un hôpital d'isolement. C'est là qu'apparaissent mes doutes sociologiques ou criminologiques. Il y a incontestablement deux caractéristiques qui permettent à l'heure actuelle de distinguer la peine du traitement médical, deux caractéristiques dont il faudra se débarrasser pour assister à leur assimilation et pour faire taire l'objection morale. La première est que, contrairement au traitement médical, nous employons la peine à des fins de dissuasion de l'individu puni, mais également celle, par l'exemple, d'autres personnes. La sévérité de la sentence peut ainsi être ajustée en fonction. Lady Wootton est très sceptique quant à l'idée qu'il soit possible de dissuader ainsi les délinquants potentiels, et il se peut qu'elle soit prête à renoncer entièrement à cet aspect de la peine. Pouvons-nous cependant adopter sans risque cette approche pour tous les crimes en l'état actuel de nos connaissances ? La seconde caractéristique qui différencie la peine du traitement est que, contrairement à une visite médicale suivie d'une détention dans un hôpital, la condamnation par un tribunal suivie d'une peine d'emprisonnement est un acte public qui exprime l'aversion de la société, sinon son hostilité, envers ceux qui enfreignent la loi. Tant que ces caractéristiques seront associées à la condamnation et à la peine d'emprisonnement, alors on pourra toujours objecter moralement à leur utilisation à l'encontre des personnes qui n'auraient pas pu s'empêcher d'agir comme elles l'ont fait. Par ailleurs, si ces caractéristiques n'y sont plus associées, le droit n'aura-t-il pas perdu des éléments importants de son autorité et de sa force de dissuasion (des éléments sans doute aussi importants pour certains condamnés que la force de dissuasion des mesures concrètes ordonnées par le droit) ?

Mon troisième scrupule est le suivant. D'après l'argument de Lady Wootton, il serait erroné – voire « illogique » – d'introduire une référence à la *mens rea* dans la définition d'une infraction. Il semble cependant qu'un code de droit pénal qui omettrait de faire référence à l'élément mental dans sa définition des infractions ne saurait être satisfaisant. [29] Certaines activités socialement nuisibles, qui sont traitées – et seront toujours traitées – comme des infractions criminelles, ne peuvent être identifiées que par référence à l'intention ou à un autre élément subjectif. Prenons l'exemple d'une tentative de passage à l'acte. Il va de soi qu'il est souhaitable que l'on amène devant les tribunaux les personnes qui tentent de tuer, de blesser, ou de voler – même si elles échouent – pour qu'elles puissent recevoir une punition ou un traitement. Or, ce qui différencie une tentative qui échoue d'une activité innocente est justement le fait qu'il s'agit d'un acte accompli avec l'intention de provoquer une conséquence nuisible.

Je ne considère pas mes inquiétudes sur ces trois points comme des objections insurmontables au programme d'élimination de la responsabilité. La première d'entre elles repose sur un jugement quant à la valeur de la liberté individuelle par rapport à celle de l'accroissement de la protection de la société contre les activités nuisibles. Il se peut que d'autres ne soient pas d'accord avec ce jugement comparatif. La seconde repose en partie sur la croyance selon laquelle l'efficacité du droit pénal dépend de la publicité et de l'aversion habituellement associées à la condamnation et à la peine, ainsi que de l'effet dissuasif obtenu par leur exemple ; mais des recherches psychologiques et sociologiques montreront peut-être un jour que cette croyance est fausse. Il se peut que la troisième objection soit surmontée par un peu d'ingénuité ou par un compromis, puisqu'il y a de nombreuses infractions importantes auxquelles elle ne s'applique pas. Néanmoins, il ne fait aucun doute à mes yeux que les questions que j'ai soulevées ici devraient beaucoup plus inquiéter les partisans de l'élimination de la responsabilité que ce n'est actuellement le cas. Je ne pense pas que nous devrions embrasser pleinement ce *meilleur des mondes* avant d'avoir apporté des réponses satisfaisantes à ces interrogations.

II. LA MISE EN ŒUVRE DE LA MORALE[1]

LA PEINE PRÉSERVE-T-ELLE « LA » MORALE SOCIALE ?

[31] On dit parfois que les Anglais n'ont pas de philosophie du droit. Je ne pense pas pour ma part que cela soit vrai. Il est cependant possible d'identifier deux éléments qui sont à l'origine de cette idée erronée. Le premier est relativement sans importance, à la différence du second. L'élément sans importance est que l'expression « philosophie du droit » ne s'est jamais vraiment acclimatée en Angleterre, même parmi les philosophes. Les juristes anglais, y compris les universitaires parmi eux, sont très réservés dans l'usage de cette expression, peut-être parce que le mot « philosophie », lorsqu'il côtoie le mot « droit », évoque l'idée d'une métaphysique profonde et obscure venant de Kant et de Hegel, ou d'une *Weltanschauung* systématique qui ont peu à voir avec les problèmes auxquels sont confrontés les juristes. Bien sûr, si les juristes anglais pensent ainsi, c'est qu'ils sont un peu plus que dépassés, car, dans la philosophie anglaise des quarante dernières années, il n'y eut guère de métaphysique ou de *Weltanschauung* organisée en système.

Néanmoins, même si l'expression « philosophie du droit » fait frémir les juristes anglais, il est parfaitement clair que nous possédons certainement la chose à laquelle l'expression fait référence. Mais la croyance que cela n'est pas le cas a été suscitée en partie, il me semble, par ce fait important que la philosophie qui a dominé la pensée anglaise sur le droit n'a presque jamais été partagée par les quelques juges anglais qui ont articulé des

1 Cette conférence a été initialement traduite par Bruno Gnassounou sous le titre « La moralité du droit », *Droits*, vol. 19, 1994, p. 105-123. Texte révisé à la marge par Gregory Bligh. Les sous-sections du texte original ne portent pas de titres. Nous avons dû les ajouter pour des raisons éditoriales.

vues générales sur le sujet. Les philosophes anglais qui ont eu le plus à dire sur le droit sont Jeremy Bentham et John Stuart Mill. Bentham a élaboré, en se fondant sur sa philosophie utilitariste, des critiques détaillées du droit anglais et des institutions gouvernementales, critiques qui ont donné au XIXe siècle un grand élan aux réformes. John Stuart Mill ajouta quant à lui à la philosophie de Bentham un accent tout particulier mis sur la valeur de liberté individuelle. Les pensées de ces deux grands philosophes sont encore très vivantes dans la critique du droit anglais et l'une des implications les plus importantes de leur philosophie concerne le droit pénal. [32] Ces penseurs considèrent que le droit pénal est un mal qui exige une justification, et qu'il n'est pas justifié par le simple fait que la conduite, que l'usage du droit pénal a pour but de punir, est une atteinte au code moral accepté de la communauté. Pour que la peine soit justifiée, quelque chose de plus est exigé : on doit montrer que la conduite punie, ou bien est directement nuisible pour les individus ou leur liberté, ou bien met en danger l'intérêt collectif que les membres d'une société ont au maintien de son organisation ou de sa défense. Selon ce point de vue, la préservation du code moral « en tant que tel » n'est pas l'affaire du droit pénal ou d'une quelconque institution coercitive. Cette tâche doit être confiée à d'autres modes d'action (*agencies*) : à l'éducation, à la religion ou au fruit d'une libre discussion entre adultes.

C'est peu de dire que les juges anglais n'ont presque jamais partagé cette philosophie qui restreindrait ainsi la portée du droit pénal ; car en fait dans leurs interventions publiques ou leurs écrits, ils lui ont opposé leur propre philosophie, bien charpentée et cohérente, que l'on pourrait légitimement appeler la philosophie judiciaire *par excellence**. En effet, il y a eu une sorte de guerre intermittente entre les philosophes de tradition utilitariste et libérale et les magistrats anglais. Bentham sans aucun doute tira la première salve en invectivant ceux qu'il qualifiait souvent de « juges et compagnie » (*Judge and Co.*) ou de « juges et leurs aides et complices, les juristes » qu'il accusait à bon droit de bloquer des réformes urgentes et de n'offrir comme remède à des problèmes sociaux, dont la solution ne souffrait plus de délai, qu'un conservatisme aveugle si ce n'est un pur et simple aveuglement. Bentham poursuivit sa campagne jusqu'à sa mort en 1832 ; mais la bataille s'est ravivée au cours des générations qui ont succédé. Le grand essai de John Stuart Mill *On liberty*, publié en 1859, est, sur bien des points, férocement critique vis-à-vis des juges anglais de son temps. Il affirma qu'ils avaient souvent trompé les jurys et manifesté « une extraordinaire ignorance de la nature humaine et de la vie qui ne laisse de nous étonner chez les juristes anglais[2] ». Peut-être piqué au vif par de telles critiques, le grand juge victorien James Fitzjames Stephen, [33] dans son livre *Liberty, Equality, Fraternity*[3], lança une attaque énergique contre la doctrine centrale de la liberté de Mill et en particulier sur la partie de cette dernière qui, au nom, à la fois de la liberté et du bonheur humain, restreint l'usage du droit pénal. Dans son livre, Stephen insista sur le fait que la société était parfaitement autorisée à faire usage du droit pénal en dehors des limites qui lui étaient imposées par Mill et en particulier à l'utiliser pour appliquer le code moral de la société, que l'immoralité punie fût la cause ou non chez autrui d'un quelconque mal ou d'une quelconque souffrance identifiable. Pour Stephen, il suffisait que la conduite punie fût sérieusement condamnée par la morale généralement acceptée par la société.

> Le droit pénal est en réalité employé dans ce pays, dans une très grande mesure, à la suppression du vice et à l'encouragement de la vertu ; et je dis que cela est juste[4]. Il y a des actes de perversité si choquants que, légitime défense à part, ils doivent être empêchés autant que possible et quoiqu'il en coûte au coupable, et punis, le cas échéant, avec une sévérité exemplaire[5]. Le droit pénal vise par nature à combattre les formes de vices les plus choquantes[6].

La même bataille a été ravivée de nos jours. En 1954, la Commission départementale connue sous le nom de Commission Wolfenden fut mise sur pied pour étudier l'état du droit sur la prostitution et l'homosexualité, et elle parvint dans son rapport publié en 1957 à des conclusions fondées sur des principes très semblables à ceux de Bentham et de Mill[7]. Ainsi, concernant la prostitution, la Commission affirmait :

> Nous ne tentons pas d'abolir la prostitution, ou de rendre la prostitution en elle-même illégale. Nous ne pensons pas que le droit doive essayer de le faire

---

2 J.S. Mill, *On Liberty*, chap. 3, note [trad. fr., p. 167].

3 J.F. Stephen, *Liberty, Equality, Fraternity*, Londres, MacMillan, 1873. Les citations sont tirées de la deuxième édition de 1874.

4 *Ibid.*, p. 161 ; trad. fr. p. 112.

5 *Ibid.*, p. 178 ; trad. fr. p. 123.

6 *Ibid.*, p. 162 ; trad. fr. p. 113.

7 Rapport de la Commission sur les délits d'homosexualité et sur la prostitution [*Committee on Homosexual Offences and Prostitution*], CMD. 247 (1957).

> (...). Ce que le droit peut et doit faire, c'est assurer que les rues de Londres et de nos grandes villes de province soient libres de ce qui est choquant et nuisible[8].

La Commission faisait ainsi une distinction entre l'immoralité privée [34] d'une pratique et le caractère choquant ou nuisible de ses manifestations publiques, et elle recommanda que la loi fût rendue plus sévère quant à ce dernier point. Cette distinction entre l'immoralité privée et l'indécence publique est tout à fait en accord avec la doctrine utilitariste, bien qu'elle soit souvent négligée dans les arguments concernant la portée du droit pénal. Quant à l'homosexualité, la Commission, par une majorité de douze voix contre une, recommanda que le comportement homosexuel entre adultes consentants dans un cadre privé ne fût plus susceptible d'être puni. Elle affirma, en des phrases désormais célèbres, « que la fonction du droit pénal (...) est de préserver l'ordre et la décence publiques, de protéger les citoyens de ce qui est choquant et nuisible et de fournir suffisamment de garde-fous contre l'exploitation et la corruption d'autrui[9] », et « qu'il doit rester un domaine de moralité et d'immoralité privées qui (...) n'est pas l'affaire du droit[10] ».

Le rapport Wolfenden, dans les deux années après sa publication, fut soumis à une critique détaillée de la part de Lord Devlin, qui compte parmi les juges modernes les plus capables et les plus clairs, et qui a récemment abandonné ses fonctions à la Chambre des Lords au faîte de ses pouvoirs. Son objection aux principes du rapport Wolfenden doit être cherchée dans son essai *The Enforcement of Morals*[11] qui a été l'objet d'une large étude dans le monde du *common law* et qui a pour but de montrer que la société a le droit de punir « l'immoralité en tant que telle ». Mais cette question n'a pas été seulement l'objet d'un débat théorique. En 1960 la Chambre des Lords accepta la proposition qu'« une conspiration en vue de corrompre la morale publique » était toujours en droit anglais une faute criminelle, et que cette infraction était constituée si l'accusé avait accepté de faire ou de dire quelque chose qui, aux yeux

---

8 *Ibid.*, chap. 9, section 285.

9 *Ibid.*, chap. 2, section 13.

10 *Ibid.*, chap. 5, section 61.

11 P. Devlin, *The Enforcement of Morals*, Londres, Oxford University Press, 1959. [N.D.É. : À ne pas confondre avec le recueil d'articles du même titre paru en 1965.]

d'un jury, pouvait « détourner moralement autrui du droit chemin[12] ». Dans cette affaire très critiquée, la Chambre des Lords procéda à un examen attentif et adopta explicitement, à l'exception d'une opinion dissidente, la proposition selon laquelle les cours devaient constituer le *custos morum* du peuple.

[35] Quand j'en vins à examiner la controverse suscitée à la fois par le rapport Wolfenden et la décision prise dans l'affaire *Shaw*, je fus étonné de trouver à quel point la pensée des juges anglais avait peu changé sur cet aspect de la relation entre le droit et la morale durant la centaine d'années qui sépare les critiques de Lord Devlin du rapport Wolfenden de l'attaque de Stephen contre Mill. Je fus encore plus étonné, étant donné la ressemblance étroite de leurs vues, d'apprendre de Lord Devlin qu'il n'avait jamais lu le livre de Stephen ni même entendu parler de lui jusqu'à ce qu'il le voie mentionné dans un de mes articles. Bien sûr tous les juges anglais ne partagent pas la même conception de la portée spécifique du droit pénal dans ses relations à la morale, mais il semble que la plupart des juges qui sont prêts à s'exprimer publiquement sur ces questions pensent de manière très semblable. Assurément vous ne trouverez pas de juges anglais qui dans leurs discours publics soient du côté libéral, c'est-à-dire en faveur d'un assouplissement des règles pénales qui mettent en œuvre la morale[13]. Et sur ce point il existe peut-être avec l'Amérique un contraste instructif. L'un des plus grands juges américains, le juge Learned Hand récemment décédé, fit son entrée dans l'arène publique pour la cause libérale alors qu'il présidait encore la cour d'appel de New York et, sur le problème de la peine applicable aux infractions sexuelles, se prononça à beaucoup d'égards dans l'esprit de la doctrine de Mill. Il agit ainsi pour soutenir la recommandation de la Commission consultative de l'Institut américain du droit selon

12 *Shaw v. Director of Public Prosecutions* [1960] A.C. 220. Pour un compte rendu plus approfondi de cette affaire et ses critiques, voir mon livre *Law, Liberty and Morality*, Londres, Oxford University Press, 1963, p. 7-12 [pagination d'origine].

13 Bien que *Lord Justice* Diplock était un des membres que comptait la majorité de la Commission Wolfenden en faveur de l'assouplissement de la loi contre l'homosexualité. Lord Devlin, après l'abandon de ses fonctions à la Chambre des Lords, affirma dans une discussion retransmise par la télévision qu'il était prêt à l'accepter. Voir : *The Listener* du 18 juin 1964, p. 981. [N.D.É. : Devlin porta sa signature en 1965 à une pétition proposée par divers membres de la Chambre des Lords en faveur d'une loi de mise en œuvre des réformes Wolfenden : « Law on Homosexuals », *The Times*, 11 mai 1965, p. 13. La position qu'il défendait n'était donc, semble-t-il, nullement dogmatique.]

laquelle la répression des comportements homosexuels entre adultes dans un cadre privé devait être supprimée de son *Model Penal Code*[14]. Au moins un État, l'Illinois, s'est depuis conformé à cette recommandation.

Mais en Angleterre nous assistons à un phénomène intéressant : la persistance parmi nos juges d'une certaine philosophie tout à fait typique concernant la portée spécifique et l'usage du droit pénal. Il est naturel de se demander ce qui est à l'origine de telles continuités, [36] celles-ci ne semblant pas dépendre du fait qu'une génération de juges a lu ce qu'une génération précédente a écrit. Cette persistance est-elle explicable par l'origine sociale, l'éducation ou les conditions et le statut de la fonction du juge anglais ? Ce sont des questions sociologiques d'une grande importance, mais comme elles ne relèvent pas de notre sujet, je vous épargnerai mes spéculations d'amateur sur ce sujet.

Au lieu de cela, permettez-moi tout d'abord de caractériser un peu plus précisément cette philosophie judiciaire. On peut s'y prendre au mieux en identifiant la doctrine à laquelle elle est la plus opposée, celle que Mill exprime dans une phrase célèbre : « la seule raison légitime que puisse avoir une communauté pour user de la force contre un de ses membres contre son gré est de l'empêcher de nuire aux autres[15] ». On en perçoit des échos, tant dans le paragraphe du rapport Wolfenden que j'ai déjà cité, que dans le *Model Penal Code* de l'Institut américain du droit lorsqu'il évoque la « protection à laquelle tout individu a droit contre les interventions de l'État dans ses affaires personnelles lorsqu'il ne nuit pas à autrui[16] » et lorsqu'il rejette l'idée que le droit pénal puisse être utilisé pour imposer aux adultes un code de conduite sexuelle afin de régir les comportements dans un cadre privé.

Ce à quoi des commentateurs judiciaires anglais comme Lord Devlin ou Stephen s'opposent le plus dans cette doctrine, c'est l'affirmation selon laquelle pour justifier l'usage du droit pénal, il faut quelque chose de plus que la démonstration qu'une conduite à punir est considérée comme ostensiblement immorale au regard des normes (*standards*) acceptées au sein d'une société donnée. Bien sûr en tant qu'hommes sensés et pratiques, ils admettent qu'il puisse y avoir en différents lieux

---

14 Voir le compte rendu du débat dans *Time*, 30 mai 1955, p. 13. [Pour une discussion plus détaillée, voir *supra* : *Law, Liberty, and Morality*, p. 15, 26-27 (pagination d'origine).]

15 J.S. Mill, *On Liberty*, chap. 1 [trad. fr., p. 74].

16 American Law Institute, *Model Penal Code*, avant-projet [*tentative draft*] n° 4, p. 277.

et temps des objections pratiques à la punition légale de l'immoralité « en tant que telle ». L'adultère ou la fornication, bien que largement condamnés, peuvent être trop difficiles ou trop coûteux à punir et leur détection peut impliquer un sacrifice trop important d'autres intérêts tel que la vie privée. Ils sont également conscients du danger que l'opinion morale d'une société puisse changer sur certaines questions, rendant une loi impopulaire à la fois difficile à appliquer et difficile à abroger. [37] Ils concèdent le bien-fondé de toutes ces objections tout en maintenant que le simple fait que la conduite contrevienne au code moral d'une société est suffisant pour justifier sa punition par le droit pénal. Ce simple fait donne à la société « le droit » de légiférer contre une telle conduite bien qu'elle ne puisse pas et ne doive pas toujours exercer ce droit pour différentes raisons[17]. À l'inverse, Bentham et Mill rejettent tous deux l'idée que la société a un tel droit, parce que leur philosophie du droit n'est pas particulariste mais universaliste, en ce sens que les critères qu'ils proposent pour la critique du droit et des institutions sociales sont les valeurs universelles du bonheur et de la liberté humaines, et non ceux de la morale *de facto* de sociétés particulières. En effet, ils distinguent avec précaution cette dernière comme pure morale « positive » et considèrent qu'elle est tout autant ouverte à l'examen et à la critique au nom des valeurs universelles du bonheur et de la liberté que le droit lui-même. Le fait que dans le sud des États-Unis d'Amérique l'esclavage était à leur époque moralement acceptable ou le fait que dans différentes sociétés la discrimination raciale était tenue, elle aussi, comme moralement acceptable et même obligatoire ne montre pas, du point de vue utilitariste qui était le leur, qu'il est justifié de mettre en œuvre ces pratiques par le droit.

La contribution spécifique de Lord Devlin à cette argumentation réside dans son insistance sur le fait que la morale sociale, quel que soit son contenu et quelque erronée qu'elle puisse être selon les canons d'une philosophie universaliste comme l'utilitarisme, constitue néanmoins le ciment de la société. Sans morale commune, la société se désagrégerait et toute violation de son code moral pourrait tendre à affaiblir et ainsi mettre en danger quelque chose d'essentiel à son existence, même si

17 Concernant cette distinction embarrassante entre le « droit » d'une société à mettre en œuvre la morale et les facteurs que l'on doit conserver à l'esprit lorsque l'on se demande si l'on doit exercer ce droit, voir P. Devlin, *The Enforcement of Morals*, *op. cit.*, p. 17 *sq.*, et *The Listener* du 18 juin 1964, p. 979-981.

on ne peut dire que cette violation soit nuisible à d'autres individus. Il compare ainsi l'immoralité, y compris la conduite sexuelle dans un cadre privé entre adultes, à la trahison et à la sédition :

> Il n'y a aucune limite théorique au pouvoir de l'État de légiférer contre la trahison et la sédition ; de même, je pense, qu'il ne peut y avoir aucune limite théorique à son pouvoir de légiférer contre l'immoralité[18]. [38] La société est justifiée à prendre les mêmes dispositions pour préserver son code moral que celles qu'elle prend pour préserver son gouvernement et ses autres institutions essentielles. La répression du vice est tout autant l'affaire du droit que la répression des activités subversives[19].

En plus de l'acceptation du principe que le droit pénal peut être à bon droit utilisé pour mettre en œuvre la morale « en tant que telle », deux autres traits spécifient le point de vue caractéristique du juge anglais sur de telles questions. Le premier d'entre eux est une théorie de la peine qui ne s'accorde pas aisément avec des classifications généralement acceptées, comme celles des fonctions de « rétribution » ou de « prévention » de la peine. C'est la conception selon laquelle la peine n'est pas justifiée par ses effets sur l'individu puni ou sur la société, ni même par le fait qu'elle assure une rétribution appropriée pour le mal qui a été fait, mais simplement parce qu'elle exprime d'une manière qui est à la fois frappante et méthodique certains sentiments ou attitudes d'une société au sujet de son code moral. Ainsi pour Stephen, la simple expression d'un blâme moral, la redistribution des sentiments de haine et de désir de vengeance sur ceux qui dévient du code moral de la société était chose salutaire et précieuse. Mais il pensait que c'était quelque chose qu'il n'était pas sage de laisser s'exercer sans aucun frein, et qui devait être au contraire canalisé ou, comme il dit, « exprimé de manière régulière, publique et légale par la peine ». « La peine », dit-il, « est au sentiment moral du public, vis-à-vis de n'importe quel délit, ce que le sceau est à la cire chaude[20] », et « le droit pénal se trouve vis-à-vis de la passion de la vengeance dans la même relation que le mariage vis-à-vis du désir sexuel[21] ». La forme moderne de cette doctrine est certainement

18 P. Devlin, *The Enforcement of Morals*, *op. cit.*, p. 15 [« La morale et le droit pénal », art. cité, p. 145].

19 *Ibid.*, p. 15 [« La morale et le droit pénal », art. cité, p. 144].

20 J.F. Stephen, *A History of the Criminal Law of England, Vol. II*, *op. cit.*, p. 81-82.

21 J.F. Stephen, *General View of the Criminal Law of England*, Londres, Macmillan, 1863, p. 99.

moins virulente dans ses expressions, mais elle reste une variante de la même idée fondamentale. Ainsi Lord Denning, dans son rapport à la Commission royale sur la peine capitale, affirma :

> C'est une erreur de considérer que la peine ne puisse avoir d'autre objet que de dissuader, de réformer ou de prévenir. La justification ultime de toute peine ne réside pas dans le fait qu'elle est dissuasive, [39] mais en ce qu'elle constitue la dénonciation énergique d'un crime par la communauté ; et, de ce point de vue, il y a des meurtres qui dans l'état présent de l'opinion exigent la dénonciation la plus énergique qui soit, à savoir la peine de mort[22].

Souvent un troisième élément remarquable va de pair avec cette conception de la peine et de sa justification comme expression d'une condamnation morale. C'est la croyance selon laquelle le droit dans sa relation avec la morale se trouve dans une sorte de dilemme. Si l'on pense que l'« ultime justification » de la peine réside dans le fait qu'elle exprime une condamnation morale d'activités immorales, il est naturel d'en conclure que le droit sera considéré comme les ayant accepté là où il ne les condamne pas en imposant des sanctions pénales. Ceux qui prennent une vue plus étroite des fonctions du droit pénal ne se trouvent pas confrontés à ce dilemme et réduisent sa sphère d'activité à la prévention d'actions nuisibles plutôt qu'à la dénonciation de l'immoralité. Mais les penseurs qui prennent la vue plus large des fonctions du droit pénal semblent souvent convaincus que l'échec du droit dans la punition de l'immortalité encouragera par lui-même la pratique de cette dernière. La théorie du « je condamne ou j'absous », comme on peut l'appeler, fut exprimée par Lord Denning dans son discours à la Chambre des Lords en opposition aux recommandations de la Commission Wolfenden[23]. Parlant des lois concernant la zoophilie, l'homosexualité et l'avortement, il affirma : « L'ennui est que dans ces cas le droit doit condamner ou alors absoudre, et dans les cas comme ceux-là il doit condamner (...) car n'est-il pas vrai que, pour tant de personnes aujourd'hui, c'est la loi seule qui établit la règle ? » Je dirai plus loin quelques mots sur le fondement que pourrait trouver cette théorie dans les faits empiriques.

Finalement, il y a un facteur qui appartient peut-être au point de vue sociologique de ces théoriciens judiciaires plutôt qu'à leur

---

22 Rapport de la Commission Royale sur la peine capitale, section 53.

23 *Hansard* [Rec. des débats parlementaires], Chambre des Lords, 5e série, vol. 206 (1957), p. 810.

philosophie du droit. C'est le fait notable et extrêmement important que les théories qu'ils avancent concernant la mise en œuvre de la morale par le droit ne s'appliquent qu'à une société caractérisée par un très haut degré d'homogénéité dans sa vision morale, où le contenu de cette morale sociale homogène peut être connu aisément. [40] Ainsi Stephen insistait sur le fait que le droit pénal ne devait pas être utilisé à moins qu'il ne fût soutenu par une majorité morale écrasante[24], et Lord Devlin parle de la nécessité qu'il y ait « une indignation, une intolérance et un dégoût[25] » général envers une pratique si la loi doit faire un usage sage de son droit à la punir en tant qu'espèce d'immoralité. Aucun de ces auteurs ne discute ou ne semble envisager la possibilité, pourtant réalisable en matière de morale sexuelle dans la société contemporaine, que cette dernière est moralement une structure plurielle comprenant un nombre de conceptions morales différentes mutuellement tolérantes les unes des autres. Le passage suivant, extrait d'une conférence de Lord Devlin, révèle très bien ses présuppositions en ce qui concerne l'homogénéité et l'accessibilité de la morale sociale que le droit doit pouvoir mettre en œuvre :

> Comment le législateur déterminera-t-il quels sont les jugements moraux de la société ? Il n'est certainement pas suffisant qu'ils constituent l'opinion de la majorité ; et il serait excessif d'exiger l'assentiment individuel de chaque citoyen. Le droit anglais a élaboré un standard qu'il utilise régulièrement et qui ne repose pas sur le comptage des voix. C'est le standard de l'homme raisonnable. Il faut se garder de le confondre avec l'homme rationnel. On n'attend pas de lui qu'il raisonne à propos de quoi que ce soit, et son jugement peut être largement affaire de sentiment. C'est le point de vue de l'homme de la rue – ou pour utiliser un archaïsme familier à tous les juristes – « l'homme de l'omnibus de Clapham ». On pourrait également l'appeler l'homme de bon sens (*right-minded man*). Pour le propos qui est le mien, j'aimerais également l'appeler l'homme sur le banc des jurés, car le jugement moral d'une société doit être quelque chose dont on doit pouvoir attendre qu'après discussion, douze hommes ou femmes tirés au sort soient unanimes à son sujet. (...) L'immoralité est donc, pour ce qui regarde le droit, ce que toute personne de bon sens est présumée considérer comme immoral[26].

24 J.F. Stephen, *Liberty, Equality, Fraternity*, *op. cit.*, p. 174.

25 P. Devlin, *The Enforcement of Morals*, *op. cit.*, p. 17-18 ; et *The Listener*, 18 juin 1964, p. 980.

26 P. Devlin, *The Enforcement of Morals*, *op. cit.*, p. 15-16 [« La morale et le droit pénal », art. cité, p. 146-147].

[41] Bien entendu, de nombreuses critiques objecteront que la « personne de bon sens » ne peut être identifiée sans circularité ou que, tant la « personne de bon sens » que « l'homme raisonnable » – dont les vues peuvent être établies « sans comptage des voix » –, sont susceptibles de n'être qu'une projection pure et simple des conceptions morales propres au juge ou de celles de la classe sociale à laquelle il appartient[27]. Quoi qu'il en soit, la supposition d'une homogénéité quand elle s'exprime dans les débats, paraît étonnamment naïve. Ainsi Lord Denning, dans le débat sur le rapport Wolfenden, semblait à peine porter crédit à la possibilité que des gens puissent souhaiter que l'on n'impose plus de sanctions à ceux qui commettent le délit de zoophilie lorsqu'il n'a pas été commis en public, ni à ceux qui procurent l'avortement d'autrui étant donné les importantes possibilités de chantage que cela permet[28].

DÉPÉNALISER ENTRAÎNE-T-IL L'INDIFFÉRENCE MORALE ?

Je ne critiquerai pas ici les théories dont je viens de tracer l'esquisse parce que je l'ai fait ailleurs[29]. Aujourd'hui, je descendrai des théories abstraites aux faits concrets et je considérerai la manière dont cela s'est en fait passé pour les réformateurs inspirés par les doctrines de Bentham et de Mill. Les trois principaux foyers de discussion à ce sujet en Angleterre, ces dernières années, ont été les lois se rapportant au suicide, à la conduite sexuelle et à l'avortement. Mais en considérant l'historique des progrès des réformateurs, on doit garder à l'esprit combien il est extraordinairement facile en Angleterre de faire du droit pénal au regard des difficultés qu'il y a à le défaire. Ainsi, la principale disposition législative permettant de réprimer l'homosexualité entre personnes de

27 Pour une critique en ce sens : B. Wootton, *Crime and the Criminal Law*, *op. cit.*, p. 42.

28 *Hansard* [Rec. des débats parlementaires], Chambre des Lords, 5e série, vol. 206 (1957), p. 807. Lord Denning demanda concernant la zoophilie : « Suggérerait-on que, du seul fait de son caractère privé, elle ne doit pas constituer une faute criminelle ? » Il demanda, ensuite, concernant l'avortement et les possibilités de chantage qu'il permet : « Y'a-t-il quelqu'un pour prétendre qu'il faudrait l'ôter de la liste des infractions criminelles ? » (p. 810).

29 Voir : H.L.A. Hart, *Law, Liberty and Morality*, *passim*.

sexe masculin aujourd'hui en Angleterre est un article dans le *Criminal Law Amendment Act* (loi de réforme pénale) de 1885[30] [42] introduit par un député en troisième lecture d'un projet de loi gouvernemental sur la protection des femmes et la suppression des maisons closes. Il n'y eut ni discussion ni débat, et il s'agissait d'une séance de nuit à laquelle assistaient peu de députés. Une unique objection fut soulevée selon laquelle un article destiné à punir les homosexuels de sexe masculin n'aurait pas dû être introduit à un stade si tardif dans l'adoption d'un projet de loi entièrement consacré à la protection des femmes. Cette objection fut rejetée et le gouvernement (suivant un accord préexistant) accepta l'amendement, en insistant pour augmenter d'un an à deux ans de travaux forcés la peine maximale applicable au nouveau délit ainsi créé d'outrage aux mœurs entre personnes de sexe masculin[31].

Il est bien sûr vrai que d'autres mesures juridiques en matière de morale sexuelle ont connu une adoption plus difficile. L'inceste n'était pas légalement punissable en Angleterre jusqu'en 1908 et la cause du changement fut une campagne vigoureuse de l'Église après qu'un projet de loi antérieur eut été rejeté par la Chambre des Lords[32]. Plus récemment, après qu'un juge, dans une action en divorce écossaise, eut considéré que l'insémination artificielle d'une femme par un donneur qui n'était pas son mari ne constituait pas un acte d'adultère, des membres de la Chambre des Lords insistèrent pour que la pratique fût interdite par le droit pénal et Lord Denning affirma même que si les faits étaient cachés au mari, la pratique était déjà illégale en tant que forme d'association de malfaiteurs. Mais la Commission Feversham[33] qui fut mandatée après ce débat pour examiner le sujet annula la proposition de faire de cette pratique un nouveau crime ; et il semble vrai, aujourd'hui, que la transformation en faute criminelle d'une déviation par rapport à la morale en vigueur n'est pas aussi facile qu'elle le fut autrefois.

30 Désormais section 13 du *Sexual Offences Act* (1956). La sodomie est punie depuis 1533 et, en tant que *felony*, entraine une peine maximale d'emprisonnement à perpétuité depuis l'*Offences Against the Persons Act* (loi sur les infractions portant atteinte aux personnes) de 1861.

31 *Hansard* [Rec. des débats parlementaires], *Chambre des Communes*, vol. 300 (1885), p. 1397 *sq.*

32 *Hansard* [Rec. des débats parlementaires], *Chambre des Lords*, vol. 125 (1903), p. 822. Lord Halsbury considéra que les projets de loi avaient été plus zélés qu'informés et estimait que l'usage du droit pénal était ici inapproprié.

33 Rapport du Comité ministériel sur l'insémination artificielle [*Departmental Committee on Artificial Insemination*], Cmd. 1105 (1960).

Elle reste toutefois bien plus facile que l'abrogation législative de sanctions criminelles. Le seul succès que les réformateurs peuvent revendiquer est le *Suicide Act* de 1961 qui retira la tentative de suicide de la législation en vigueur. [43] Cela fut fait après des années de résistance. Bien sûr, relativement peu de personnes sont touchées : le nombre de personnes condamnées pour ce délit dans les dernières années qui précédèrent l'abrogation de la loi était seulement de 460, bien que 21 d'entre elles furent condamnées à une peine d'emprisonnement d'une période variant entre trois et six mois[34]. Néanmoins le *Suicide Act* de 1961 est une date importante dans notre histoire, car il semble que ce soit le seul cas, excepté l'abrogation de législations temporaires adoptées en temps de guerre, où les sanctions du droit pénal n'ont pas été simplement réduites, mais ont été purement et simplement supprimées pour un type de conduite auparavant punissable. Les arguments qui furent utilisés pour ou contre l'abrogation sont encore instructifs. Le suicide fut bien sûr stigmatisé par le droit anglais pendant des siècles. Jusqu'en 1870, les biens d'un suicidé étaient confisqués et jusqu'en 1882, il ne pouvait être enterré que de nuit. Les chiffres de suicide réels connus de la police en Angleterre ont tourné, en arrondissant, autour de 5 000 cas par an pendant des années, plus de 5 000 tentatives étant enregistrées comme connues de la police, bien qu'on reconnaisse habituellement que les chiffres réels de tentatives ratées doivent être beaucoup plus élevés[35]. Très peu de ceux qui défendaient l'ancienne loi qui punissait les tentatives de suicide le faisaient au motif que le suicide causerait du tort à autrui ou à la société en général. On n'entendait pas non plus très souvent l'argument selon lequel la loi prévenait le suicide par la peur du châtiment.

Le principal argument utilisé était que même si la loi était inefficace par ses sanctions, l'inclusion dans la loi de la tentative de suicide comme crime soutenait et renforçait sa condamnation morale et religieuse. Ainsi, par conséquent, son abrogation affaiblirait cette condamnation et pourrait pousser l'opinion morale dans un sens permissif. Cet argument est bien sûr une forme de la théorie du « je condamne ou j'absous » que j'ai déjà mentionnée. Stephen appliquait même cette théorie au meurtre

34 Voir : *Criminal Statistics*, 1960, p. 33 et 47.

35 Le chiffre des suicides, pour les années 1959 et 1960 est, respectivement, de 5236 et 5119. Pour les tentatives de suicide il est de 4980 et 5145. Voir : *Criminal Statistics*, juin 1864, p. 761.

et disait que la raison pour laquelle le meurtre était jugé moralement si mauvais est que l'on a pendant très longtemps pendu les hommes coupables de ce crime[36]. [44] Mais quoi qu'il en soit du droit efficacement et régulièrement mis en œuvre par des sanctions spectaculaires, comme pour le meurtre, il faudra certainement apporter une preuve positive pour pouvoir soutenir cet argument en ce qui concerne des règles qui ne sont appliquées que dans une minorité de cas.

Jusqu'à récemment, on ne disposait pas de preuve sur cette question. Mais à l'Université d'Oxford, des efforts ont été menés pour tester l'hypothèse qui est impliquée dans la théorie du « je condamne ou j'absous ». Après la suppression du crime de tentative de suicide, 400 personnes dans diverses régions de Grande-Bretagne ont été interrogées sur leur conception morale de l'avortement, de l'homosexualité et de la tentative de suicide. Il leur a aussi été demandé si de tels actes étaient contraires à la loi ou non ; 75 % ne savaient pas que la tentative de suicide n'était plus illégale, 16 % pensaient qu'elle n'était plus illégale et 9 % ne se prononçaient pas. Cependant, parmi ceux qui savaient que la législation avait changé, on trouvait une majorité aussi importante de personnes qui pensaient que le suicide était moralement mauvais que parmi ceux qui l'ignoraient. En d'autres termes, il y avait une absence de lien entre les attitudes morales et la connaissance du droit en vigueur. En outre, cela restait observable même quand les groupes religieux et les sexes faisaient l'objet d'une analyse séparée[37].

Voilà donc pour la loi se rapportant au suicide, succès unique et solitaire des réformateurs. Le droit concernant l'homosexualité devint, avec la publication du rapport Wolfenden, le centre du débat sur la portée qu'il convient de donner au droit pénal. Le gouvernement, cependant, n'introduisit aucune législation sur la question, et les tentatives par des députés échouèrent. Je ne répéterai pas ici les arguments utilisés par la majorité des membres de la Commission Wolfenden dans leur recommandation d'assouplir la loi et je ne rappellerai pas les faits d'ordre

36 Voir *Fraser's Magazine*, juin 1864, p. 761.

37 Voir Nigel Walker, « Morality and the Criminal Law », *Howard Journal*, 1946. Le Dr. Walker (enseignant en criminologie à Oxford) publiera bientôt avec M. Michael Argyle des conclusions plus approfondies dans le *British Journal of Criminology* sous le titre « Does the Law Affect Moral Judgement ? ». Voir également les conclusions semblables de l'enquête publiée par l'Oxford Undergraduate Society sur les conceptions des étudiants sur la morale et le droit : « Students Views on Morality and Law », Thornton *et al.* (Dir.), *Crime – A Challenge*, 1964.

social que l'on peut trouver dans ce rapport. Qu'il me suffise de dire que le droit anglais, [45] bien qu'il ne punisse pas l'homosexualité entre les femmes, a souvent puni ce délit entre les hommes avec une grande sévérité même quand ne s'y trouvait aucun élément d'indécence publique ou de corruption de la jeunesse[38], faisant ainsi un usage fréquent de la peine d'emprisonnement, ce que les critiques de la loi ont comparé au fait de punir des ivrognes en les envoyant dans des brasseries. Mais il est intéressant de noter que l'unique voix dissidente au sein de la Commission faisait reposer son principal argument sur la théorie du « je condamne ou j'absous » du droit pénal que je viens de discuter. Il reconnaissait, comme quiconque le doit s'il considère les faits, que contre ce genre de délit, la loi peut seulement être appliquée dans un très petit nombre de cas[39]. Il insistait néanmoins sur le fait que son abrogation affaiblirait la perception de l'iniquité de telles pratiques. Dans cette manière de voir, il faut peut-être démêler différents courants. Le premier s'exprime dans l'idée que la loi, bien qu'inefficace dans ses sanctions, est cependant un symbole de la condamnation de l'État et son abrogation affaiblirait la condamnation morale générale et pourrait ainsi amener à un changement de morale dans un sens permissif. En second lieu, il y a l'idée différente selon laquelle parmi ceux qui sont tentés, mais dans les faits s'abstiennent, certains ne le font pas par peur de la punition, ni par conviction morale selon laquelle la pratique est mauvaise, mais simplement par un profond respect à l'égard de la loi. Cela semble avoir été le point de vue de Lord Denning dans le passage que j'ai cité selon lequel c'est le droit seul qui établit la norme (*standard*) à suivre pour de nombreuses personnes. En troisième lieu, il y a ceux qui, soit surestiment, soit refusent de courir le risque relativement mince d'être découverts et se conforment à la loi par crainte. [46] Mais malgré l'existence de ces variantes de la théorie du « je

38 En 1952-1956 dans le cas de 122 personnes envoyées en prison, le délit avait lieu entre des adultes consentants dans un cadre privé. Parmi eux, 3 furent condamnés à cinq ans de prison, 44 à des peines allant de un à deux ans, et 43 à des peines comprises entre trois et six mois.

39 Voir la réserve de M. Adair, seul membre de la Commission en désaccord avec la recommandation de dépénalisation des conduites homosexuelles entre adultes consentants dans un cadre privé : *Rapport Wolfenden*, p. 117-121. M. Adair est un juriste de *Scots law* et procureur général d'Écosse. Sur la question du nombre des délits d'homosexualité, aucune estimation fiable ne peut être faite. Le chiffre connu de la police, indiqué par le *Criminal Statistics* (1962), est de 4866 pour le total des trois principaux délits (sodomie, tentative de sodomie et outrage aux mœurs entre personnes de sexe masculin). Il y a eu, la même année, 1377 poursuites.

condamne ou j'absous », les défenseurs du changement insistent sur le fait qu'il y a de nombreuses preuves venant de pays étrangers montrant que la loi peut être assouplie sans être suivie d'un changement notable dans les mœurs – ce que les nouvelles recherches que j'ai mentionnées semblent confirmer.

Dans les discussions sur l'homosexualité après le rapport Wolfenden, il était habituel de tomber sur un nouvel et important argument avancé du côté de la réforme : la mise en œuvre juridique de la morale par la peine et sa préservation ne sont non seulement pas identiques, mais peuvent en fait s'opposer l'une à l'autre. Si, partout où la morale dit « non », la loi dit « et voici une peine », il existe un danger grave que le sens moral comme force déterminante dans la conduite dépérisse et soit remplacé par la seule crainte de la punition. C'est une des raisons pour laquelle le rapport Wolfenden insiste sur le fait qu'il « *doit* » rester un domaine pour la moralité et l'immoralité privées qui ne soit pas l'affaire du droit. L'argument est que si nous voulons maintenir ce sens autonome de la morale, nous ne devons pas chercher à refléter toutes ses interdictions dans le droit pénal. Il y a un sens dans lequel le droit ne peut préserver la morale, même s'il arrache la conformité par la crainte de la loi. Comme le faisait remarquer Mill, la stimulation et la préservation de la morale, dans son esprit comme dans sa pratique, relèvent de modes d'action qui diffèrent dans leur manière de procéder des formes de la peine légale.

Ni le suicide ni l'homosexualité, bien que leur punition ait impliqué beaucoup de souffrance inutile, ne constituent des problèmes sociaux sérieux en Angleterre. D'un autre côté, l'avortement est un problème social qui nous interpelle. Jusqu'en 1803, faire avorter n'était pas une faute criminelle si l'avortement était entrepris avant que l'enfant ait bougé dans l'utérus ; mais depuis 1861, il a constitué un crime passible d'une peine d'emprisonnement à vie. Jusqu'en 1934, il était illégal, à moins qu'il ne soit pratiqué dans le seul but de sauver la vie de la mère, mais il fut l'objet d'un assouplissement par un célèbre arrêt décidant qu'il serait permis dans le cas où la poursuite de la grossesse mettrait sérieusement en danger la santé de la mère[40]. [47] Laissez-moi dire quelques mots à propos des chiffres. En 1939 la Commission interministérielle sur l'avortement estima le nombre d'avortements illégaux

---

40 *Rex v. Bourne* [1937] 1 K.B. [*Law Reports, King's Bench Division*] 687.

entre 44 000 et 60 000 par an[41]. Il est clair que le chiffre doit avoir augmenté depuis 1939 et de nombreuses autorités font des estimations beaucoup plus élevées. Cependant en 1960 seulement 59 personnes, et en 1961 seulement 90, furent poursuivies. Dans de très nombreux cas, la preuve menant à la condamnation de l'avorteur était fournie par la femme à l'origine du crime, qui elle-même ne fut pas poursuivie. En face de ces chiffres, on mettra le nombre de femmes décédées du fait d'avortements pratiqués illégalement et sans compétence par un certain nombre de personnes non qualifiées. Ce chiffre est sans nul doute important, bien que la preuve en soit difficile à établir. En 1939, la Commission interministérielle pensait que le chiffre entre 441 et 605 décès attribuables aux avortements, criminels et non criminels, était sous-estimé. Une caractéristique encore plus insatisfaisante de la loi, à côté de la misère des grossesses non désirées qu'elle entraîne, est l'importance de l'inégalité sociale qu'elle implique, car il est bien connu qu'une personne riche peut obtenir les services de docteurs médicalement qualifiés qui sont prêts à prendre le risque de l'avortement, ou qu'elle peut se faire opérer à l'étranger, dans des pays où l'avortement n'est pas illégal.

Dans des circonstances comme celles-là, il semble au plus haut point désirable pour beaucoup de critiques de la loi que le problème soit calmement examiné et une décision prise qui mettrait en balance le mal causé par la pratique et le mal qui découle de l'existence de la loi. Sur ce point, d'autres pays où la législation a été assouplie à différents degrés et sous différentes formes fournissent des témoignages importants. Il n'est bien sûr pas vrai que cette preuve joue clairement en faveur de la réforme : dans certains cas, dans des pays où l'avortement a été légalisé s'il est pratiqué dans des conditions prescrites par la loi, le nombre d'avortements pratiqués illégalement par des personnes non qualifiées médicalement peut ne pas avoir diminué[42]. Mais en fait, en Angleterre, [48] la défense du *statu quo* est rarement conduite dans des termes moralement neutres : l'argument selon lequel l'avortement *est* lui-même immoral et conduira à l'immoralité sur le plan sexuel est habituellement

41 H.M.S.O. [Imprimerie nationale de Sa Majesté], 1939), p. 9 et 11. La plupart des chiffres cités sont tirés de l'admirable chapitre sur l'avortement dans l'ouvrage de Glanville Williams, *The Sanctity of Life and the Criminal Law*, Londres, Faber and Faber, 1958.

42 Voir : G. Williams, *The Sanctity of Life and the Criminal Law*, *op. cit.*, p. 219.

mis en avant par ceux qui sont contre la réforme. Cependant là où la pratique est aussi répandue que les chiffres le suggèrent, l'affirmation qu'il y a un consensus moral solide contre l'avortement semble faible. En outre, la théorie du « je condamne ou j'absous » semble difficilement applicable à l'avortement, puisque la condamnation morale de cette pratique est très largement religieuse et donc fort peu susceptible de fluctuer avec des changements dans la législation. Néanmoins, quand un très modeste projet de loi fut introduit à la Chambre des Communes en février 1961 pour légaliser les avortements pratiqués par des personnes médicalement qualifiées dans les cas où il y aurait un grave risque pour que l'enfant naisse horriblement déformé ou avec des anomalies physiques et mentales très graves, le débat fit surgir de la bouche du principal défenseur du *statu quo* non seulement l'affirmation surprenante que « la loi est parfaitement satisfaisante en l'état actuel des choses », mais également la protestation contre le fait que :

> le projet de loi paraîtra probablement encourager une attitude plus irresponsable vis-à-vis du sexe ainsi qu'un relâchement des comportements particulièrement répandus à notre époque (…), ce qui aboutirait à un affaiblissement des normes morales (*lowering of the standards*) que l'on devrait, pour l'instant, maintenir[43].

On dit parfois des principes de Mill que même s'il est vrai que le droit pénal ne doit pas être utilisé sauf pour empêcher de nuire à autrui, cela est inutile et vide de sens, puisqu'il n'y a pas de pratique que quelqu'un voudrait voir punie pour des raisons morales qui n'ait pas d'effets nuisibles. Il n'existe pas, dit-on, d'immoralité qui serait inoffensive. Mais cette objection, même si on l'acceptait comme correcte, passe à côté de ce qui rend pertinente l'invocation de la doctrine de Mill dans les présentes controverses. En effet, tant qu'on admettra qu'il suffit qu'une conduite contrevienne à la morale pour justifier sa criminalisation, [49] ceux qui défendent les règles en vigueur pourront écarter comme non

43 *Hansard* [Rec. des débats parlementaires], *Chambre des Communes*, vol. 634 (1961-1962), p. 871-872. Les citations sont tirées du discours de M. Peter Rawlinson, maintenant conseiller juridique (*Solicitor-General*) de la Couronne. L'argument, de toute façon discutable, selon lequel l'assouplissement de la loi conduirait à un accroissement important du nombre de relations extra-conjugales est remis en cause par l'estimation qu'une proportion très élevée d'avortements illégaux (90 %, selon l'une d'entre elles) concerne des femmes mariées tenant, pour diverses raisons, à ne pas avoir d'autre enfant. Voir : G. Williams, *The Sanctity of Life and the Criminal Law*, *op. cit.*, p. 192-193.

concluants – voire sans pertinence – les arguments factuels qui tendent à montrer qu'une pratique cause peu de tort en comparaison avec le mal et la misère que cause sa punition. C'est pourquoi le fait de nier qu'une action immorale puisse être inoffensive pour autrui, même si on l'accordait, laisse une place importante à l'invocation du principe de Mill. Il est tout à fait clair dans de nombreuses controverses courantes, comme dans le cas de l'avortement, que les défenseurs du droit actuel ne seraient pas satisfaits d'abandonner l'affaire à une décision qui mettrait seulement en balance des maux, sans que soit également prise en compte l'immoralité de la pratique.

DISTINGUER MORALEMENT LES COMPORTEMENTS À PUNIR

Voilà donc les principaux cas où cette forme de controverse est toujours vivante. J'appellerai maintenant votre attention sur un aspect tout à fait différent de la relation entre le droit et la morale. Le droit anglais semble en effet souvent tourmenté dans son traitement des problèmes moraux et je pense qu'on peut dire à juste titre qu'il en fait à la fois trop et trop peu. Très souvent les critiques portent les deux accusations à la fois[44]. Ici je considérerai brièvement la thèse qu'il en fait trop peu, dans certains cas, pour révéler des principes moraux importants. Considérez l'arrêt *Director of Public Prosecutions v. Smith*, sur lequel Lord Denning vous a fait ici une conférence il y a deux ans[45]. C'était l'affaire, vous vous en souvenez, d'un courageux policier qui sauta sur le capot d'une voiture pour arrêter un voleur qui s'enfuyait avec des biens qu'il avait dérobés. Le voleur continua de conduire, ce qui eut pour conséquence que le policier fut projeté de la voiture et tué. Dans cette affaire, la

44 Voir par exemple, *passim*, les critiques de Glanville Williams du droit en matière d'avortement (*ibid.*) à côté de sa critique de l'affaire *Smith* dans « Constructive Malice Revived », *Modern Law Review*, 1960, vol. 23, p. 605, ainsi que dans son ouvrage *The Criminal Law*, 2e éd., Londres, Stevens & Sons, 1961, p. 948.

45 *Director of Public Prosecution v. Smith* [1961] A.C. 290. [N.D.É. : Hart écrit dans la première conférence (p. 7) que Denning avait présenté les *Lionel Cohen Lectures* trois ans auparavant (1961) – ce qui est exact –, et non deux.]

Chambre des Lords affirma qu'il suffisait, pour retenir la qualification de meurtre, que les preuves montrent que l'accusé faisait « illégalement et volontairement » quelque chose à sa victime, et qu'un homme raisonnable aurait prédit, dans les circonstances connues par l'accusé, que la victime subirait un tort sérieux. [50] Dans ce cas, il est coupable de meurtre, et s'il encourt la peine capitale, souffrira le même châtiment que le meurtrier de sang-froid qui tue délibérément ; car, comme le dit le garde des Sceaux (*Lord Chancellor*), « peu importe ce que l'accusé en fait envisagea comme résultat probable ou s'il envisagea quoi que ce soit ». Je sais que Lord Denning dans sa conférence de Jérusalem attribue peu d'importance à ces paroles et maintient que la question « a-t-il eu l'intention de provoquer la mort ou un préjudice physique grave ? » demeure « la proposition subjective qui sous-tend toute la discussion. Cela reste, comme auparavant, l'élément essentiel dont le jury doit se contenter avant qu'il ne condamne l'accusé pour meurtre[46] ». Mais ce qui, entre autres choses, rend impossible de partager les vues de Lord Denning est le fait que la Chambre des Lords pensait appliquer, dans cette affaire, les principes élaborés par Oliver Wendell Holmes dans son livre sur le *Common Law.* Le garde des Sceaux affirma en effet que « les vrais principes sont bien établis par cette autorité (*persuasive authority*) qu'est le livre *The Common Law* du juge Holmes » ; or Holmes dans son travail développe une théorie qui de manière patente, et même flagrante, est celle de la responsabilité objective. Cela apparaît de manière évidente non seulement d'après un passage qui se rapporte spécifiquement au meurtre que le garde des Sceaux cita par la suite[47], mais aussi d'après de nombreux autres passages tels que :

> les actes doivent être jugés à l'aune de leurs conséquences probables dans des circonstances connues, et non de l'intention réelle qui les accompagne[48]. Toute référence à l'état de conscience de l'accusé est trompeuse si elle signifie autre chose que le fait que les circonstances en rapport avec lesquelles on juge les conséquences probables de ses actes sont des circonstances connues de lui[49].

46 Voir : A.T. Denning, *Responsability Before the Law*, Jerusalem, Magnes Press, Hebrew University, 1961, p. 30-31.

47 *D.P.P. v. Smith* [1961] A.C. 327.

48 O.W. Holmes, *The Common Law*, éd. M. Howe, Cambridge (Mass.), Harvard University Press, 1963 (1881), p. 66.

49 *Ibid.*, p. 75. La conception de Lord Denning semble incompatible avec celle exprimée par le *Chief Justice* Lord Parker dans son discours à la *Court of Criminal Appeal* dans l'affaire

[51] La théorie objective de la responsabilité de Holmes adoptée par la Chambre des Lords dans l'affaire *Smith* va contre quelques-uns des principes très fermes de la moralité de la peine qui affirment, d'une part, qu'il est moins inique d'infliger un préjudice par négligence grave (*gross negligence*) que d'infliger le même tort délibérément et, d'autre part, que des cas si moralement disparates que ceux-là ne doivent pas être punis de la même façon, en particulier lorsque le châtiment est la peine capitale. Car aussi longtemps que nous possédons l'institution de la peine criminelle, en tant que distincte d'un système d'hygiène sociale préventive, le droit doit refléter le principe de justice selon lequel des cas moralement disparates ne doivent pas être punis avec la même sévérité à moins qu'il y ait quelque raison morale primordiale pour s'écarter de ce principe. La plupart des commentateurs judiciaires reconnaissent en fait ce principe de justice. Stephen le faisait et tenta de soutenir que ceux qui l'admettaient doivent en conséquence admettre aussi que le droit peut être utilisé pour punir l'immoralité en tant que telle[50]. Cependant il est étrange que le droit pénal anglais aille très fréquemment contre ce principe dans d'autres domaines que ceux couverts par cette récente décision de la Chambre des Lords.

Considérez le traitement de la négligence en droit pénal anglais. Généralement parlant, la négligence est un fondement de responsabilité pénale en Angleterre seulement si elle cause la mort ou est présente dans la conduite des véhicules motorisés sur la route. À part cela, même si un homme cause un préjudice sérieux à autrui par grave négligence,

---

R. v. Grimwood [1962] 2 Q.B. 621 ; [1962] 3 A11 E.R. 285. Lord Parker affirma que, dès le moment où le jury était convaincu de ce que Smith avait fait délibérément percuter son véhicule avec un homme dessus contre quatre autres voitures, « il était vain de dire, puisque cet homme était sain d'esprit, qu'il n'aurait pas eu l'intention de causer un tort sérieux ». La décision réelle dans l'affaire *Grimwood* fut la suivante : lorsqu'il s'agit d'une tentative d'étranglement avec intention de tuer, il est erroné pour un juge, dans son exposé final au jury (*summing up*), de procéder de la manière approuvée dans l'affaire *Smith*. Cependant, Lord Denning a depuis mis en œuvre sa conception du principe de l'affaire *Smith* dans une décision de justice : voir *Hardy v. Motor Insurance Bureau* [1964] 2 All E.R. 742. Lord Pearson dans cette affaire (p. 749) considère le cas *Smith* comme faisant autorité en affirmant que dans « une affaire de ce type, le résultat d'une application de l'examen objectif peut être si clair et sûr qu'il est décisif et rend toute preuve subjective manifestement sans valeur de telle sorte qu'elle doit être laissée de côté ». Il semble en résulter que, malgré la position de Lord Denning, l'examen objectif fait conclure dans certains cas à la responsabilité, bien qu'il ne soit pas formulé comme une règle de droit substantiel, mais comme une forme approuvée d'instruction, à l'adresse du jury, d'après laquelle certaines preuves subjectives doivent être laissées de côté.

50 J.F. Stephen, *Liberty, Equality, Fraternity*, *op. cit.*, p. 162-163.

on ne peut le punir. L'homicide involontaire par négligence (*negligent manslaughter*) est passible d'une peine, la blessure par négligence (*negligent wounding*) ne l'est pas. Cependant, il serait très difficile de comprendre pourquoi, là où deux personnes sont coupables d'une conduite également négligente, [52] leur immoralité ne diffère qu'en ce qu'une forme particulière de tort imprévu survient de manière malencontreuse dans un cas et non dans l'autre. Il est étrange qu'un homme qui se soûle, bien qu'il connaisse sa propension à porter préjudice à autrui lorsqu'il est ivre, puisse, d'une part, être condamné pour homicide involontaire si, ivre, il tue une autre personne sans que soient toutefois réunies les conditions de conscience de ses actes ou d'intention requises pour qu'il y ait meurtre ; mais, d'autre part, qu'il ne puisse être condamné pour quelque délit que ce soit, si, ivre, il blesse involontairement une autre personne. C'est la loi en Angleterre, mais il en est autrement dans beaucoup de pays du Commonwealth et de l'Europe continentale[51].

Le droit anglais permet très souvent à la survenue d'un résultat non intentionnel de déterminer si l'infraction doit être punie, ou quel doit être le degré de la peine. Il le fait, par exemple, quand il fixe une peine maximale plus élevée pour conduite dangereuse entraînant la mort que pour la conduite dangereuse seule, ou lorsqu'il punit l'homicide involontaire par négligence mais non la blessure par négligence. Il est intéressant de noter que Stephen défendait ce type curieux de différenciation entre les infractions qui semble pourtant contredire des distinctions morales importantes. Il le fit en ces termes :

> Si deux personnes sont coupables exactement du même acte de négligence et si l'une des deux, par cet acte, cause un accident de chemin de fer entraînant la mort et la mutilation de nombreuses personnes tandis que l'autre ne cause aucun mal à personne, il me semble plus pédant que rationnel de dire que chacun a commis le même délit et doit être soumis à la même peine. En un sens, chacun d'entre eux a commis un délit, mais l'un a eu la mauvaise fortune de causer un horrible malheur et d'attirer l'attention publique sur lui et l'autre a eu la bonne fortune de ne pas causer de tort. Les deux méritent assurément une punition, mais cela satisfait le sentiment public que de choisir pour être puni celui qui a, dans les faits, causé un grand tort[52].

---

51 Le droit israélien ne limite pas la responsabilité criminelle comme le fait le droit anglais. Voir : chap. XXVI, section 243 du *Criminal Code Ordinance*, 1936.

52 J.F. Stephen, *A History of the Criminal Law of England, Vol. III*, Londres, Macmillan & Co., 1883, p. 311-312.

Cette doctrine qui accorde une place si importante au « sentiment public » dans la détermination de la peine reflète l'élément de populisme qui, [53] comme nous l'avons vu, est souvent prééminent dans les conceptions judiciaires anglaises de la moralité de la peine. Mais elle entre en conflit avec d'importants principes de justice entre délinquants, principes qui interdisent *prima facie* que l'on traite différemment deux personnes qui ont commis « exactement le même acte » de négligence à cause d'une simple différence fortuite dans le résultat de ces actes. Sans aucun doute, il existe souvent une inclinaison à traiter la peine comme une compensation et de la mesurer à l'aune du seul résultat. Il peut même exister une forte demande du public en ce sens. Et nul doute que si le mécanisme de la justice était invalidé ou ne pouvait continuer à fonctionner à moins que cette exigence ne soit satisfaite, nous pourrions avoir à la satisfaire en espérant pouvoir éduquer les gens contre cette assimilation erronée des principes de la peine à ceux de la compensation. Cependant, il ne semble y avoir aucune bonne raison, d'une part, d'ériger en principe cette assimilation erronée, ni, d'autre part, de critiquer comme excessivement tatillon le refus de reconnaître que la différence entre « mauvaise fortune » et « bonne fortune » quant au résultat d'actes semblables justifie la punition de l'un et non de l'autre.

Voilà donc quelques exemples où le droit semble ne prendre que trop peu note des principes moraux. Dans ce cas, les principes ne constituent pas seulement les convictions ou les mœurs morales d'une société particulière, mais sont affaire d'une justice dont on peut dire qu'elle pénètre profondément au cœur de la morale en tout temps et en tous lieux ; et même là où les hommes ne s'y conforment pas, ils lui rendent hommage, même si ce n'est pas sincère.

En conclusion j'aimerais mentionner deux choses. Tout d'abord on dira qu'il est impossible, tout en restant cohérent, de critiquer dans le même temps le fait qu'il y a trop de morale dans le droit et trop peu. La personne qui critique le droit pour son apparent échec à reconnaître ce principe de justice (selon lequel des cas moralement semblables doivent être traités semblablement, et des cas moralement disparates différemment) n'admet-elle pas qu'on puisse faire usage du droit pour punir l'immoralité même là où elle ne cause pas de tort ? C'est, comme je l'ai dit, l'un des arguments utilisés par Stephen contre Mill. Néanmoins l'argument me semble reposer sur une confusion. Il est parfaitement cohérent d'exiger que le droit soit seulement utilisé dans le but de réprimer les activités qui nuisent à autrui tout en insistant sur le fait que l'on doive observer [54], en ce faisant, certains principes de justice entre les coupable. Insister sur le fait que ces principes doivent être observés lorsque l'on punit des personnes pour le mal qu'elles ont fait n'est pas concéder que les gens puissent être punis même s'ils ne causent aucun mal. La justice est une méthode pour faire d'autres choses, non une fin en elle-même, et peut sans incohérence être combinée avec une définition du but de la peine comme protection des êtres humains contre le mal d'ici-bas[53].

Mon dernier commentaire est plus général. J'ai esquissé ce sujet complexe qui concerne la relation entre le droit pénal et la morale tel qu'il apparaît à un réformateur libéral dans la perspective de la société anglaise dans laquelle je vis et travaille. Inévitablement, le poids donné à diverses considérations doit dépendre de nombreux faits sociologiques différents ; ce qui semble être du droit raisonnable pour Piccadilly peut ne pas l'être pour Mea Shearim. Il serait d'un grand intérêt, et instructif au plus haut degré, de considérer les résultats que produiraient les principes que j'ai esquissés s'ils étaient appliqués à des communautés avec des structures sociales largement différentes et confrontées à des problèmes sociaux différents[54].

---

53 J'ai pris en considération cette objection de manière plus détaillée dans mon livre *Law, Liberty and Morality*, *op. cit.*, p. 34-38.

54 Concernant l'homosexualité et l'avortement, le droit israélien est semblable au droit anglais (voir : section 152 (1) et (2), et sections 175 et 176 du *Criminal Code Ordinance*, 1936). Il est cependant évident d'après les statistiques publiées, mais également de notoriété publique en Israël, qu'à moins qu'il y ait un élément d'indécence publique ou de corruption de la jeunesse, le droit concernant l'homosexualité n'est pas appliqué. La même chose est vraie du droit relatif à l'avortement, à moins qu'il y ait un élément de négligence ou qu'il soit pratiqué par une personne médicalement non qualifiée.

UN LIBÉRALISME
SANS LES DROITS NATURELS

LA PHILOSOPHIE POLITIQUE DE H.L.A. HART

ABRÉVIATIONS DES TITRES DES TRAVAUX DE H.L.A. HART

CL	H.L.A. Hart, *The Concept of Law, Oxford*, OUP, 1961, 3e éd. 2012
LLM	H.L.A. Hart, *Law, Liberty, and Morality*, Oxford, OUP, 1963
MCL	H.L.A. Hart, *The Morality of the Criminal Law*, Jerusalem, Magnes Press, 1964 ; Oxford, OUP, 1965
P&R	H.L.A. Hart, *Punishment and Responsibility*, Oxford, OUP, 1968, 2e éd. 2008
EB	H.L.A. Hart, *Essays on Bentham*, Oxford, OUP, 1982
EJP	H.L.A. Hart, *Essays in Jurisprudence and Philosophy*, Oxford, Clarendon Press, 1983

INTRODUCTION

Il peut être surprenant de voir un des grands penseurs du positivisme juridique du XXe siècle consacrer une large partie de son œuvre à des questions de moralité du droit. C'est pourtant le cas de H.L.A. (Herbert Lionel Adolphus) HART qui, dès le début de sa carrière, a développé une philosophie politique au carrefour du libéralisme et de l'utilitarisme, étroitement articulée avec sa philosophie du droit. C'est plus particulièrement le cas des ouvrages dont nous proposons la traduction ici. *Law, Liberty, and Morality* (1963) et *The Morality of the Criminal Law* (1965)[1] examinent frontalement la question du rapport entre l'institution pénale et l'autonomie des individus au regard des normes sociales en matière de morale sexuelle.

Bien qu'il fût lecteur assidu d'auteurs très influents sur le continent, tels Hans Kelsen ou Alf Ross[2], Hart demeure néanmoins un juriste de tradition anglo-saxonne. C'est dans les débats du monde anglo-américain qu'il forge une grande partie de ses positions[3]. L'article « Positivism and the

1 H.L.A. Hart, *Law, Liberty, and Morality*, Oxford, OUP, 1963 [*LLM*] ; *The Morality of the Criminal Law*, Jerusalem, Magnes Press ; Oxford, OUP, 1965 [*MCL*]. Il s'agit, dans chaque cas, d'un cycle de conférences prononcées l'année précédente. Nous ferons référence dans cette introduction à la pagination originale de ces ouvrages que nous avons indiquée entre crochets dans le corps du texte de la traduction française. Le lecteur pourra donc s'y reporter sans difficulté. De même, nous citons la version anglaise de l'ouvrage de 1961 *The Concept of Law*, Oxford, OUP, 3e éd. 2012 [*CL*]. Dans sa traduction autorisée de l'ouvrage (Bruxelles, Facultés universitaires de Saint-Louis, 2e éd. 2005), Michel van de Kerchove reproduit la pagination originale en marge du texte. Le lecteur pourra donc également s'y reporter sans peine.

2 H.L.A. Hart, *Essays in Jurisprudence and Philosophy*, Oxford, Clarendon Press, 1983 [*EJP*], respectivement : chaps. 14-15 et chaps. 6-7. Pour un traitement de cette question : G. Bligh, *Les bases philosophiques du positivisme juridique de H.L.A. Hart*, Paris, Varenne-LGDJ, 2017, p. 287 *sq.*

3 Nous allons tenter, au cours de cette introduction, d'éclaircir le statut du positivisme juridique hartien, mais nous pouvons d'ores-et-déjà noter que le rapport de celui-ci à sa théorie morale est beaucoup moins exclusif que celui que l'on peut observer chez Hans Kelsen qui distingue rigoureusement les questions politiques et morales de celles qui ont trait à la science du droit. Seules ces dernières relèvent de *l'objet d'étude* lui-même du juriste selon le maître viennois. Bien entendu, cela n'empêche pas ce

Separation of Law and Morals[4] », où il expose sa conception de la séparation du droit et de la morale, sera le point de départ d'une controverse avec le théoricien du droit naturel américain Lon L. Fuller. C'est ensuite dans le célèbre débat public qui l'oppose à Lord Devlin[5], juge à la Chambre des Lords, qu'il développe une critique morale des institutions juridiques dans des cycles de conférences qui sont l'objet de cette étude.

LA GENÈSE DU DÉBAT HART-DEVLIN
Le rapport Wolfenden

Law, Liberty, and Morality est composé de trois conférences prononcées à l'Université de Stanford au printemps 1962 alors que Hart était professeur invité à l'Université de Californie (UCLA). Décrit comme « l'un des documents les plus importants du libéralisme politique moderne[6] », *Law, Liberty, and Morality* a constitué un saisissant plaidoyer – un « manifeste[7] » – en faveur de la dépénalisation de l'homosexualité

dernier de traiter de questions politiques, comme dans *La démocratie. Sa nature – Sa valeur*, Paris, Dalloz, 2004, 2e éd. 1932, mais il n'entend pas alors le faire en tant que *juriste*. Nous allons voir que Hart a une conception plus large de l'objet d'étude du juriste qui correspond à l'ensemble des questions que l'on peut soulever concernant le droit – ce qui inclut bien entendu des question politiques et morales. L'intérêt sera de comprendre comment Hart peut être positiviste en définissant son objet d'étude de manière si large.

4 H.L.A. Hart, « Positivism and the Separation of Law and Morals » (1957), *EJP*, p. 49. Cette conférence de 1957 fut initialement publiée dans la *Harvard Law Review*, 1958, vol. 71, p. 598 *sq.*, suivie dans le même volume de la réponse de Lon L. Fuller « Positivism and Fidelity to Law – A Reply to Pr Hart », p. 630-672.

5 La revue *Droit & philosophie*, 2014, vol. 6, publie les actes du colloque international organisé à Paris le 19 avril 2013 pour le cinquantième anniversaire de *Law, Liberty, and Morality*, et contient un dossier de traduction de certains textes centraux de cette controverse ; accessible en ligne : [http://www.droitphilosophie.com/volumes/read/6].

6 T. Nagel, « The Central Questions », *The London Review of Books*, 3 février 2005, [http://www.lrb.co.uk/v27/n03/thomas-nagel/the-central-questions] (nous traduisons). Voir ég. N. Lacey, *A Life of H.L.A. Hart – the Nightmare and the Noble Dream*, Oxford, Oxford University Press, 2004, p. 6.

7 Peter Campbell écrit au sujet de *Law, Liberty, and Morality* : « [c'est] la chose la plus proche que nous avions d'un *manifeste* », cité par N. Lacey, *A Life of H.L.A. Hart, op. cit.*, p. 221 n. Thomas Nagel écrit : « *Law, Liberty and Morality* (…) a servi de *manifeste* politique pour l'accroissement explosif de la tolerance sexuelle et du respect de la vie privée

dans le monde anglo-américain. L'ouvrage, devenu un classique des cursus universitaires[8], continue de faire l'objet d'une attention soutenue dans le milieu académique[9]. *The Morality of the Criminal Law*, dont nous proposons également la traduction, se compose de deux conférences prononcées à l'Université hébraïque de Jérusalem en janvier 1964. La première offre un aperçu de la philosophie pénale de Hart et de son attachement au principe de libre-arbitre contre la substitution des mesures de traitement médical aux mécanismes de reconnaissance de la responsabilité individuelle. La seconde se situe dans le prolongement des conférences de Stanford.

L'enjeu était bien la *dépénalisation* de l'homosexualité. Les pratiques homosexuelles entre hommes étaient en effet sanctionnées de peines d'emprisonnement, jusqu'en 1967, sur le fondement d'une loi de 1885[10]. L'intense stigmatisation de l'homosexualité est révélée dès la première page de l'ouvrage de Lord Devlin, *The Enforcement of Morals*. L'homosexualité y est décrite comme une maladie, une addiction indissociable de la pédophilie :

> Je suis d'accord avec tous ceux qui, s'étant prononcés ou ayant écrit sur le sujet et voyant dans l'homosexualité un misérable style de vie, considèrent que la société a le devoir d'empêcher, si elle le peut, que l'on y conduise notre jeunesse. Je pense que la société doit s'acquitter de ce devoir même si cela entraîne de grandes souffrances pour les incurables pervers qui semblent incapables de résister à la corruption de jeunes garçons[11].

Ce passage date de 1965. Les conférences *Law, Liberty, and Morality* sont prononcées dix ans seulement après la condamnation pour « outrage aux bonnes mœurs », en 1952, du mathématicien Alan Turing. Celui-ci fut

---

auquel nous avons assisté depuis cette époque » : « The Central Questions », art. cité. (nous traduisons et soulignons)

8 P. Cane, « Taking Law Seriously : Starting Points of the Hart/Devlin Debate », *The Journal of Ethics*, 2006, vol. 10, p. 22 ; N. Lacey, *A Life of H.L.A. Hart*, *op. cit.*, p. 1-2.

9 Par exemple, l'article récent de Leslie Green prend pour point de départ la position du débat telle qu'exposée par Hart dans *Law, Liberty, and Morality* : L. Green, « Should Law Improve Morality ? », *Criminal Law and Philosophy*, 2013, vol. 7, p. 473.

10 *Criminal Law Amendement Act* (1885). En 1954, pas moins de 1069 hommes étaient emprisonnés en Angleterre et au Pays de Galles pour actes d'homosexualité : P. Higgins, *Heterosexual Dictatorship : Male Homosexuality in Post-War Britain*, London, Fourth Estate, 1996, p. 56. Les pratiques homosexuelles entre femmes n'ont, semble-t-il, jamais été sanctionnées – bien qu'elles ont sans doute été stigmatisées.

11 P. Devlin, *The Enforcement of Morals*, Oxford, Oxford University Press, 1965, Préface, p. v. Voir ég. *id.*, « Mill on Liberty in Morals », *The Enforcement of Morals*, *op. cit.*, p. 111.

publiquement disgracié, puis castré chimiquement, avant de se suicider deux ans plus tard[12]. Les personnes homosexuelles vivaient alors dans la crainte d'être découvertes ou de subir un chantage, le plus souvent de la part des forces de l'ordre[13]. Turing n'est d'ailleurs pas un cas isolé. C'est à la suite du scandale sexuel qui mena en 1954 à la condamnation des figures publiques Lord Montagu de Beaulieu (jeune pair à la Chambre des Lords), son cousin Michael Pitt-Rivers et son ami Peter Wildeblood, que sera formée la Commission Wolfenden sur les délits d'homosexualité et sur la prostitution[14].

La Commission Wolfenden. – Le débat Hart-Devlin s'inscrit dans le contexte de la controverse que suscita la publication, en septembre 1957, du rapport rendu par la Commission[15]. Le rapport recommandait, outre la dépénalisation des pratiques homosexuelles entre adultes consentants dans un cadre privé (à une majorité de 12 voix contre 1), la dépénalisation de la prostitution (à l'unanimité) pour n'en sanctionner que les manifestations publiques, comme le racolage sur la voie publique.

La thèse centrale du rapport est la suivante : le seul caractère immoral d'un comportement ne suffit pas à justifier sa sanction en droit pénal. Il existe une sphère de moralité et d'immoralité privées « qui n'est pas l'affaire du droit » (section 61). Le droit pénal n'a donc pas pour fonction de pourchasser le vice « en tant que tel » (section 13), mais de préserver à la fois le citoyen de ce qui peut lui être nuisible ou choquant, et l'ordre et la décence publiques. Sont ainsi distinguées, d'un côté l'immoralité privée qui n'intéresse pas les autorités, de l'autre l'indécence publique et les torts causés à autrui qui peuvent justifier l'intervention du droit et la restriction de la liberté individuelle. Le rapport traite donc de manière frontale l'antique question de savoir si le droit (pénal) peut légitimement servir à mettre en œuvre la morale sociale en tant que telle. Il y répond par la négative.

Les critiques du rapport – positives comme négatives – ne manquèrent pas de remarquer l'étroite proximité entre les positions de la Commission et les thèses défendues par John Stuart Mill dans son essai

---

12 Turing s'est vu accorder une grâce royale posthume le 24 décembre 2013.

13 Sur le risque de chantage : A. Ryan, « Hart and the Liberalism of Fear », in M.H. Kramer (Dir.), *The Legacy of H.L.A. Hart : Legal, Political, and Moral Philosophy*, Oxford, Oxford University Press, 2008, p. 318.

14 R. Aldrich et G. Wotherspoon (Dir.), *Who's Who in Contemporary Gay and Lesbian History*, London, Routledge, 2001, p. 445.

15 Report of the Committee on Homosexual Offences and Prostitution, Cmd. 247, 1957.

On Liberty (1859)[16]. Mill y développe le « principe de non-nuisance » (*harm principle*[17]) :

> L'objet de cet essai est de poser un principe très simple, fondé à régler absolument les rapports de la société et de l'individu dans tout ce qui concerne la contrainte ou le contrôle (...). Ce principe veut que les hommes ne soient autorisés, individuellement ou collectivement, à entraver la liberté de quiconque que pour assurer leur propre protection. La seule raison légitime que puisse avoir une communauté civilisée pour user de la force contre un de ses membres est de l'empêcher de nuire aux autres[18].

Dans cette optique, la liberté individuelle doit primer sur toute autre considération, et le droit ne peut interférer avec l'autonomie d'un individu que là où son comportement nuit à autrui. C'est là le point d'articulation de tout le raisonnement, car c'est alors la prévention de ce tort qui justifie la mise en œuvre du droit pénal, et non le caractère immoral de la conduite. Ainsi :

> Il y a une sphère d'action dans laquelle la société, en tant que distincte de l'individu, n'a tout au plus qu'un intérêt indirect, à savoir cette partie de la conduite d'une personne qui n'affecte qu'elle-même. (...) Voilà donc la région propre de la liberté humaine[19].

En évoquant une « sphère privée » qui n'est pas « l'affaire du droit », la Commission Wolfenden se situe donc ouvertement dans le prolongement de J.S. Mill. Il s'agit de reconnaître à l'individu une sphère d'autonomie – celle des actions qui ne portent pas directement atteinte à autrui – qui doit demeurer à l'abri du droit pénal.

Les juges conservateurs et le moralisme juridique. – Les milieux conservateurs réagirent rapidement. Invité à prononcer la *Maccabean Lecture* de 1959 à la *British Academy*, le juge Lord Devlin critiqua vivement le rapport

---

16 J.S. Mill, *On Liberty*, Londres, Penguin Classics, 1974. Lord Devlin, auteur des principales critiques publiques du rapport, propose spontanément ce rapprochement : *The Enforcement of Morals*, Oxford, Oxford University Press, 1965, p. VI ; *id.*, « Law and Morality », *Manitoba Law School Journal*, 1964-1965, vol. 1, p. 243. Hart le note dans : *MCL*, p. 33 ; *LLM*, p. VIII, 16.

17 Mill n'a pas recours lui-même à l'expression, forgée par Joel Feinberg – traduite en ces termes par Ruwen Ogien.

18 J.S. Mill, *On Liberty*, *op. cit.*, p. 68 (I, § 9) ; *De la liberté*, trad. fr. L. Lenglet, Paris, Gallimard, 1990, p. 74.

19 *Ibid.*, p. 71 (I § 12) ; trad. fr. p. 78.

dans la conférence « The Enforcement of Morals ». Ce texte initial se transforma rapidement en un ensemble d'articles publié en 1965 dans un recueil du même titre[20]. Devlin y soutient la thèse selon laquelle la morale partagée par les membres d'une société constitue le lien social du groupe. Elle est l'élément qui distingue une société d'un simple agrégat d'individus. Or, une société est fondée à prendre les mesures nécessaires à sa préservation, au besoin par le recours au droit pénal. On doit donc pouvoir sanctionner les actes d'immoralité qui, au même titre que les actes de trahison ou de sédition, portent atteinte aux conditions d'existence de la société. Devlin rejette ainsi la distinction que cherche à établir la Commission Wolfenden entre *immoralité* privée et *indécence* publique au motif que le mal à prévenir – la dissolution du lien social – provient de ce que les membres d'une société n'observent plus les règles morales. La question de savoir si l'immoralité porte préjudice à autrui passe au second plan et ne saurait circonscrire la sphère d'intervention de l'État. Dissolution du lien moral et désintégration de la société vont, en dernière analyse, de pair. Cette thèse, Hart la nomme « thèse de la désintégration[21] ». Il remarque également que la position de Devlin prolonge celle qu'avait défendue, au XIXe siècle, le juge James Fitzjames Stephen, qui s'était opposé au libéralisme de Mill dans l'ouvrage *Liberty,*

---

20 P. Devlin, « The Enforcement of Morals », *Proceedings of the British Academy*, 1959, vol. XLV ; réimpr. *The Enforcement of Morals*, Oxford, OUP, 1959. Réimpr. dans le recueil du même titre : *id.*, *The Enforcement of Morals*, Oxford, OUP, 1965, chap. 1 « Morals and the Criminal Law » (p. 1-25). Le lectorat francophone dispose désormais de ce texte important : « La morale et le droit pénal », trad. fr. M. Carpentier, *Droit & Philosophie*, 2014, vol. 6, p. 133-156. Nous citerons seulement, dans cette étude, le recueil de 1965.

21 Non sans réduire durablement le propos de Devlin. Sa position ne se résume pas à leur débat, et son argument s'avère, à l'examen, plus complexe. Il ne développe pas une thèse de sociologie générale (la « thèse de la désintégration »), mais cherche à exprimer un malaise au sujet *d'une* société particulière – *la société britannique d'après-guerre* – dont les libertés coutumières de *common law* (qui reposent sur des standards juridiques tels que « l'homme ordinaire ») sont mises à l'épreuve. Elles le sont, d'une part, par la naissance du multiculturalisme et l'immigration de masse, et d'autre part, par la vague de libéralisation des mœurs de la fin des années 1960. Ces libertés coutumières semblent ainsi traverser, pendant un temps seulement, une période de crise avec la mise en doute de leurs points de référence. On trouve des signes de la même inquiétude chez d'autres juristes contemporains de Lord Devlin. Quoique conservatrice, la position de Devlin n'en est pas moins libérale. Voir : G. Bligh, « La crise du standard juridique de l'"homme ordinaire" en *common law* britannique d'après-guerre. Le débat Hart-Devlin et le multiculturalisme naissant », *Droit et société*, 2018, n° 98, p. 159 *sq.*

Equality, Fraternity (1873)[22]. La proximité des thèses soutenues par ces deux juges, séparés par un siècle, est d'autant plus remarquable que Devlin n'avait pas connaissance en 1959 de l'ouvrage de Stephen[23].

Hart dénonça immédiatement les thèses de Devlin, qu'il qualifia de « moralisme juridique », dans un article « Immorality and Treason[24] » (1959) suivi de « The Use and Abuse of the Criminal Law[25] » (1961), prenant publiquement la défense des propositions Wolfenden et du principe de non-nuisance de Mill. Ces deux papiers sont repris en substance dans *Law, Liberty, and Morality* (1963)[26]. Le débat était ainsi lancé. Ce n'est qu'en 2004, avec la parution de la biographie de Hart, que le grand public découvrit son homosexualité, qu'il avait soigneusement dissimulée tout au long de sa vie[27]. Ce fait jette une lumière nouvelle sur les passages du texte évoquant la souffrance de la personne continuellement contrainte de réprimer ses désirs[28]. Malgré cela, les échanges qui opposent Hart et Devlin sont menés avec un grand sang-froid et dans la bonne foi. Ainsi, après une controverse de plusieurs années, largement suivie, Lord Devlin revint sur sa position initiale, signant une pétition en faveur de l'adoption des recommandations du rapport Wolfenden[29].

Les autorités finiront d'ailleurs par suivre ses recommandations en adoptant en 1959 le *Street Offences Act* (loi sur les infractions commises sur la voie publique) dépénalisant la prostitution, et le *Sexual Offences Act* (loi sur

---

22 J.F. Stephen, *Liberty, Equality, Fraternity*, New York, Holt & Williams, 1878 (1873). Ces parallèles seront examinés *infra* p. 209 *sq.*

23 Ce ne fut que lorsque Hart lui indiqua cette proximité que Lord Devlin prit connaissance de l'ouvrage : P. Devlin, *The Enforcement of Morals*, *op. cit.*, Préface, p. VII. L'ouvrage, désormais aisément accessible, a depuis reçu beaucoup d'attention.

24 H.L.A. Hart, « Immorality and Treason », *The Listener*, 1959, vol. 62, nº 1583, 30 juillet 1959, p. 162-163 ; « Immoralité et trahison », trad. fr. M. Carpentier, *Droit & Philosophie*, 2014, vol. 6, p. 157-163.

25 H.L.A. Hart, « The Use and Abuse of the Criminal Law », *Oxford Lawyer*, 1961, vol. 4, p. 7.

26 Ainsi que dans la deuxième conférence de *MCL*, p. 31-54.

27 N. Lacey, *A Life of H.L.A. Hart*, *op. cit.*, p. 61 *sq.* Il en avait informé sa (progressiste) épouse Jenifer Williams avant le mariage. Elle avait elle-même étudié l'histoire à Oxford, et sera la femme la mieux classée jusqu'alors au concours de la haute fonction publique, reçue troisième en 1936. Elle sera élue professeur à Oxford. Elle a publié un ouvrage majeur sur l'histoire de la police britannique : *The British Police*, London, Allen & Unwin, 1951.

28 *LLM*, p. 22.

29 « Law on Homosexuals », *The Times*, 11 mai 1965, p. 13 (The Times Digital Archive : 56318).

les infractions sexuelles) de 1967 dépénalisant les pratiques homosexuelles dans un cadre privé entre adultes consentants âgés de 21 ans (l'âge de la majorité). En 1994, le législateur dépénalisa (formellement) les pratiques homosexuelles pour les personnes âgées de 18 ans (*Criminal Justice and Public Order Act*) ; l'âge du consentement étant finalement ramené à 16 ans en 2000 (*Sexual Offences (Amendment) Act*). L'opposition de la Chambre des Lords ne put être surmontée, en 1994 comme en 2000, que par les mécanismes prévus par les *Parlement Acts* permettant de passer outre le pouvoir de véto de la chambre haute[30]. Après le temps de la dépénalisation vient celui de la reconnaissance institutionnelle. Le Parlement de Westminster adopta ainsi en 2013, comme le législateur français, le *Marriage (Same Sex Couples) Act* ouvrant le mariage aux couples de même sexe. Il ne fait aucun doute que le plaidoyer de Hart dans *Law, Liberty, and Morality* a joué un rôle dans cette évolution.

LA MORALE SEXUELLE AU CŒUR DE LA CONTROVERSE

Si le débat Hart-Devlin est historiquement situé, il permet de saisir certains problèmes complexes avec une clarté saisissante. *Law, Liberty, and Morality* se propose de répondre aux questions suivantes :

(1) Le seul fait qu'une conduite (une pratique homosexuelle) est réputée immorale suffit-il à justifier l'usage du droit pénal pour la sanctionner ? Autrement dit, l'immoralité en elle-même doit-elle constituer un crime ?

(2) Ou bien ne doit-on pas également exiger la preuve d'un élément supplémentaire, comme par exemple le fait que l'acte a causé un tort à autrui ?

(3) Enfin, si l'on répond par l'affirmative à cette deuxième question, doit-on comprendre que ce sont seulement les conséquences de l'acte qui justifient la sanction, et non pas seulement (ou pas du tout)

30 Pour une présentation de ces mécanismes : T. Guilluy, « Le *Parliament Act* de 1911 a-t-il intronisé un nouveau souverain ? Réflexions sur la décision *Jackson* », *Jus Politicum*, 2008, n° 6, <http://juspoliticum.com/article/Le-Parliament-Act-de-1911-a-t-il-intronise-un-nouveau-souverain-Reflexions-sur-la-decision-Jackson-376.html> (vérifié le 06/01/2021), p. 2-3.

l'immoralité du comportement en soi[31] ? Hart répond par l'affirmative aux deux dernières questions.

La morale sexuelle permet de tracer les contours du problème de l'entrave à l'autonomie de l'individu de manière particulièrement nette. En effet, les pratiques homosexuelles en question peuvent faire l'objet d'une désapprobation morale très forte tout en ne nuisant véritablement à personne[32]. Explicitons : les conduites se déroulent (i) entre adultes (il ne s'agit pas de pédophilie) (ii) consentants (il ne s'agit pas d'un viol) (iii) dans un cadre privé (il ne s'agit pas d'un outrage public). L'absence de l'un seul de ces trois éléments reviendrait à commettre une infraction pénale dont la répression pourrait se justifier par la préservation d'autrui d'atteintes physiques, ou de la vue d'actes publics qui pourraient le heurter. Mais ni Hart ni Devlin ne proposent de dépénaliser l'une de ces trois infractions. On s'aperçoit alors que, en l'absence d'une telle atteinte identifiable à autrui, on invoque seulement le caractère immoral de l'acte. Or, il existe peu d'exemples de pratiques qui aient suscité une désapprobation si forte tout en ne portant aucune forme d'atteinte tangible à autrui. Ainsi, non seulement le rapport Wolfenden contextualise la question de la libéralisation de la morale sexuelle, mais le problème soulevé est paramétré de telle sorte à n'être parasité par aucune autre question que celle de savoir si l'on peut punir l'immoralité « en tant que telle[33] ».

---

31 Pour une analyse plus brève de cette question, voir : G. Bligh, « Rôle et importance de *Law, Liberty, and Morality* dans l'œuvre de H.L.A. Hart », art. cité.

32 *LLM*, p. 5.

33 La question est bien entendu plus complexe : il n'est pas moralement neutre de punir un acte quel qu'il soit, y compris lorsque c'est pour protéger *autrui*. Comme le soutiendra Hart lui-même, la question est de savoir si la mise en cause de la responsabilité pénale et la peine prononcée sont *moralement* justifiées : *LLM*, p. 17.

LA QUESTION À LAQUELLE NOUS RÉPONDRONS
Hart a-t-il une théorie des droits moraux naturels ?

Nous montrerons au long de cette étude que *Law, Liberty, and Morality* n'est pas seulement une critique du moralisme juridique, mais constitue l'amorce d'une réflexion critique à long terme sur le principe de non-nuisance de Mill. Dans un premier temps, le juriste d'Oxford invoque les thèses de *On Liberty* sans révéler les objections qui se feront jour par la suite. En effet, il en va du sort de la réforme de la dépénalisation de l'homosexualité. Hart passe donc ce point sous silence pour ne pas donner d'eau au moulin de ses adversaires. Or, Devlin note à juste titre que ce n'est pas le principe de non-nuisance tel qu'il est défendu *par Mill* que Hart cherche à lui opposer[34]. Il faut attendre ses travaux de la deuxième moitié des années 1970 pour que Hart révèle sa critique des positions de J.S. Mill et sa défense des thèses de Bentham. Une lecture attentive de *Law, Liberty, and Morality* laisse d'ailleurs deviner cette distance avec les travaux de Mill. Ce cycle de conférences occupe ainsi une place complexe au regard de l'héritage et des influences invoqués par Hart. La question de l'influence ambigüe de Mill sur le libéralisme du juriste d'Oxford est étroitement liée à la place qu'occupent les « droits moraux » dans leurs positions philosophiques respectives. Cette question nous permettra de soulever l'une des véritables difficultés du corpus hartien.

Dans son sens le plus large, une théorie des droits naturels est fondée sur l'idée qu'il est pertinent de parler de droits que possède la personne humaine en vertu de la simple reconnaissance de son individualité ou de biens humains essentiels. Le respect de ces droits constitue un critère du

34 P. Devlin, « Morals and Contemporary Social Reality », *The Enforcement of Morals*, *op. cit.*, p. 132 (« La morale et la réalité sociale contemporaine », trad. fr. M. Carpentier, *Droit & Philosophie*, 2014, vol. 6, p. 165-180). Devlin reproche à Hart de ne prendre suffisamment au sérieux la radicalité de la doctrine de la liberté de Mill. L'importance de cette critique n'a pas été remarquée dans la littérature secondaire tant Hart s'est imposé historiquement. Devlin examine la position de Mill en détail dans : *id.*, « Mill on Liberty in Morals », art. cité. Il ne pouvait pas savoir que Hart n'adhère tout simplement pas à la doctrine *de Mill*, comme il le révèlera dans des travaux ultérieurs.

bon gouvernement[35]. Cela emporte quelques conséquences qu'il faut noter dès à présent. (i) L'individu étant investi de tels droits indépendamment de leur réception (ou de leur reconnaissance) dans le contenu des règles du droit positif, il faut parler de droits *moraux*. Une conception des droits moraux de la personne est intrinsèquement solidaire d'une théorie morale qui indique, non seulement les raisons pour lesquelles la personne posséderait ces droits (ses facultés rationnelles en tant que personne ; sa capacité à ressentir du plaisir ou de la souffrance ; la nature du lien qui unit les êtres vivants ; etc.), mais également le contenu de ces droits, voire la possibilité de les étendre à des entités non-humaines. Il y a, à vrai dire, autant de conceptions des droits moraux qu'il y a de théories morales pour conclure à leur existence. Du point de vue d'une telle théorie, (ii) les individus ont un titre moral à exiger la reconnaissance de leurs droits moraux par le droit en vigueur, par l'adoption des règles juridiques nécessaires. (iii) Lorsque des droits moraux sont reconnus par le droit en vigueur, celui-ci ne crée pas les droits moraux mais leur octroie une protection institutionnelle par la création de règles juridiques. (iv) Les individus ont alors également un titre moral à s'opposer à l'abolition, lorsqu'elles existent, des règles juridiques nécessaires à la protection de leurs droits moraux.

Les interrogations liées au concept de droits individuels (en général) ont retenu l'attention du juriste d'Oxford dès ses premiers travaux[36]. En positiviste, il semble suivre Bentham dans l'idée que les droits sont essentiellement une production *du* droit et ne pas adhérer à une philosophie des droits naturels. Cependant, Hart consacre des efforts soutenus à partir des années 1970, au moment où il se penche de nouveau sur Mill, à l'examen critique des théories des droits moraux qui fleurissent alors (Dworkin, Lyons, Nozick, etc.)[37]. Ceci l'amène à corriger les positions de

35 Nous avons trouvé utiles les sources (désormais classiques) suivantes : M. Macdonald, « Natural Rights », *Proceedings of the Aristotelian Society*, 1947, vol. 47, p. 225 *sq.* ; J.R. Pennock, « Rights, Natural Rights, and Human Rights – A General Overview », *Nomos*, 1981, vol. 23, p. 1 *sq.* ; J. Raz, « Right-Based Moralities », *The Morality of Freedom*, Oxford, OUP, 1986, p. 193 *sq.* ; P. Jones, « Natural Rights and Human Rights », *Rights*, Londres, Palgrave, 1992, p. 72 *sq.* La critique radicale des droits naturels dans le libéralisme de Hart est l'objet de notre troisième chapitre. Voir spéc. *infra* p. 240 *sq.*

36 Par ex. sa première publication universitaire : H.L.A. Hart, « The Ascription of Responsibility and Rights », *Proceedings of the Aristotelian Society, New Series*, 1949, vol. 49, p. 185 *sq.* ; ou encore sa conférence inaugurale : *id.*, « Definition and Theory in Jurisprudence » (1953), *EJP*, p. 35 *sq.*

37 Voir notamment ses articles : H.L.A. Hart, « Between Utility and Rights » (1973), *EJP* ; *id.*, « The United States of America » (1976), *EB*, p. 53-65 ; *id*, « Utilitarianism and

Bentham, comme nous le verrons[38]. Hart reconnaît l'existence de droits « extra-juridiques » ou « moraux *positifs* ». Cependant, ces droits existent socialement en vertu des normes de la morale conventionnelle (la morale positive) du groupe, et non en vertu de la reconnaissance de l'individualité, de la dignité ou de l'humanité de la personne (etc.). Il faut ainsi se garder de commettre un contresens sur ce point : les droits extra-juridiques dépendent bien des règles sociales positives. Premier élément, donc : il ne fait aucun doute que Hart s'est intéressé de près à la question.

Sa position présente toutefois un mystère. Il a publié très tôt un article important « Are There Any Natural Rights ?[39] », qui a eu une influence majeure sur la philosophie politique contemporaine. Hart a choisi de ne pas l'inclure dans le recueil *Essays in Jurisprudence and Philosophy*, allant jusqu'à récuser expressément l'essentiel des thèses qu'il y développe[40]. Or, cet article constitue l'unique endroit où il a pu sembler soutenir l'existence de droits moraux dont il faudrait reconnaître l'existence indépendamment du contenu des règles positives d'une société. Force est de constater, quelques années plus tard, que l'intégralité de l'argumentaire de *Law, Liberty, and Morality* fait l'économie d'une quelconque notion de droits individuels, moraux, naturels, etc., des personnes homosexuelles[41]. Son propos s'articule autour de la distinction structurante qu'il établit entre morale positive et morale critique[42]. Il aurait pu soutenir l'existence de droits moraux comme aspect d'une morale critique, mais c'est précisément ce à quoi il se refuse. En effet, il rejette toute invitation à voir dans le principe de non-nuisance (élément central de sa morale critique) le fondement d'un « *droit* à la liberté[43] ». D'autre part, ses travaux sont marqués par la conscience que la liberté politique n'est pas nécessairement solidaire d'une défense des droits moraux de la personne. Il soulève

---

Natural Rights » (1978), *EJP* ; *id.*, « Natural Rights : Bentham and John Stuart Mill » (1980), *EB*.

38 Voir *infra* p. 192 *sq*.

39 H.L.A. Hart, « Are There Any Natural Rights ? », *The Philosophical Review*, 1955, vol. 64, p. 176 ; « Existe-t-il des droits naturels ? », trad. fr. Ch. Girard, *Klesis*, 2011, vol. 21, p. 232.

40 H.L.A. Hart, « Introduction » (1983), *EJP*, p. 17.

41 Il faut comparer l'approche du rapport Wolfenden prolongée par Hart, et celle, par exemple, de la Cour suprême des États-Unis qui reconnaît la légalité des pratiques d'avortement au nom d'un droit constitutionnel au respect de la vie privée (dans l'affaire *Roe v. Wade*, 1973), dépénalisant l'homosexualité au nom de ce même droit (*Lawrence v. Texas*, 2003).

42 À laquelle nous réservons un traitement à part entière : *infra* p. 198 *sq*.

43 C'est l'objet du débat qui l'oppose à David Lyons dans les années 1970. Voir *infra* p. 240 *sq*.

ainsi l'opposition entre l'utilitarisme et la philosophie des droits comme philosophies rivales *libérales*[44]. Il soulève les insuffisances théoriques des conceptions contemporaines des droits moraux naturels qu'il critique. Son propos pèche par ambiguïté en ce qu'il ne leur oppose pas une fin de non-recevoir, appelant de ses vœux l'élaboration d'une théorie des droits moraux qui serait enfin fondée rigoureusement. Toutefois, ce n'est pas une tâche qu'il endosse lui-même[45]. Deuxième élément, donc : il faut rendre compte du libéralisme hartien sans compter avec une théorie des droits moraux naturels. C'est la thèse que nous défendons ici.

Peut-être y a-t-il de la place pour la reconstruction rationnelle d'une théorie des droits moraux, ou une théorie générale des droits (juridiques et moraux), qui trouverait sa source dans certains éléments donnés du corpus hartien[46] ? C'est à sa postérité que l'on reconnaît l'importance d'une œuvre. Cependant, une telle théorie hartienne s'éloignerait de la pensée historique de H.L.A. Hart que nous prenons ici pour objet. Qui plus est, elle perdrait également de vue certaines intuitions cruciales, centrales dans cette étude, quant à la nature du rapport de l'individu à l'autorité politique.

Quoi qu'il en soit, un certain malaise s'est instauré dans la littérature secondaire. Joseph Raz, par exemple, note à la fin de la carrière de Hart que, si ce dernier a développé une théorie des droits juridiques, on attend encore une théorie hartienne des droits moraux et, partant, une théorie unifiée des droits[47]. Il est exact qu'il n'a pas de théorie des droits moraux ; il est inexact de dire que c'est un manque. D'autres apportent des précisions importantes. Tony Honoré se souvient que Hart avait consacré ses premiers cours à la question des droits et devoirs durant l'année qui suivit son accession à la chaire de *jurisprudence* (1952-1953). Il précise

44 H.L.A. Hart, « Utilitarianism and Natural Rights », art. cité, p. 181-182 ; *id.*, « Between Utility and Rights », art. cité, p. 198. L'après-guerre, écrit-il, marque une transition culturelle vers le recours à la philosophie des droits pour résoudre des questions liées à la liberté politique jusqu'alors traitées sous le prime de l'utilitarisme.

45 H.L.A. Hart, « Utilitarianism and Natural Rights », art. cité, p. 196 ; *id.*, « American Jurisprudence Through English Eyes : the Nightmare and the Noble Dream », art. cité, p. 144 ; *id.*, « 1776-1976 : Law in the Perspective of Philosophy », art. cité, p. 152, 158 ; *id.*, « The Demystification of the Law », art. cité, p. 39.

46 Voir par ex. la thèse de doctorat de Nicolas Nayfeld, *La philosophie pénale pluraliste de H.L.A. Hart*, Thèse Paris 1, novembre 2020.

47 J. Raz, « Hart on Moral rights and Legal Duties », *Oxford Journal of Legal Studies*, 1984, vol. 4, p. 124-125. Voir ég. en passant *id.*, « Two Views of the Nature of the Theory of Law », *Between Authority and Interpretation*, Oxford, OUP, 2009, p. 52.

cependant qu'il n'était pas satisfait de l'avancement de ses réflexions au point de les publier. S'il était tout particulièrement critique de l'idée benthamienne suivant laquelle seul le droit pouvait produire des droits individuels, il n'était pas parvenu à trouver d'alternative satisfaisante[48]. En outre, Neil MacCormick rapporte que Hart consacra un cycle de cours au début des années 1960 aux « droits et devoirs juridiques » dont le contenu n'a jamais été publié[49]. Une décennie, donc, de travaux non publiés, et un article désavoué datant de la même période : nul doute que ces éléments attiseront les spéculations quant à l'existence d'une théorie *implicite* des droits moraux, adossée à une conception plus générale des droits individuels, qui se déroberait à notre regard[50]. C'est présupposer trop rapidement la nécessité de se doter d'une théorie des droits moraux pour défendre un libéralisme cohérent. Or, c'est précisément la question à laquelle le juriste d'Oxford invite à réfléchir dans chacun des articles qu'il consacre au sujet[51].

---

48 T. Honoré, « Hart, Herbert Lionel Adolphus (1907-1992) », *Oxford Dictionary of National Biography*, Oxford, OUP, 2004, <https://doi.org/10.1093/ref:odnb/51089> (vérifié le 06/01/2021), p. 3. C'est sur ce point, nous semble-t-il, qu'il corrige la doctrine benthamienne, comme nous l'avons signalé.

49 N. MacCormick, « Rights in Legislation », in P.M.S. Hacker et J. Raz (Dir.), *Law, Morality, and Society. Essays in Honour of H.L.A. Hart*, *op. cit.*, p. 190. Qui plus est, le contenu des cours que décrit MacCormick ne correspond pas à l'article « Legal Rights », *EB*, p. 162 *sq.*, publié en 1973. D'après les indications, il semblerait plutôt d'une évolution des thèses de la conférence inaugurale « Definition and Theory in Jurisprudence », art. cité. MacCormick cite également l'article de 1973. Il ne commet donc aucune confusion. Il s'agit bien de travaux non-publiés. Nous pouvons malheureusement confirmer qu'ils ne se trouvent pas dans les papiers de Hart à New College.

50 Par ex. H. Steiner, « Are There Still Any Natural Rights ? », in M.H. Kramer (Dir.), *The Legacy of H.L.A. Hart : Legal, Political, and Moral Philosophy*, *op. cit.*, p. 239 *sq.* À la fin d'un court chapitre sur les droits juridiques, MacCormick promet de revenir plus loin sur la question « analogue » des droits moraux chez Hart : N. MacCormick, *H.L.A. Hart*, Stanford, Stanford University Press, 2e éd. 2008, p. 113-116. Or, la question ne sera pas traitée. C'est que les problèmes soulevés (chap. 12 : la moralité de la peine; chap. 13 : le libéralisme à l'aune de la séparation du droit et de la morale) ne mobilisent aucune doctrine des droits moraux. MacCormick en fait simplement l'économie.

51 Nous n'entrerons donc pas ici dans la conception hartienne des droits juridiques. Voir H.L.A. Hart, « Legal Rights », art. cité, p. 162 *sq.* L'article mobilise l'analyse hohfeldienne des droits et cherche à montrer que celle-ci a été, non seulement précédée de celle de Bentham, mais peut être utilement clarifiée par les intuitions benthamiennes. Comme toujours, Hart refuse de souscrire à une théorie des droits juridiques qui permettrait de les définir par référence à un élément unique – un choix protégé (*will theory*) ou un intérêt protégé (*benefit theory*). Il faut, quitte à sacrifier la systématicité, composer avec les deux éléments afin de rendre compte de la complexité du concept. Hart avait déjà

Ainsi, s'il y a des signes évidents que la question des droits moraux naturels a intéressé Hart tout au long de sa carrière, rien ne permet d'affirmer qu'il ait cherché à défendre l'existence de tels droits, hormis un unique article qu'il a expressément désavoué. Au contraire, ses positions en font entièrement l'économie : une thèse hartienne des droits moraux naturels ne remplirait aucune fonction dans sa conception du libéralisme. Attribuer des droits moraux à l'individu ne permet pas de rendre correctement compte du rapport de force qui l'oppose à l'autorité, et dont le droit n'est que le résultat. C'est l'objectif de cette étude que de le montrer.

Notre première partie, consacrée à l'articulation du positivisme et du libéralisme chez Hart, cherchera à situer dans le détail la place des droits naturels de l'individu. Nous y exposerons la nature de son positivisme, non seulement par rapport à celui de Hans Kelsen dont il était lecteur, mais celui de Bentham dont il revendique l'influence. Nous montrerons que Hart corrige à la marge la critique benthamienne des droits moraux, sans pour autant la renier (I). Si Hart ne s'appuie pas sur une théorie des droits moraux, et conçoit *les* droits uniquement comme une création *du* droit, comment pense-t-il la liberté de l'individu ? Pour répondre à cette question, nous devrons présenter la distinction entre morales « positive » et « critique », centrale dans *Law, Liberty, and Morality*, et, nous le soutenons, structurante dans sa pensée. Seront examinées dans le détail la critique du moralisme juridique et la fonction du principe de non-nuisance (II). Nous pourrons alors nous consacrer au rapport, dans le temps long, de Hart à l'héritage utilitariste. Il s'engage dans une critique radicale de Mill, affirmant que l'auteur de *On Liberty* vise à défendre l'existence d'un « droit à la liberté » inavoué qui l'éloigne en substance de l'utilitarisme. D'autre part, il consacre ses dernières années productives à la valorisation des travaux de Bentham. Nous soutiendrons que le principe de non-nuisance tel que défendu par Hart cherche à réconcilier la pensée des deux auteurs. Nous trouvons cependant

implicitement mobilisé l'analyse hohfeldienne des droits dans la discussion des droits *moraux* : *id.*, « Are There Any Natural Rights ? », art. cité, p. 180-181. Pour une discussion de l'analyse hartienne des droits juridiques : N.E. Simmonds, « Rights at the Cutting Edge », in M.H. Kramer (Dir.), *A Debate Over Rights*, Oxford, OUP, 1998, p. 215-223 ; N. MacCormick, *H.L.A. Hart*, *op. cit.*, p. 113-116 ; *id.*, « Rights in Legislation », art. cité, p. 189-209.

tout au long de l'œuvre du juriste d'Oxford une réflexion sur la limite logique de la fonction du principe d'utilité qu'il assortit de « principes de justice et d'équité » dont ni l'importance ni l'omniprésence n'ont été correctement saisies (III).

I. LIBÉRALISME ET « POSITIVISME CRITIQUE »

Nous tâcherons tout d'abord de caractériser le positivisme analytique hartien et de le mettre en rapport avec le libéralisme utilitariste dont il se revendique. La question est celle de savoir comment un positiviste juridique « dur », qui rejette naturellement le moralisme juridique, peut toutefois soulever des questions morales qui portent sur le droit comme le fait Hart dans *Law, Liberty, and Morality*. Pour bien comprendre le rapport qu'entretiennent la morale et le droit dans les deux cycles de conférences que nous examinons ici, nous devons commencer par exposer ce que nous appellerons le « positivisme critique » de Hart[1].

L'enjeu est pour Hart de pouvoir adopter une position morale pertinente sans prétendre fonder objectivement celle-ci, et sans se limiter au constat du relativisme des valeurs. Son argument est structuré par la distinction entre « morale positive » et « morale critique », qu'il trouve initialement chez ses prédécesseurs utilitaristes (notamment John Austin). La morale positive correspond à l'ensemble des règles et des principes effectivement observés. La morale critique renvoie à des standards rationnels qu'il faut mobiliser dans l'évaluation des institutions positives d'une société – juridiques comme morales. Les principes d'utilité et de non-nuisance sont traités chez Hart comme des principes de morale critique, non comme des fondements. C'est à l'aune de cette morale critique que l'on peut révéler les implications concrètes des normes positives d'un groupe social, tout comme on peut révéler les présupposés respectifs des positions adverses[2].

1 Nous reprenons l'expresion de G.J. Postema, « Hart's Critical Positivism », *Legal Philosophy in the Twentieth Century : The Common Law World*, New York, Springer, 2011, p. 329.

2 Voir *infra* p. 199 *sq*.

LIBÉRALISME HARTIEN ET SÉPARATION « ANALYTIQUE » DU DROIT ET DE LA MORALE

Nous allons commencer par chercher à saisir successivement les contours de deux aspects centraux de la pensée de H.L.A. Hart. Il s'agira d'expliquer dans un premier temps la nature de son positivisme juridique « analytique » que nous tâcherons de distinguer du positivisme kelsénien. Cette forme de positivisme ne repose pas sur la construction logique *d'un* objet d'étude particulier, c'est-à-dire le droit (tel le « positivisme d'objet d'étude » de Kelsen), mais sur la clarification des distinctions conceptuelles qui sont l'armature de la pensée juridique quel que soit l'objet dont elle se saisit. Nous verrons alors que la thèse de la séparation du droit et de la morale que défend Hart est étroitement articulée à sa pensée libérale dans la mesure où la distinction conceptuelle du droit et de la morale permet tout autant, ce qui pourra surprendre, de se saisir de questions morales que de décrire correctement le droit. Nous pourrons alors articuler le positivisme hartien avec son rejet radical de la philosophie des droits naturels en proposant une lecture visant à montrer la cohérence de ces deux positions.

DEUX FORMES DE RIGUEUR : POSITIVISME D'OBJET D'ÉTUDE (KELSEN) ET POSITIVISME D'ANALYSE (HART)[3]

Nous partirons de son article important « Positivism and the Separation of Law and Morals » (initialement publié lors d'un séjour précédent aux États-Unis en tant que professeur invité à Harvard durant l'année universitaire 1956-1957[4]) afin de préciser sa position sur le sujet

3 Pour approfondir le thème du positivisme analytique, Voir : L. Green, « Positivism and the Inseparability of Law and Morals », *NYU Law Review*, 2008, vol. 83, p. 1035 *sq.* ; J. Gardner, « Positivism : 5 ½ Myths », *Law as a Leap of Faith*, Oxford, Oxford University Press, 2012, p. 19 *sq.* ; M. Carpentier, « Positivisme analytique et positivisme normatif dans *Law, Liberty, and Morality* », *Droit & Philosophie*, 2014, vol. 6, p. 40 *sq.* ; T. Raptopoulos, « Le positivisme analytique », *Droit & Philosophie*, 2014, vol. 6, p. 199 *sq.*

4 Voir : N. Lacey, *A Life of H.L.A. Hart*, *op. cit.*, chap. 8, p. 179 *sq.*

de l'« intersection » du droit et de la morale[5] – expression qui révèle l'influence du juriste néo-zélandais John Salmond[6]. Hart propose dans cet article une définition minimale du positivisme juridique dont il ne s'écartera plus : le droit tel qu'il est doit se distinguer du droit tel qu'il devrait être[7]. Cet article marque le point de départ d'une controverse avec Lon L. Fuller qui cherche à révéler une « morale interne » au concept de droit[8]. Hart tient au contraire que la morale n'est ni un élément de définition du concept de droit, ni un critère de validité de la règle juridique. Si cette position ne semble pas inhabituelle, le procédé par lequel Hart y parvient est fort dépaysant.

Deux conceptions de l'objet du juriste

L'article « Positivism and the Separation of Law and Morals » permet de saisir le caractère propre de son positivisme « analytique » de manière très nette. Sa démarche ne recherche pas la pureté dans la construction de l'objet de connaissance, mais procède par clarification et par distinction conceptuelle afin de parvenir à une meilleure compréhension du phénomène juridique tel qu'il existe. Le positivisme analytique part d'une distinction conceptuelle du droit et de la morale qui vise à lever toute confusion (i) dans la description du droit lui-même, mais également (ii) dans la formulation de tous les problèmes liés au droit. Nous verrons

---

5 H.L.A. Hart, « Positivism and the Separation of Law and Morals », art. cité, p. 54.

6 J. Salmond, *Jurisprudence*, Londres, Sweet & Maxwell, 6e éd, 1920, § 70, p. 179-180 : « *Natural and legal wrongs, like natural and legal justice, form intersecting circles* ». Voir ég. : *ibid.*, § 48, p. 123. Bien que Hart attribue dans son article l'expression à Passerin d'Entrèves (p. 49 n. 2), c'est également dans « Positivism and the Separation of Law and Morals » que Salmond fait son apparition dans le commentaire hartien (p. 61). Salmond est l'une des grandes influences méconnues sur la pensée hartienne. C'est chez lui que le juriste d'Oxford trouve les outils pour forger la notion de « règle juridique ultime », lui permettant de corriger le positivisme de John Austin tout en résistant au normativisme d'Hans Kelsen (*ibid.*, p. 409). Sur l'importance de Salmond, voir plus gén. : G.J. Postema, « Analytical Jurisprudence Established », *Legal Philosophy in the Twentieth Century : The Common Law World*, *op. cit.*, p. 4, p. 21 *sq.* Par contraste, il est frappant qu'*aucune* mention ne soit faite de Salmond dans le commentaire collectif du *Concept de droit* : L. Duarte D'almeida *et al.* (Dir.), *Reading H.L.A. Hart's* The Concept of Law, Oxford, Hart Publishing, 2013.

7 H.L.A. Hart, « Positivism and the Separation of Law and Morals », art. cité, p. 50-51.

8 L.L. Fuller, « Positivism and Fidelity to Law », art. cité, p. 650-656 ; *id.*, *The Morality of Law*, New Haven, Yale University Press, 2e éd. 1969, p. 38-39 (*La moralité du droit*, trad. fr. J. Van Meerbeeck, Bruxelles, Facultés Universitaires Saint-Louis, 2017). Ce passage particulier peut égalment être consulté dans : « La moralité du droit », trad. fr. C. Béal, in C. Béal (Dir.), *Textes clés de la philosophie du droit*, Paris, Vrin, 2015, p. 229-243.

plus loin qu'en cette dernière précision réside la forte particularité du positivisme analytique par rapport à ses variantes continentales. Si Hart a su donner un nouvel élan à la méthode analytique contemporaine, il rend hommage aux penseurs en qui elle trouve ses racines. Il s'inspire notamment du positivisme utilitariste de John Austin et Jeremy Bentham[9], mais également des travaux d'Oliver Wendell Holmes qui a beaucoup affiné la méthode[10]. La séparation conceptuelle du droit et de la morale résulte d'un effort plus général visant à exposer une analyse logique des notions fondamentales du langage juridique afin de mettre en lumière les rapports nécessaires qu'ils entretiennent. L'objectif est de déterminer ce qu'implique l'usage sérieux d'une notion juridique.

Il faut attirer l'attention sur un désaccord de fond sur ce point. Kelsen, en positiviste juridique, part de la même idée qu'il faut distinguer le droit tel qu'il est du droit tel qu'il devrait être[11]. Cependant, il ne faut pas perdre de vue que le constructivisme de Kelsen, pour lequel la connaissance joue un rôle « constitutif » (*TPD*) ou « créateur » (*GTLS*) essentiel, lui permet principalement de garantir *ab initio* la précision des contours de son objet d'étude ainsi que la pureté de l'activité de description[12]. La pureté doit être garantie dans deux directions : vis-à-vis des sciences empiriques, et vis-à-vis des sciences morales (la « métaphysique », en somme[13]). Le positivisme réside selon le viennois dans le fait de déterminer a priori les conditions de pensabilité de son objet d'étude – le droit – afin d'exclure d'emblée tout ce dont le juriste n'a pas à connaître. Il s'agit d'une entreprise

---

9 H.L.A. Hart, « Definition and Theory in Jurisprudence » (1953), *EJP*, p. 26 *sq.* ; *id.*, « Positivism and the Separation of Law and Morals », art. cité, p. 49-50 ; *id.*, « Introduction », in J. Austin, *The Province of Jurisprudence Determined*, Londres, Weidenfeld & Nicholson, 1954, p. XV ; *id.*, « Introduction » (1982), *EB*, p. 2-3. voir plus gén. : G.J. Postema, « Analytical Jurisprudence Established », art. cité, p. 3 *sq.*

10 Hart lui rend hommage et le cite à divers endroits : H.L.A. Hart, « Diamonds and Strings : Holmes on the Common Law » (1963), *EJP*, p. 278 ; *id.*, « Positivism and the Separation of Law and Morals », art. cité, p. 49 ; *MCL*, p. 31-32. Sur l'importance de Holmes pour le courant analytique, voir : G.J. Postema, « Analytical Jurisprudence Established », art. cité, p. 4 *sq.*, ainsi que, dans le même ouvrage, « Justice Holmes : A New Path For American Jurisprudence », *Legal Philosophy in the Twentieth Century : The Common Law World*, *op. cit.*, p. 43-77.

11 H. Kelsen, *Théorie pure du droit, 2e éd.*, trad. fr. C. Eisenmann, Paris, Bruylant-LGDJ, 1999 (1962), p. 73-74.

12 *Ibid.*, p. 80 ; *id.*, *General Theory of Law and State*, trad. ang. A. Wedberg, Cambridge Mass., Harvard University Press, (éd. originale) 1945, p. 434.

13 H. Kelsen, « La méthode et la notion fondamentale de la théorie pure du droit », traducteur non-identifié, *Revue de métaphysique et de morale*, 1934, t. 41, p. 184, 188.

d'autonomisation du droit en tant qu'objet d'étude. En cherchant à identifier les conditions de pensabilité du droit comme un « système harmonieux et clos[14] », condition même de saisissabilité du droit en tant qu'objet de connaissance rationnel composé de normes, la science doit créer rigoureusement son objet en proposant un système doté d'une forte cohérence interne organisé autour « d'un seul et même principe fondamental[15] » à partir duquel toutes conclusions peuvent être déduites et tous problèmes résolus, selon un « postulat fondamental d'unité » qui vaut, selon Kelsen, « pour tout système de connaissance scientifique[16] ». L'entreprise scientifique devient entièrement solidaire de la possibilité de l'autonomisation de l'objet « droit » qui dépend alors entièrement de la méthode de connaissance déployée[17]. Il faut alors se garder d'imaginer chez Kelsen une approche qui conclurait à une distinction de deux concepts – le droit et la morale. Dès lors que le juriste s'engage dans la voie de la connaissance du droit, il raisonne d'emblée dans le cadre d'un objet clos sur lui-même dans lequel ne pénètrera aucun autre élément. Loin d'être « distincte » du droit, la morale n'existe pas, à proprement parler, pour une science du droit kelsénienne fortement constructiviste.

La radicalité de cette théorie, qui en fait tout le sel, n'est pas toujours assumée. Le positivisme de Kelsen est ainsi ce que nous appellerons un « positivisme d'objet d'étude[18] ». D'importants efforts sont déployés afin expliciter les conditions dans lesquelles une science du droit peut avoir la

---

14 H. Kelsen, « Aperçu d'une théorie générale de l'État », trad. fr. Ch. Eisenmann, *Revue du droit public et de la science politique en France et à l'étranger*, 1926, vol. 43, p. 577.

15 *Ibid.*, p. 562.

16 *Ibid.*, p. 590.

17 Nous n'entrons pas ici dans le détail de la norme comme « schéma d'interprétation » (*Théorie pure du droit, 2e éd.*, *op. cit.*, p. 12), élément central du constructivisme kelsénien, ni de l'hypothèse de la « norme fondamentale » (*ibid.*, p. 17, 220), condition de la clôture logique de l'objet de connaissance.

18 Nous n'employons pas l'expression « positivisme méthodologique » qui peut maintenir la confusion d'après laquelle un positiviste suit nécessairement cette méthodologie, ou que les formes rivales de pensée ne s'appuient sur aucune réflexion méthodologique. D'autre part, si la construction d'un objet d'étude engage une réflexion méthodologique, la méthodologie est le moyen, la construction de l'objet la fin. Chaque forme de pensée repose sur de nombreux éléments structurants, non seulement une méthodologie. L'adjectif « méthodologique » ne caractérise pas la thèse, mais permet de confisquer l'idée de *rigueur* au profit d'un courant particulier. Si l'on insistait sur une autre dimension du normativisme, on pourrait tout autant l'appeler « positivisme idéaliste » étant donné les partis pris ontologiques très forts du constructivisme dont il est consubstantiel. Cela aurait le mérite de caractériser un aspect, au moins, de cette forme de pensée.

certitude qu'elle ne décrit rien d'autre que le droit[19], avec la conséquence que la morale est entièrement écartée de l'analyse du juriste. Voilà une première forme de positivisme adossée à une forme de rigueur dans l'analyse dont il est impossible de sous-estimer l'importance historique : droit et morale sont strictement séparés dans l'étude des questions liées au droit[20]. La figure du juriste comme individu s'efface derrière la fonction de la science du droit[21].

L'implication ontologique : une résistance de la réalité à la stipulation

Hart part au contraire de l'idée d'une réalité sociale préexistant le juriste, que ce dernier – non la science abstraite – a la tâche de décrire. L'enjeu est alors de se doter de concepts suffisamment précis et distincts pour pouvoir analyser clairement, non seulement les phénomènes juridiques, mais également les frontières du droit ainsi que les problèmes que l'on trouve à leurs abords. Il ne s'agit pas de construire un objet d'étude mais de disposer d'outils conceptuels pour élucider les phénomènes juridiques qui existent et se présentent à nous. C'est ce que l'on appellera le « positivisme analytique » de Hart. Ses efforts se déploient dans une autre direction que ceux de Kelsen : les problèmes moraux portant sur le droit ne peuvent pas être exclus de l'objet d'étude du juriste qui comprend, par-delà la description du droit et de l'ordre juridique, tous les problèmes attenants au droit. Il tient simplement compte de la distinction entre les concepts de droit et de morale dans la formulation et l'étude de telles questions. L'enjeu est ainsi, non pas de définir un objet libre de toute dimension morale, mais de raisonner clairement et

---

19 Il ne s'agit pas pour autant d'une théorie du *droit* pur. Sa théorie consiste à proposer une méthode permettant à la science de ne rien connaître d'autre que le droit – libre au juriste de *sortir* de son rôle pour se faire critique du droit, sociologue du droit, etc. : H. Kelsen, « Qu'est-ce que la théorie pure du droit ? », *Droit et société*, 1992, nº 22, 1992, p. 560.

20 L'enjeu est dès lors celle de s'assurer de la seule cohérence interne de la connaissance juridique. C'est à cet endroit qu'intervient la question du « *normativisme* » qu'il ne faut pas confondre avec celle du positivisme.

21 Hart note ainsi que Kelsen procède en évoquant de manière abstraite le « point de vue de la science du droit » en affirmant qu'il serait exclusif du « point de vue moral ». Cela masque le fait que ces « points de vue » sont en réalité ceux d'un même *individu* concret dont l'horizon ne se limite pas à un *objet d'étude* : H.L.A. Hart, « Kelsen Visited », *EJP*, p. 306.

sans confusion. Voilà une autre forme de positivisme, une autre manière de comprendre la nécessaire séparation du droit et de la morale.

On ressent l'influence de la philosophie du langage ordinaire (notamment celle de son contemporain oxonien J.L. Austin, ou du second Wittgenstein à Cambridge). D'une part, il s'agit d'élucider la teneur des concepts qui constituent de facto l'armature de la pensée juridique[22], en les examinant tels que l'on les trouve d'emblée dans les raisonnements des juristes[23]. Sur ce point, l'influence de Wittgenstein se fait tout particulièrement ressentir. Cependant, il s'agit d'autre part de comprendre que Hart ne vise pas à établir un inventaire de faits linguistiques (des faits de langage), mais plutôt à tirer profit des nuances empiriques reconnues *dans* le langage. L'idée est alors, Hart suit Austin sur ce point, que les langages naturels reflètent et indiquent certaines distinctions concrètes que l'on peut utilement établir entre diverses situations sociales[24]. Pour reprendre la formule de J.L. Austin, il faut cultiver une « conscience affinée » des mots pour affiner notre perception des réalités dont nous parlons avec les mots[25]. Il faut d'abord posséder les concepts permettant de pénétrer correctement la réalité qui nous entoure si l'on souhaite pouvoir la décrire dans toute sa richesse[26]. On ne pourra y parvenir armé seulement d'une poignée de définitions stipulatives dont l'unique fonction est de permettre au système du théoricien de tenir debout tout

---

22 *CL*, p. v, 81 ; *id.*, « Positivism and the Separation of Law and Morals », art. cité, p. 79-80.

23 H.L.A. Hart, « Definition and Theory in Jurisprudence », art. cité, p. 22.

24 *CL*, p. 280 (n. p. 18) : « La méthode consistant à se demander *dans quelles sortes de situations* nous considèrerions ordinairement l'usage de phrases au mode grammatical impératif [...] permet de découvrir, non seulement des faits *relatifs au* langage, mais les ressemblances et les différences, *reconnues dans* le langage, entre différents types de situations et de relations sociales » (nous soulignons, et modifions légèrement la trad. fr.). Voir ég. : *id.*, « Analytical Jurisprudence in the Mid-Twentieth Century : a Reply to Professor Bodenheimer », *University of Pennsylvania Law Review*, 1957, vol. 105, p. 967 ; *id.*, « Acts of Will and Responsibility » (1960), *Punishment and Responsibility*, Oxford, OUP, 1968, 2e éd. 2008 [*P&R*], p. 102.

25 J.L. Austin, « A Plea for Excuses », *Philosophical Papers*, Oxford, Clarendon Press, 1961, p. 130. Hart reprend cette formule dans *CL*, p. v. Il faut donc voir que la philosophie d'Austin est une conception particulière de l'empirisme avant d'être une philosophie du langage.

26 Les concepts des langages naturels ayant émergé en tension avec le monde qui nous entoure, les distinctions qu'ils renferment portent notre regard sur des aspects qui échapperaient autrement à notre attention. C'est ce qu'Austin appelle la « phénoménologie linguistique » et que Hart appelle – plus mystérieusement – « sociologie descriptive ». Voir : G. Bligh, *Les bases philosophiques du positivisme juridique de H.L.A. Hart*, *op. cit.*, p. 572 *sq.*

seul et de se maintenir en autonomie[27] – fût-ce au nom de la « Science ». Le problème est alors que les langages artificiels des logiciens, quoique logiquement aboutis, tournent à vide[28]. Les langages naturels – qui peuvent être des langages techniques[29] – existent d'emblée et structurent un domaine de la vie pratique. Le positiviste n'a donc pas, selon Hart, la complète liberté de définir les concepts qu'il examine et qu'il emploie de manière stipulative : son objet d'étude lui préexiste et n'est pas à son entière disposition. Bien plutôt, l'usage de ces concepts et le contexte social qui en est la toile de fond constitue une réalité à « élucider » (*to elucidate*[30]). Élucidation et description ont pour conséquence que la réalité (juridique, en l'occurrence) résiste fortement à l'entreprise stipulative. Il y a ainsi un différent ontologique de fond au sein de la famille du positivisme juridique entre la perspective empirique hartienne sous-tendue par une épistémologie réaliste, et le constructivisme de Kelsen sous-tendu par une ontologie idéaliste[31].

---

27 Le système tiendra debout tout seul, par définition – mais c'est au prix de la vacuité : P.F. Strawson, « Construction and Analysis », in G. Ryle (Dir.), *The Revolution in Philosophy*, Londres, MacMillan & Co., 1956, p. 102-104.

28 C'est l'objet de l'article méconnu : H.L.A. Hart, « A Logician's Fairy Tale », *The Philosophical Review*, 1951, vol. 60, p. 198-212. Par ailleurs, Hart reprend la critique adressée par Wittgenstein, au § 132 des *Recherches philosophiques*, aux langages philosophiques artificiels qui tournent à vide lorsque le langage « prend des vacances » et ne « travaille » plus, c'est-à-dire lorsqu'il ne reflète plus l'usage réel des concepts : *id.*, « Jhering's Heaven of Concepts and Modern Analytical Jurisprudence » (1970), *EJP*, p. 277.

29 P.M.S. Hacker préfère parler de philosophie des « langages naturels », c'est-à-dire des langages qui ont effectivement émergé, quel que soit le domaine concerné (technique ou non) pour les besoins de la communication, par comparaison avec les concepts créés de toutes pièces par un individu isolé pour les besoins d'un systèmes philosophique : P.M.S. Hacker, « The Linguistic Turn in Analytic Philosophy », in M. Beany (Dir.), *The Oxford Handbook of the History of Analytic Philosophy*, Oxford, OUP, 2013, p. 927. La philosophie du « langage ordinaire » ne consiste pas à limiter l'analyse aux *termes* ordinaires, mais à accorder la priorité à *l'emploi* ordinaire des termes, plutôt qu'à un emploi stipulatif, y compris dans des registres de langages naturels techniques come le langage juridique : G. Ryle, « Ordinary Language », *Collected papers, Vol. II*, Londres, Routledge, 2009, p. 314-316.

30 H.L.A. Hart, « Definition and Theory in Jurisprudence », art. cité, p. 21.

31 Sa posture *constructiviste* est indissociable d'une épistémologie *idéaliste* (la *Théorie pure*, à défaut d'être claire, n'est nullement neutre sur cette question). Pour une confrontation des engagements ontologiques de l'empirisme hartien et du constructivisme kelsénien, voir G. Bligh, *Les bases philosophiques du positivisme juridique de H.L.A. Hart*, *op. cit.*, p. 287 *sq.*, p. 434 *sq.* ; *id.*, « L'analogie perdue entre la nature et le droit. L'influence sur la pensée juridique du tournant empirico-logique au début du XXe siècle », in T. Pouthier (Dir.), *Le*

« EXPOSITION » ET « CENSURE » : DÉCRIRE LE DROIT – ET LE CRITIQUER

Il faut noter que l'on parle d'*analytical jurisprudence* (c'est-à-dire de théorie ou de philosophie analytique du droit) et non seulement d'*analytical positivism*[32]. D'une part, l'approche analytique est une approche générale qui a permis d'étayer des théories aussi diverses que le positivisme de Hart, le jusnaturalisme néo-thomiste de son doctorant John Finnis[33], ou la critique de son successeur Ronald Dworkin[34]. D'autre part, il peut paraître surprenant, dans une perspective continentale, que Hart ne développe pas une position positiviste pour évacuer toute question morale, mais en *réaction* à un problème moral. C'est ce que nous allons voir à présent.

Saisir un problème moral en tant que juriste ?

Dans sa conférence d'Harvard de 1957, la méthode analytique est mise au service de la clarification de la situation juridique de l'agent moral confronté à une règle juridique inique[35]. C'est en considérant la possibilité d'une règle de droit immorale que Hart est amené à la conclusion que le droit et la morale sont analytiquement autonomes. Cela signifie pour Hart, non pas qu'il faut délaisser l'un des deux termes pour la définition de son objet d'étude, mais qu'aucun des deux n'est conceptuellement réductible à l'autre. Non seulement le droit peut avoir n'importe quel contenu, mais c'est précisément pour cette raison qu'il peut toujours être l'objet d'un jugement moral[36] : c'est en raison de cette

---

droit constitutionnel et les sciences de la nature, Toulouse, Presses de l'Université Toulouse 1 Capitole, 2018, p. 177-183.

32 Comme l'indique lui-même H.L.A. Hart, « Jurisprudence » (1960), in J.O. Urmson et J. Rée (Dir.), *The Concise Encyclopedia of Western Philosophy*, Londres, Routledge, 3e éd. 2005, p. 186.

33 J. Finnis, *Natural Law and Natural Rights*, Oxford, Oxford University Press, 1980, 2e éd. 2011 ; sa méthode analytique (et la discussion de celle de Hart) est l'objet du premier chapitre de l'ouvrage.

34 Que l'on se rapporte par exemple à la position du problème dans son essai « Taking Rights Seriously » (1973), *Taking Rights Seriously*, Londres, Duckworth, 1977, p. 185 *sq.* Dworkin ne part pas de spéculations sur la nature de l'homme ou des droits, mais d'une réflexion sur les implications de la *revendication* des droits, de la structure des arguments par lesquels les droits sont revendiqués, et des formes de justification que cela constitue.

35 Voir H.L.A. Hart, « Positivism and the Separation of Law and Morals », art. cité, p. 73.

36 J. Gardner, « Hart on Legality, Justice, and Morality », *Law As a Leap of Faith*, *op. cit.*, p. 222.

autonomie conceptuelle que l'on peut intelligiblement affirmer « cette règle juridique est immorale » – le droit tel qu'il est n'est pas tel qu'il devrait être. Réaliser une critique morale du droit revient ainsi, non pas à nier la séparation du droit et de la morale, mais au contraire à faire *usage* de cette séparation[37]. L'autonomie conceptuelle est cependant à double tranchant : si la moralité d'une règle ne saurait être conclusive de sa juridicité (tenant central du positivisme), la question de la juridicité ne peut pas non plus supplanter la question de sa moralité[38]. Cela étant, reprenant à Bentham la distinction entre les fonctions d'« exposition » (de description) et de « censure » (de critique) du droit[39], le positivisme hartien réside en ceci que la phase de description précède toujours celle de la critique : c'est là une nécessité logique[40]. Une critique morale du droit correctement menée implique donc de souscrire au positivisme juridique, car il faut nécessairement connaître le contenu des règles que l'on entend soumettre à l'examen critique.

Un dernier point qu'il faut tâcher de saisir est le suivant. Il s'agit de comprendre la possibilité pour le positiviste de s'inscrire dans une perspective critique en tant que juriste. Il ne s'agit pas de distinguer, chez une même personne, le « juriste » qui décrit le droit et le « citoyen » qui le critique[41]. En effet, cela repose sur la confusion d'après laquelle les compétences du juriste permettent la description objective du contenu du droit en vigueur (valide), là où la critique ne reposerait que sur une opinion subjective – émise en l'occurrence, certes, par le même individu, mais finalement disponible au même titre à n'importe qui. Toute personne a une opinion, seul le juriste possède la compétence descriptive. On cherche ainsi à préserver le grand public de l'opinion subjective des juristes, lorsqu'ils sortent du champ de leur expertise,

37 H.L.A. Hart, « Positivism and the Separation of Law and Morals », art. cité, p. 68, 84.

38 *Ibid.*, p. 75.

39 J. Bentham, *A Fragment on Government*, Cambridge, Cambridge University Press, 1988, p. 7 (Préface) ; *id.*, *An Introduction to the Principles of Morals and Legislation*, Oxford, Clarendon press, 1996, p. 293 (XVII, § 21). Voir : H.L.A. Hart, « 1776-1976 : Law in the Perspective of Philosophy », *EJP*, p. 147 ; *id.*, « Jhering's Heaven of Concepts and Modern Analytical Jurisprudence », *EJP*, p. 272 ; *id.*, « Bentham and Beccaria », *EB*, p. 41.

40 Voir le « Postscript » in *CL*, p. 240. Qui plus est, la phase d'analyse *conceptuelle* générale précède celle d'exposition des *règles* du système : H.L.A. Hart, « Introduction » [in Austin, *Province*], art. cité, p. XV.

41 Nous précisons, pour le lecteur qui ne provient pas des facultés de droit, que c'est une idée courante au sein de diverses mouvances qui se réclament du positivisme juridique.

opinion qu'ils chercheraient à faire passer pour de l'expertise[42]. Cependant, une critique du droit peut être menée de manière plus ou moins compétente, et les compétences qui entrent en jeu sont celles du juriste. On ne prend conscience de certains problèmes qu'en tant que juriste, qu'on ne sait analyser qu'en tant que juriste. Aucun de ces deux éléments ne se réduit à une activité de description. Ainsi, au

42 La prétention à la « neutralité axiologique » qui structure cette approche vise sans doute le « dévoilement », mais uniquement celui de la place de la doctrine universitaire. L'idée que l'on puisse vouloir dévoiler autre chose que la position du commentateur d'un phénomène réel d'organisation et d'exercice de la force formidablement complexe que constitue le droit serait alors hors de propos. Ainsi, au moment des débats entourant l'adoption de la loi sur le « mariage pour tous », 170 chercheurs en droit ont adressé une pétition au Sénat contre le projet visant à attirer l'attention sur certaines implications de la réforme : A. Leclair, « Mariage gay : 170 juristes interpellent les sénateurs », *Le Figaro*, 15 mars 2013, <http://www.lefigaro.fr/actualite-france/2013/03/15/01016-20130315ARTFIG00525-mariage-gay-170-juristes-interpellent-les-senateurs.php>. (i) Si cette prise de position publique nous dérange, ce n'est pas parce qu'elle est conservatrice, mais parce qu'elle ne repose sur aucune *compétence* de juriste tout en invoquant la position institutionnelle de professeur en droit. Les signataires se lancent dans une « mise en garde » sur la perte symbolique de la parentalité. Or, ils *auraient pu*, par exemple, indiquer des évolutions juridiques potentielles (réformes B) auxquelles la logique interne des institutions juridiques engagerait peut-être dès lors que serait adoptée la loi débattue (réforme A). Cela aurait au moins consisté à présenter des implications rationnelles (A>B). Tous, partisans comme opposants, auraient pu se joindre à un cadre de débat afin d'apporter clarté et rationalité aux échanges de l'époque qui en avaient cruellement besoin. Cela ne signifie nullement qu'un point de vue se serait imposé, mais que l'on aurait eu des positions adverses intelligibles et discernables. (ii) S'insurgeant contre la pétition, d'autres juristes universitaires ont adressé une réponse cinglante invitant leurs collègues au silence : « Mariage pour tous : juristes, taisons-nous ! », *Raison publique*, 20 mars 2013, <http://www.raison-publique.fr/article601.html>. Au législateur d'adopter la réforme s'il l'entend, au juriste de décrire ensuite l'état nouveau du droit. La recherche de clarté et de rationalité dans le débat n'a donc comme réponse légitime que le mutisme de la doctrine. À d'autres moins informés de faire connaître leurs arguments. (iii) Si la position des auteurs de la seconde tribune est plus proche de la notre politiquement, ce sont malheureusement *tous* les protagonistes de cette affaire qui ont manqué l'occasion d'apporter un peu de lumière au débat public – les premiers en disant n'importe quoi, les seconds en ne disant rien. Il y aurait eu beaucoup à dire qui ne consistait pas à donner son opinion. Sur les suites de cet échange, voir : A. Viala, « France. La consécration du droit naturel moderne dans la décision du Conseil constitutionnel relative au mariage gay », *Annuaire international de justice constitutionnelle*, 2014, vol. 30, p. 80 n. 5. Il semble que c'est seulement l'intervention de la décision du Conseil constitutionnel (nº 2013-669 DC, 17 mai 2013) qui a permis à la doctrine de se saisir de nouveau de la question en restituant aux juristes, après la clôture du débat, leur « objet d'étude ». Voir par ex. : *ibid.*, p. 83 *sq.* Il ne faut pas oublier le débat Hart-Devlin : Devlin ne se contente pas de donner son opinion, et Hart ne lui oppose pas une fin de non-recevoir. Il en résulte un débat public d'une grande clarté sur l'une des questions sociales déterminantes de leur temps.

nom de l'unique projet légitime de la « description objective », afin de répondre à une frange conservatrice d'auteurs, c'est l'intégralité de la profession que l'on entend condamner (« méthodologiquement ») à ne jamais rien dire de critique sur son objet. En jetant le bébé, on ne garde finalement que l'eau du bain.

Nous trouvons en réalité ici l'une des implications les plus problématiques de l'identification implicite de la figure du « juriste » avec le « point de vue » de la science du droit dans l'approche kelsénienne[43]. Non seulement le point de vue d'un individu concret ne se confond pas avec celui d'un objet d'étude, mais réduire l'objet d'étude à l'activité de description nous paraît problématique – une activité n'est pas un objet. L'individu ne perd pas ses compétences lorsqu'il formule un point de vue critique sur son objet d'étude. Bien entendu, il serait possible d'abandonner chaque question qui ne relève pas de la pure description du droit positif à ceux qui ne sont pas juristes. Néanmoins, cela reviendrait parfois à abandonner la question à ceux qui en traiteraient de manière moins compétente. Pire, l'exemple de Hart montre qu'il est important, pour la sévérité et la pertinence de la critique du phénomène d'autorité que constitue le droit, que ceux qui le comprennent le mieux ne s'excluent pas du débat. Réduira-t-on les prises de position de Hart dans *Law, Liberty, and Morality* au domaine de l'opinion ? Ce n'est pas simplement parce que Hart et Devlin ne se contentent pas de décrire « objectivement » le droit qu'ils sombrent dans l'irrationalité ou la subjectivité – ni qu'ils sortent de leur « objet d'étude ». Bien au contraire, leurs positions critiques reposent sur leurs compétences de juristes. La distinction description/opinion, réductrice à nos yeux, n'est pas structurante dès que l'on sort du cadre kelsénien. Elle repose implicitement sur la restriction des compétences du juriste à un objet d'étude entendu comme activité de description. Or, dans

43 Cela est lié à la question de savoir *qui* est censé faire l'hypothèse de la norme fondamentale. Les réponses varient selon les textes que l'on consulte : *tout acteur* juridique qui pense son objet avec rigueur, ou le *scientifique* ou *professeur* de droit. La norme fondamentale deviendra finalement l'acte de volonté fictionnel conditionnant la pratique juridique, et non plus l'hypothèse logique de la connaissance du droit. Cette question cruciale est souvent délaissée au profit de celle de savoir si une conception de la science du droit qui « prescrit de décrire » (et rien d'autre) ne repose pas sur une « méta-science » idéologisée. Voir : N. Bobbio, « Être et devoir-être dans la science du droit », *Essais de théorie du droit*, trad. fr. M. Guéret, Paris, Bruylant-LGDJ, 1998, p. 191 ; M. Troper, *Pour une théorie juridique de l'État*, PUF, « Léviathan », 1994, p. 33.

une doctrine positiviste comprise comme séparation conceptuelle du droit et de la morale, rien n'oblige le juriste à limiter son travail à la description du droit.

Intersection empirique du droit et de la morale : le contenu minimum du droit naturel

La séparation conceptuelle du droit et de la morale est également illustrée de manière frappante dans l'analyse de ce que Hart viendra à appeler le « contenu minimum du droit naturel[44] ». Il existe une zone d'intersection irréductible du droit et de la morale dans tout système juridique « viable » d'une société stable (qui n'aspire pas à être un « club de suicide ») qui doit alors comprendre certaines règles dont le contenu sera inévitablement identique à certaines prescriptions morales élémentaires[45]. Hart les conçoit comme les conditions d'existence essentielles de toute société humaine[46], c'est-à-dire réprimant les atteintes physiques, et protégeant les accords de volonté ainsi qu'une certaine forme de droit de propriété. Comment concilier cette idée avec le positivisme juridique ? De nouveau, Hart ne perd jamais de vue que droit et morale sont conceptuellement distincts. Il soutient donc seulement que le contenu des règles juridique et morale ont à cet endroit une cause commune. En d'autres termes, le rapport entre droit et morale est purement empirique

44 *CL*, p. 193. La notion du contenu minimum du droit naturel est centrale au positivisme hartien et se trouve déjà articulée dans « Positivism and the Separation of Law and Morals » (p. 79-80). Elle est également implicitement invoquée dans : *LLM*, p. 70-71.

45 *CL*, p. 192-193.

46 *CL*, p. 193-200. Hobbes et Hume sont explicitement cités : *CL*, p. 191, 303 (n. p. 193). Leur influence respective n'est pas aisée à démêler. Premièrement, l'anthropologie de l'altruisme limité que Hart développe (p. 196) est un renvoi direct à Hume, ainsi que la conception institutionnelle de la règle de reconnaissance comme pratique sociale complexe (p. 100 *sq.*). Mais il y a un individualisme tout hobbesien dans la recherche des « raisons que peuvent avoir les hommes de vivre en société » (*id.*, « Positivism and the Separation of Law and Morals », art. cité, p. 81). Il ne semble donc nullement partir de l'idée humienne d'une inclination *naturelle* de l'homme à la sociabilité. Or, deuxièmement, si Hart se veut également continuateur de la philosophie benthamienne sur d'autres points, il ne faut pas perdre de vue que Bentham se situe dans la suite de la critique hobbesienne de la tradition de la *Common law*, là où Hume se fait le prolongement de cette dernière : G.J. Postema, *Bentham and the Common Law Tradition*, Oxford, Clarendon Press, 1986, spéc. chap. 2.2, 4, 6. Hart réalise ainsi un exercice d'équilibriste. En matière de philosophie pénale et d'exposé général du positivisme juridique, il s'inspire de Bentham. Néanmoins, sur d'autres prises de position fortes, il s'inspire de Hume.

ou contingent, ce qui signifie que droit et morale peuvent également ne pas se recouper. Ainsi, d'une part, il ne s'agit pas d'un problème de conformité du droit à la morale (comme forme de normativité externe au droit). D'autre part, le droit n'est pas lui-même un concept moral[47]. La zone d'intersection peut très bien disparaître, auquel cas on décrit un système juridique instable ou qui entre en dégénérescence. Mais un ordre juridique qui n'est pas viable à long terme ne cesse pas pour autant d'être du droit. On ne confond donc pas le droit tel qu'il est et le droit tel qu'il devrait être ; et c'est seulement parce qu'on sait ce qu'est le droit que l'on peut constater l'existence ou non de l'intersection empirique en question.

L'article « Positivism and the Separation of Law and Morals » nous conduit donc à la conclusion suivante : la séparation analytique du droit et de la morale implique qu'il est méthodologiquement impossible d'écarter, serait-ce en tant que juriste, le questionnement moral de l'observation des situations sociales. Les tâches benthamiennes complémentaires de description et de critique des institutions juridiques sont la responsabilité d'une même personne, le juriste, bien qu'il faille veiller à ne pas les confondre analytiquement. On peut donc souscrire au positivisme parce que cela seul permet une véritable description des institutions juridiques, mais ce n'est que dogmatiquement que l'on peut circonscrire la tâche du juriste à la seule connaissance du contenu du droit. Le positivisme correctement compris en ce sens est donc en réalité silencieux sur la possibilité de l'évaluation du droit positif : il est « normativement inerte[48] ». Le domaine du juriste couvre toutes les questions qui ont trait au droit, parmi lesquelles peuvent compter l'immoralité de la règle ou de l'ordre juridique[49]. Le juriste doit donc pouvoir traiter rationnellement et clairement de telles problématiques

---

47 Fuller soutient ainsi qu'il y a une morale « interne » spécifique au droit en tant que forme particulière de mise en forme des relations entre gouvernants et gouvernés, de telle sorte que l'existence même du droit soulève des questions morales qui lui sont propres : L.L. Fuller, « Positivism and Fidelity to Law », art. cité, p. 644-646. Une autre objection proviendra de son doctorant John Finnis qui moralisera la notion aristotélisante de « cas central » de l'ordre juridique que Hart forge (*CL*, p. 81) : J. Finnis, *Natural Law and Natural Rights*, *op. cit.*, p. 10 *sq.*

48 Nous reprenons ici la formule de J. Gardner, « Positivism : 5 ½ Myths », art. cité, p. 23 : « *normatively inert* ».

49 *Ibid.*, p. 26 *sq.* ; L. Green, « Positivism and the Inseparability of Law and Morals », art. cité, p. 1036.

– fût-ce dans une perspective positiviste – comme le fait Hart pour le problème du droit nazi dans la conférence de 1957[50], ou dans *Law, Liberty, and Morality*[51]. Il est donc possible de conclure avec Hart à une neutralité morale du concept de droit lui-même, sans pour autant souscrire à une thèse de la neutralité axiologique de la théorie juridique qui évacuerait *ab initio* toute évaluation potentielle par le juriste dans la confrontation à son objet[52].

Hart forge ainsi un « positivisme critique », pour reprendre l'expression de Postema[53], qui cherche à saisir son objet d'étude dans son entière complexité, en clarifiant les conditions dans lesquelles peuvent

50 Voir : L. Green, « Legal Positivism », in E.N. Zalta (Dir.), *Stanford Encyclopedia of Philosophy*, 2003, <https://plato.stanford.edu/archives/win2019/entries/legal-positivism/> (vérifié le 06/01/2021) : « *No legal philosopher can be* only *a legal positivist.* A complete *theory of law requires also an account of what kinds of things could possibly count as* merits *of law.* (...) *[However,] legal positivism does not aspire to answer* these *questions.* » (nous soulignons)

51 Voir : M. Carpentier, « Positivisme analytique et positivisme normatif dans *Law, Liberty, and Morality* », art. cité.

52 C'est un débat contemporain important dans le monde anglo-américain depuis la publication du « Postscript » de la deuxième édition du *Concept de Droit* (1994), dans lequel Hart énonce que sa théorie du droit est « générale et descriptive » et non pas « évaluative et justificatrice » (p. 239). Cela a suscité des interrogations sur deux conceptions possibles de la théorie *descriptive*, la première libre de tout jugement de valeur, la seconde laissant une place irréductible à l'évaluation dans la détermination initiale des contours de l'objet à étudier et des concepts à utiliser (cette évaluation n'étant toutefois pas *morale*). C'est à cette *seconde* position qu'adhère Hart lorsqu'il travaille à l'élaboration du « Postscript » : H.L.A. Hart, « Comment », in R. Gavison (Dir.), *Issues in Contemporary Legal Philosophy : the Influence of H.L.A. Hart*, Oxford, Clarendon Press, 1987, p. 39. Voir sur ces questions : J. Dickson, *Legal Theory and Evaluation*, Oxford : Hart Publishing, coll. Legal Theory Today, 2001 ; *id.*, « Methodology in Jurisprudence : a Critical Survey », *Legal Theory*, 2004, vol. 10, p. 117 ; *id.*, « Descriptive Legal Theory » (2006), in Sellers, Mortimer et Kirste, Stephan (Dir.), *Encyclopaedia of the Philosophy of Law and Social Philosophy*, Springer, 2017, <https://doi.org/10.1007/978-94-007-6730-0_52-1> (vérifié le 06/01/2021).

53 G. Postema, « Hart's Critical Positivism », art. cité, p. 328, 336. Cette expression n'implique pas que Hart souscrit à un « positivisme *prescriptif* ». Elle fait référence à l'objet d'étude de Hart : la tâche de connaître le droit n'exclut pas logiquement celle de le critiquer. Ainsi, bien que longtemps partisan d'une lecture prescriptiviste du positivisme hartien, Neil MacCormick reconnaîtra finalement qu'une telle interprétation est invalidée par le « Postscript », *malgré* le ralliement exprès de Hart à un « positivisme inclusif » : N. MacCormick, *H.L.A. Hart*, *op. cit.*, p. 15. Sur la question du positivisme « normatif » dans *Law, Liberty, and Morality*, voir : M. Carpentier, « Positivisme analytique et positivisme normatif dans *Law, Liberty, and Morality* », art. cité. La lecture à nos yeux la plus « dure » du positivisme hartien est proposée par un détracteur : N.E. Simmonds, *Law as a Moral Idea*, Oxfords, OUP, 2007, p. 71, 119-123. La controverse autour du positivisme inclusif est longuement traitée par G.J. Postema, *Legal Philosophy in the Twentieth Century*, *op. cit.*, chap. 10.

se poser les critiques morales d'institutions juridiques a-moralement identifiées. Le chemin qui mène Hart à la conclusion qu'il faut séparer le droit tel qu'il est du droit tel qu'il doit être, avons-nous dit plus haut, est fort dépaysant.

UN LIBÉRALISME SANS LA PHILOSOPHIE DES DROITS NATURELS

Nous avons tracé les contours du positivisme hartien. Nous devons à présent saisir la nature de son libéralisme. Commençons par définir le terme. En tout libéral qu'il est, Hart est attaché à une défense de l'autonomie de l'individu, qu'il conçoit comme un bien à maximiser, tant à l'égard des détenteurs de l'autorité qu'à l'égard d'autres membres du groupe social[54]. Cependant, cette autonomie de l'individu ne repose pas sur la revendication d'une restriction de plein droit de la sphère d'action de l'État (concept absent de ses travaux[55]) – au nom, par exemple, de la garantie des droits « naturels » de l'individu, programme intellectuel qu'il rejette frontalement[56]. Force est également de constater, enfin, que les notions de démocratie et de participation au corps politique n'apparaissent que sporadiquement dans ses travaux[57]. La liberté ne

54 Il existe ainsi dans son œuvre une *présomption* en faveur de la liberté de l'individu. Voir *infra* p. 256 *sq.*

55 Hart aurait prononcé une conférence sur l'« État » : H.L.A. Hart et D. Sugarman, « Hart Interviewed : H.L.A. Hart in Conversation with David Sugarman », *Journal of Law and Society*, 2005, vol. 32, p. 291. La retranscription de celle-ci n'est cependant pas dans ses papiers à Oxford et les anciens doctorants avec lesquels nous avons pu nous entretenir n'en ont pas connaissance. La question de l'État est appréhendée en creux à travers les développements consacrés au souverain est à la nature de son pouvoir (*CL*, chap. 4, p. 50 *sq.*), Hart envisageant la possibilité que le pouvoir souverain puisse être juridiquement limité (*CL*, p. 66). C'est un thème qu'il explore de nouveau dans *id.*, « Sovereignty and Legally Limited Government » (1967), *EB*, p. 220 *sq.*

56 Voir *infra* p. 189 *sq.*

57 De manière surprenante, c'est le conservatisme de Devlin qui l'amène à une certaine conception de la démocratie : P. Devlin, « Democracy and Morality » (1961), *The Enforcement of Morals*, *op. cit.*, p. 86 *sq.* Devlin n'adhère pas à une conception formelle de la démocratie comme solution au problème de la relativité des valeurs, mais à une conception de la démocratie comme régime permettant à un peuple parvenu à la maturité de prendre son destin en main et d'effectuer des choix positifs. Voir : G. Bligh, « Crise du standard de

réside pas ici dans le statut de citoyen et dans les droits politiques qui y sont afférents. Comment Hart entend-il défendre l'autonomie ? Aucune solution ne permet de mettre l'individu, de manière permanente, à l'abri de mesures de contraintes injustifiées. On touche ici au cœur de la position de Hart. Il cherche à mettre en lumière le rapport de force qui existe inévitablement entre les détenteurs de l'autorité et ceux qui sont sujets de leur autorité. Jouir d'une marge d'autonomie, c'est *imposer une certaine relation* aux détenteurs de l'autorité qui leur rendra difficile, mais jamais impossible, l'adoption de mesures qu'ils ne pourront justifier moralement. Cette idée, qui forme l'arrière-plan de *Law, Liberty, and Morality*, nous occupera toute au long de cette présentation critique.

UNE SÉPARATION « UTILITARISTE » DU DROIT ET DE LA MORALE

En quoi consiste alors le libéralisme hartien ? Il s'agit de clarifier les conditions dans lesquelles l'individu pourra évaluer correctement sa situation de manière critique afin, d'une part, de pouvoir exiger aux titulaires de l'autorité qu'ils justifient leur usage de l'autorité, et permettre, d'autre part, à l'individu de décider pour lui-même ce qui constitue un juste cas de résistance ou de désobéissance aux actes d'autorité. Hart se revendique sur ce point de l'héritage utilitariste. Ainsi, par exemple, le principe de non-nuisance, dans l'usage qu'il en fait, s'inscrit dans l'explicitation des formes de critique rationnelle de l'autorité et des institutions positives et, partant, des formes de justification que l'on peut exiger d'une souffrance infligée à l'individu[58]. Hart évoque ainsi l'« utilitarisme comme critique du droit et de la société[59] ». Développant un libéralisme étroitement associé à son positivisme juridique, il ne souhaite s'en remettre à une solution au problème de l'autonomie de l'individu qui place ses espoirs dans le droit positif dont les autorités, il le comprend bien, gardent la parfaite maîtrise. La liberté de l'individu ne peut alors résider que dans l'instauration d'un rapport de force imposé à l'autorité, par la permanence de l'attitude

l'"homme ordinaire" en *common law* britannique d'après-guerre. Le débat Hart-Devlin et le multiculturalisme naissant », art. cité, p. 169-170.

58 *LLM*, p. 47.

59 H.L.A. Hart, « American Jurisprudence Through English Eyes : the Nightmare and the Noble Dream » (1977), *EJP*, p. 142.

critique, et non dans des solutions et des mécanismes juridiques qui entendraient garantir définitivement son autonomie. C'est ce que nous allons tâcher de comprendre.

Clarifier la situation morale de l'agent face à l'autorité

Le positivisme analytique coïncide ainsi avec un programme, non simplement de pure description du droit, mais de démystification de l'autorité morale que l'on peut lui prêter[60]. Or, il s'agit bien là d'une problématique morale, traitée sous un angle positiviste. Décrire le droit tel qu'il est, en des termes moralement neutres, participe à révéler la distance qui peut le séparer du droit tel qu'il devrait être[61]. Il s'agit précisément de descendre le droit, ainsi que les autorités juridiques, de leur piédestal. On peut percevoir le désaccord qu'il y a entre cette approche et une acception du positivisme qui consiste à bannir toute question morale du traitement du phénomène juridique. Cela permet de comprendre une différence de perspective fondamentale : là où les jusnaturalistes d'après-guerre dénoncent l'abdication du positivisme face au fascisme[62], incapable d'articuler toute prise de position face aux évènements autre qu'une analyse technique du droit en vigueur, avec pour conséquence un silence condamnable et un asservissement de fait aux autorités politiques du moment[63], Hart répond que c'est en tant que réformistes que les utilitaristes du XIXe siècle ont soumis le droit en vigueur à une critique cinglante en forgeant la séparation analytique

60 H.L.A. Hart, « The Demystification of the Law », *EB*, p. 23, 26.

61 *Ibid.*, p. 28.

62 C'est l'une des critiques centrales de Lon Fuller, « Positivism and Fidelity to Law », art. cité, p. 29-33. Certains positivistes changeront de bord et deviendront des défenseurs du droit naturel, tels Gustav Radbruch : « Statutory Lawlessness and Supra-Statutory Law », trad. ang. B. Litschewski Paulson et S.L. Paulson, *Oxford Journal of Legal Studies*, 2006, vol. 26, p. 6.

63 Voir : M. Stolleis, *Le droit à l'ombre de la croix gammée*, trad. fr. Chr. E. Roques et M.-A. Roy, Lyon, ENS Éditions, 2016, p. 360, p. 134-135, p. 152-154. Stolleis rappelle que les théoriciens de l'État positivistes du monde germanique, notamment Gerber et Laband, sont dans un premier temps des partisans du *statu quo* politique et social (*ibid.*, p. 135). La science du droit de ces deux auteurs sert à construire, à partir d'un concept formel de droit, un système de droit public « conservateur et réactionnaire » : O. Jouanjan, *Une histoire de la pensée juridique allemande*, Paris, PUF, 2005, p. 231.

du droit et de la morale. Il invoque ainsi la « séparation utilitariste du droit et de la morale[64]. »

Rendre compte d'un « dilemme humain ». – C'est dans ce prolongement, prenant pour point de focus l'exemple (alors récent) du droit nazi[65], que Hart trouve initialement à articuler son propre positivisme analytique pour clarifier un « dilemme humain[66] ». Lorsqu'un acteur juridique se trouve face à une règle qui prescrit un comportement qui (lui) paraît moralement insupportable, il se trouve dans la terrible situation où il n'a d'autre choix que de devoir choisir d'obéir ou non. Cependant, il est crucial que l'individu comprenne, s'il décide de désobéir, que c'est bien du droit qu'il transgresse, bien que trop inique (de son point de vue) pour qu'il s'y soumette[67]. Rien ne sert d'expliquer à l'individu, comme le laisse entendre le jusnaturaliste, que ce n'est en fin de compte peut-être pas véritablement du droit qui est produit par le régime qui l'opprime. Seul un regard positiviste permet de correctement clarifier et analyser la situation de l'individu. En effet, les autorités viendront tout de même frapper à la porte du contrevenant s'il désobéit, avec les graves conséquences que cela emporte.

La critique hartienne est particulièrement dure à l'encontre du jusnaturalisme germanique d'après-guerre : ces auteurs n'ont su, pas plus que les positivistes de Weimar, digérer le véritable message du libéralisme[68]. La démystification positiviste vise à désacraliser le droit en montrant qu'il ne pèse sur l'individu aucune obligation morale d'obéir aux règles juridiques. Il est tout aussi erroné de chercher à fonder l'autorisation de désobéir au droit mauvais par sa disqualification[69]. Il faut au contraire accepter de prendre la responsabilité de contrevenir en dépit des conséquences que peut avoir la désobéissance à une règle

---

64 H.L.A. Hart, « Positivism and the Separation of Law and Morals », art. cité, p. 55 : « *the utilitarian separation of law and morals* ». Sur la question du progressisme réformiste, voir par ex. *id.*, « The Demystification of the Law », art. cité, p. 31-36.

65 H.L.A. Hart, « Positivism and the Separation of Law and Morals », art. cité, p. 72-78.

66 *Ibid.*, p. 73, 77.

67 *Ibid.*

68 *Ibid.*, p. 75 : « *[Radbruch] has only half-digested the spiritual message of liberalism* ».

69 « On peut désobéir à la règle car elle n'est pas valide / car elle est à ce point inique qu'elle cesse d'être en vigueur. » Le juriste Gustav Radbruch est tout particulièrement visé : G. Bligh, « De l'histoire au *topos* : le droit national-socialiste en question. Recension de M. Stolleis », *Droit & Philosophie*, « Recensions », 7 mars 2019, <http://www.droitphilosophie.com/app/webroot/upload/files/pdf/DPre_2019-03_Bligh.pdf>, p. 10-13.

de droit valide[70]. De ce point de vue, il n'y a aucune conclusion à tirer du seul fait qu'une règle valide porte une obligation juridique, si ce n'est qu'elle entraîne certains effets au sein du système dont les autorités garantiront nul doute l'efficacité. Cela signifie seulement, pour le destinataire de la règle, qu'il existe une obligation juridique. Il n'en découlerait un devoir de se soumettre à cette obligation que (i) si on réduit sa situation à celle d'un destinataire de règles juridiques[71], ou (ii) si l'on considère que la simple existence d'une obligation juridique suffit à déterminer sa conduite. Mais alors, on doit également soutenir qu'il existe une obligation morale d'obéir au droit[72]. On tombe dans les deux cas dans une confusion conceptuelle du droit et de la morale. Il ne découle pas, du seul fait qu'une règle est juridique, que nous ayons une obligation de nous y soumettre – autre que juridique. Identifier les obligations juridiques qui pèsent sur nous est une chose, déterminer notre comportement en tant qu'individus en est une autre. La question de savoir quel comportement il faut adopter (et donc de l'obéissance au droit) n'est pas une question juridique mais un dilemme moral. De nouveau, si la moralité de la règle ne saurait affecter sa juridicité – séparation conceptuelle du droit et de la morale oblige – la juridicité de la règle ne peut supplanter le problème moral de l'obéissance[73].

Aussi Hart reprend-il à Bentham la « devise du bon citoyen » sous un gouvernement des lois : obéir scrupuleusement à celles-ci, certes, et les critiquer librement[74]. Il existe une forte tension entre les deux éléments de cette formule. Si Bentham rejette l'idée d'un droit naturel de résistance des citoyens – facteur d'anarchie et invitation à l'insurrection[75] –, il

70 C'est ce qui ressort de H.L.A. Hart, « Positivism and the Separation of Law and Morals », art. cité, p. 75.

71 Les seules raisons pour l'action qu'il connaît sont alors les normes fournies par l'ordre juridique.

72 En d'autres termes, ou bien on prétend exclure toute raison pour l'action qui n'est pas juridique – l'individu ne connaît que ces raisons –, ou alors on donne un statut extra-juridique aux raisons pour l'action que constituent l'existence des règles juridiques. Mais si l'on sépare droit et morale, les règles juridiques ne seront que l'un des types de raisons pour l'action *parmi d'autres* qui pèseront sur l'individu dans la détermination de son comportement.

73 H.L.A. Hart, « Positivism and the Separation of Law and Morals », art. cité, p. 75.

74 *Ibid.*, p. 53 ; J. Bentham, *A Fragment on Government*, *op. cit.*, p. 10 (Préface) : « *under a government of laws, what is the motto of a good citizen ? To obey punctually ; to censor freely* ».

75 Bentham dénonce dans son analyse de la Déclaration française des droits de l'Homme et du citoyen 1789 « l'esprit d'insurrection » que cultive l'idée d'un droit « imprescriptible »

faut replacer son propos dans le contexte plus général de démystification des fondements réels de l'autorité politique[76]. Pas plus qu'il n'existe une obligation morale d'obéir au droit, le titulaire du pouvoir ne jouit d'un droit naturel à l'obéissance. Le problème réside dans le concept des droits naturels, et non dans le contenu de tel droit particulier.

Rendre compte d'un irréductible rapport de force. – Une première idée est qu'un régime libéral ne peut inquiéter le citoyen qui se contente de critiquer les lois tout en y obéissant. La liberté de la *parole* est l'un des critères mêmes du régime libéral[77]. Cela ne répond cependant pas à la question de savoir s'il peut être justifié de désobéir. Il est clair que Bentham n'admet pas que l'on se *réserve* le droit d'obéir ou non en pure « conscience » – une conscience changeante et capricieuse. Cependant, Hart écrit au lendemain de la Seconde Guerre mondiale. La libre parole ne suffit à résoudre le « dilemme humain ». Aussi insiste-t-il sur une autre implication du *dictum* de Bentham[78]. Il faut que « critiquer librement » puisse, si nécessaire, être suivi d'action, sans quoi le gouverné ne connaît finalement qu'une obligation d'obéissance « scrupuleuse ». Il ne s'agit pas pour autant de s'en remettre aux droits naturels ou aux caprices de l'opinion. La décision d'obéir ou non se trouve laissée *in fine* à la décision rationnelle, chacun devant guider sa conduite à l'aune du principe d'utilité, car les exigences de l'utilité ne se confondent pas systématiquement avec les commandements de l'autorité[79]. Ainsi, il s'agit de comprendre qu'un citoyen peut cultiver une attitude critique à l'égard des institutions et qu'il n'est

---

de résistance à l'oppression : J. Bentham, « Anarchical Fallacies », *The Works of Jeremy Bentham, Vol. II*, Édimbourg, William Tait, 1843, éd. Bowring, p. 501, 504 (Art. II).

76 Ainsi, Bentham s'attaque dans un premier temps à la « pure fiction » du contrat social telle qu'elle sera invoquée par ceux qui prétendent se défaire de l'autorité : J. Bentham, « Anarchical Fallacies », *loc. cit.*, p. 501 (Art. II). Dans un deuxième temps, il étend son regard critique à ceux qui prétendent recourir à cette fiction pour asseoir l'autorité d'un gouvernement sur des fondements idéologiques : *id.*, *A Fragment on Government*, *op. cit.*, p. 36-39 (I, § 2-8), p. 51-58 (I, § 36-47), p. 92-94 (IV, § 13-17). Cette entreprise s'inscrit dans la démystification du droit et du langage sur lequel il repose afin de le révéler comme pure production de la volonté des gouvernants : H.L.A. Hart, « The Demystification of the Law », art. cité, p. 26.

77 Voir P. Niesen, « Parole, vérité et liberté de Jeremy Bentham à John Stuart Mill », trad. fr. E. de Champs, *Archives de Philosophie*, 2015, t. 78, p. 293-294.

78 H.L.A. Hart, « Positivism and the Separation of Law and Morals », art. cité, p. 77, 51 ; *id.*, « 1776-1976 : Law in the Perspective of Philosophy » (1976), *EJP*, p. 146.

79 Sur le présent point, spécifiquement, c'est ce qui ressort de J. Bentham, *A Fragment on Government*, *op. cit.*, p. 96-97 (IV, § 20-24), p. 104-105 (IV, § 39-41). Cette question est au cœur de l'utilitarisme « de la règle » que nous examinons *infra* p. 241 *sq.*

nullement condamné à la passivité[80]. Qui plus est, cette attitude critique instaure un rapport de force latent entre le corps citoyen et l'autorité qui, non seulement est un élément irréductible de leur relation, mais peut contribuer à astreindre les titulaires de l'autorité à la modération. L'importance de cette solution est la suivante : la dichotomie entre devoir d'obéissance et les caprices de la conscience ne forme pas une *summa divisio*. Il y a également une place pour la critique rationnelle. C'est en ce sens qu'il apparaît que Hart lit les travaux de Bentham.

Nous retrouvons dans tout ceci l'arrière-plan du positivisme hartien : (i) il n'existe aucune obligation morale en tant que telle d'obéir au droit positif. La question de savoir s'il faut obéir ou non ne peut être réglée par le droit positif lui-même. (ii) Le problème est celui de la responsabilité morale de l'individu qui accepte ou non de mettre en jeu sa responsabilité juridique. Quoi qu'il en soit, (iii) une entrave à la liberté ne constitue pas une violation des droits naturels de l'individu, mais un mal que l'autorité doit justifier. Ainsi, (iv) la liberté de l'individu n'est pas un attribut qu'il possède, mais réside dans la possibilité qu'il se réserve d'exercer une vigilance constante et un examen critique à l'égard des justifications que l'autorité invoque pour imposer des mesures de contrainte. C'est à cet exercice que Hart s'essaye directement dans *Law, Liberty, and Morality*.

Deux principes critiques de l'utilitarisme

Le principe d'utilité. – Il faut situer le principe premier de l'utilitarisme dans le cadre l'examen critique des justifications invoquées par l'autorité. Le « principe d'utilité » exige que les titulaires de l'autorité politique cherchent à produire « le plus grand bonheur pour le plus grand nombre de personnes » (Bentham) et à

---

80 Il n'y a de droit que créé par le souverain ou dont la création est habilitée par le souverain. Cette question est cependant à distinguer de celle de savoir si ces actes de création ont été (correctement) guidés par le principe d'utilité. Or, seul le principe d'utilité doit déterminer, en dernier ressort, la conduite de l'individu et permettre d'évaluer les mesures d'autorité : *id.*, *An Introduction to the Principles of Morals and Legislation*, *op. cit.*, p. 13 (I, § 6-10). L'obéissance « scrupuleuse » au droit est donc chez le citoyen benthamien une obéissance critique, éclairée, qui ne se contente pas de prendre note de la juridicité d'une norme pour déterminer sa conduite.

minimiser leurs souffrances[81]. L'énoncé le plus clair se trouve sans doute chez Mill.

> La croyance qui accepte, comme fondement de la morale, l'Utilité – ou principe du plus grand bonheur – tient que les actions sont bonnes ou sont mauvaises dans la mesure où elles tendent à accroître le bonheur, et ou à produire le contraire du bonheur. Par "bonheur" on entend le plaisir et l'absence de douleur ; par "souffrance" la douleur ou la privation de plaisir[82].

Le principe d'utilité a deux aspects. Il constitue, d'une part, un critère d'évaluation des institutions (parmi lesquels, le droit positif et la morale sociale)[83]. Il permet, d'autre part, de guider les décisions d'une autorité dans les choix de politiques publiques à adopter en fonction des conséquences qu'elles emportent pour le groupe concerné. Le principe d'utilité fonde ainsi une morale « conséquentialiste ». Toute question de valeur intrinsèque d'une institution ou de la substance d'une politique publique est donc écartée[84]. Cela fait partie de l'entreprise benthamienne de démystification. Tout en plaidant pour la réforme et la critique rationnelle des institutions, Bentham se distingue ainsi de la philosophie des lumières continentale en ce qu'il ne cherche pas à s'appuyer sur les évidences de la raison[85], mais sur l'unique principe d'utilité qui ne repose pas sur une raison supérieure[86].

Cependant, il s'agit également de résister aux facilités du subjectivisme et du non-cognitivisme[87]. Le grand apport du principe d'utilité, pour

81 J. Bentham, *An Introduction to the Principles of Morals and Legislation*, *op. cit.*, p. 11-13 (I, § 1-3, § 7-10). Pour un point d'entrée : F. Cova et F. Jaquet, « Qu'est-ce que l'utilitarisme ? », in N. Journet (Dir.), *La morale. Éthique et sciences humaines*, Auxerre, Éditions sciences humaines, 2012, p. 76 *sq.*

82 J.S. Mill, « Utilitarianism » (1861), *Utilitarianism and Other Essays*, Londres, Penguin Classics, 1987, p. 278 (II, § 2) ; *L'utilitarisme*, trad. fr. G. Tanesse, Paris, Champs Flammarion, 1988, p. 48-49.

83 Nous examinons plus loin la distinction entre morale positive et morale critique.

84 J. Bentham, *An Introduction to the Principles of Morals and Legislation*, *op. cit.*, p. 12-13 (I, § 6-8).

85 H.L.A. Hart, « Bentham's Principle of Utility and Theory of Penal Law » (1982), in J. Bentham, *An Introduction to the Principles of Morals and Legislation*, *op. cit.*, p. LXXXII-LXXXIII ; *id.*, « Introduction » [*EB*], p. 2 ; *id.*, « Bentham and Beccaria » (1964), *EB*, p. 45, p. 48 *sq.*

86 J. Bentham, *A Fragment on Government*, *op. cit.*, p. 58-59 (I, § 48). De manière plus tangente, voir *id.*, *An Introduction to the Principles of Morals and Legislation*, *op. cit.*, p. 16 (I, § 14).

87 Hart a ainsi soin de contraster le positivisme utilitariste de Bentham et Austin avec des formes de positivisme qui, tels Kelsen, reposent sur un non-cognitiviste éthique :

Bentham[88] comme pour Mill[89], est d'offrir un critère externe accessible à chacun, et donc de donner un caractère objectif à la critique de l'action des institutions positives. Entreprendre une critique en fonction des conséquences d'une conduite ou d'une politique publique offre un terrain commun à deux évaluateurs en désaccord : leurs points de vue deviennent commensurables. Pour cette raison, mobiliser ce principe rend opposable la critique aux titulaires de l'autorité[90]. Ou bien ces derniers justifient en utilité la mesure qu'ils prétendent édicter, ou alors ils révèlent qu'ils n'estiment pas avoir à le faire en ces termes. Cela constituera dans les deux cas un élément du rapport de force entre les concepteurs et les destinataires d'une politique publique. Il faut toutefois noter que Bentham ne soutient, ni que le souverain jouit d'un pouvoir illimité d'édicter les lois, ni qu'il existe un droit de résistance des sujets qui leur permettrait de choisir en conscience de se soumettre ou non. Le principe d'utilité fournit le critère externe permettant de guider rationnellement le gouvernant tout comme son sujet[91].

La philosophie utilitariste repose fondamentalement sur un principe « maximisateur et collectif » (*maximising and collective*)[92]. En effet, Bentham n'a pas recours à la notion d'intérêt « général ». Il appréhende cependant les situations sociales dans leur ensemble. Le calcul d'utilité (des conséquences des actions et des politiques publiques) n'a de raison d'être qu'à l'échelle du groupe social dans son ensemble[93]. Si le principe d'utilité est mobilisé dès son origine dans une perspective libérale, il renferme un potentiel liberticide dès lors qu'il peut tout à fait résulter d'un calcul d'utilité qu'il est socialement souhaitable d'entraver l'autonomie d'un individu. En effet, cette mesure serait justifiée au regard du principe d'utilité.

On ne peut pas dire que l'on trouve chez Hart une quelconque tentative d'établir un bilan ou un calcul d'utilité par une considération détaillée

---

« Positivism and the Separation of Law and Morals », art. cité, p. 82-83.

88 J. Bentham, *An Introduction to the Principles of Morals and Legislation*, *op. cit.*, p. 15 (I, § 14(3)) ; *id.*, *A Fragment on Government*, *op. cit.*, p. 105 (IV, § 41) : « *Had the debate been originally and avowedly instituted on the footing of utility, the parties might at length have come to an agreement ; or at least to a visible and explicit issue. (...) The question [would] now [be] manifestly a question of conjecture concerning so many future contingent matters of fact. (...) Here, then, we have a plain and open road, perhaps, to present reconcilement : at worst to an intelligible and explicit issue* ».

89 J.S. Mill, « Utilitarianism », *loc. cit.*, p. 293 (II, § 20).

90 J. Bentham, *A Fragment on Government*, *op. cit.*, p. 95-97 (IV, § 19-24), p. 104-105 (IV, § 39-41).

91 *Ibid.*

92 H.L.A. Hart, « Utilitarianism and Natural Rights », art. cité, p. 182.

93 J. Bentham, *An Introduction to the Principles of Morals and Legislation*, *op. cit.*, p. 12 (I, § 4-6) ; J.S. Mill, « Utilitarianism », *loc. cit.*, p. 282 (II, § 8).

des multiples formes de bien-être et de souffrances engendrées par une situation, comme on peut en trouver, par exemple, chez Bentham, où l'utilité joue un rôle très concret[94]. Mais à vrai dire, on ne trouve pas de telles considérations dans le travail de Mill non plus. L'utilité va jouer un rôle chez Hart en tant que principe général. C'est à l'aune de ce principe qu'il tempère l'effet d'autres valeurs et principes qui jouent un rôle important chez d'autres auteurs[95], et qu'il demande aux détenteurs d'autorité d'apporter des justifications adéquates pour les mesures de contraintes que ceux-ci entendent faire peser sur l'individu[96].

Le principe de non-nuisance. – Mill introduit un second principe critique dans le schéma utilitariste – le principe de non-nuisance (*harm principle*[97]) – non seulement pour faire face à une législation liberticide, mais comme correctif du principe d'utilité[98]. Il résulte de ce second principe que l'on ne saurait entraver la liberté d'un individu que pour lui empêcher de causer du tort, ou de nuire, à autrui. Mill fait donc peser une contrainte justificative supplémentaire sur les titulaires de l'autorité publique[99].

La difficulté de la notion de « *harm* » est cependant qu'il est souvent difficile de distinguer les actions « qui portent atteinte à autrui », que la société peut donc réprimer, et celles qui « ne regardent que l'individu[100] ». Cependant, il n'existe, à y regarder de près, aucun type de conduite qui n'affecte autrui absolument d'aucune manière (ne serait-ce

94 Hart prend l'exemple de son étude critique du traitement des personnes dans les maisons de détention et de travail : H.L.A. Hart, « Introduction », *EB*, p. 4-5.

95 Voir *infra* p. 251 *sq.*

96 Voir *infra* p. 187 *sq.* Les principes d'utilité et de non-nuisance ont pour Hart une fonction de morale critique. Ce sera l'objet de notre second chapitre.

97 J.S. Mill, *On Liberty*, *op. cit.*, p. 68 (I, § 9). Nous examinerons plus loin la position de Mill dans le détail : *infra* p. 233 *sq.*

98 H.L.A. Hart, « Utilitarianism and Natural Rights », art. cité, p. 193.

99 Cette idée peut signifier que les titulaires de l'autorité à qui incombe la tâche de justifier l'utilité d'une entrave à l'autonomie peuvent tout de même s'en acquitter : J.S. Mill, *Principles of Political Economy – Collected Works, Vol. III*, Toronto, University of Toronto Press, 1965 (1848), p 939 (V.xi, § 2). Cependant, il ressort de *On Liberty* que le principe de non-nuisance met en échec tout calcul d'utilité concret appliqué à l'individu pour ne s'en remettre qu'à un principe absolu : D. Lyons, « Human Rights and the General Welfare », *Philosophy & Public Affairs*, 1977, vol. 6, p. 117. Pour une interpretation récente : L.W. Sumner, « Mill's Theory of Rights », in H.R. West (Dir.), *The Blackwell Guide to Mill's Utilitarianism*, Oxford, Blackwell, 2006, p. 196. Il existe donc une tension dans l'œuvre de Mill – qu'il s'agisse d'une évolution de ses idées ou d'un traitement différent selon les objets d'étude. Voir *infra*, p. 232 *sq.*

100 J.S. Mill, *On Liberty*, *op. cit.*, p. 70-72 (I, § 11-14).

qu'émotionnellement) ; or on pourrait tout réprimer dès lors qu'autrui se déclarerait affecté par une conduite donnée[101]. Ce n'est donc pas là le critère pertinent de l'acte « nuisible » (*harmful*). Il ne s'agit pas de tracer les contours d'une catégorie d'actes qui n'auraient aucune conséquence pour autrui[102], mais d'opposer une forte contrainte justificative à qui souhaite entraver l'autonomie de l'individu en exigeant des raisons suffisantes. Le principe de non-nuisance vise à saper l'invocation du sentiment moral de la majorité comme forme de justification valable[103], et ainsi à limiter les modes de justification auxquels l'autorité peut avoir rationnellement recours[104].

Les rapports de Hart à l'héritage utilitariste qu'il revendique sont complexes – voire ambigus. Là où Bentham invoque une priorité du principe d'utilité dans l'évaluation morale des actes[105], Hart prend conscience de la limite du champ d'application de ce principe qui ne peut pas répondre à chaque problème logique lié à l'application des règles. Il trouvera dans les principes de « justice et d'équité » le complément nécessaire au principe d'utilité[106]. D'autre part, bien que le principe de non-nuisance figure dans *Law, Liberty, and Morality*, le juriste d'Oxford

101 Pour cette raison, nombre d'auteurs ont relevé l'ambiguïté du concept de « *harm* ». La notion de ce qui porte atteinte ou qui cause un tort à autrui, non seulement n'est en effet pas moralement neutre, mais peut être difficilement limitée à une catégorie de comportements. Cela fait partie des critiques que l'on oppose à Hart. Voir par ex. : N. MacCormick, *H.L.A. Hart*, *op. cit.*, p. 189 ; P. Cane, « Taking law seriously : starting points of the Hart/Devlin debate », art. Cité, p. 36 ; Ten, « Enforcing a Shared Morality », *Ethics*, 1972, vol. 82, p. 321 ; J. Raz, « Autonomy, Toleration, the Harm Principle », in P.M.S. Hacker et J. Raz (Dir.), *Law, Morality, and Society. Essays in Honour of H.L.A. Hart*, Oxford, Clarendon Press, 1977, p. 327.

102 *LLM*, p. 5 ; C.L. Ten, « Mill on Self-Regarding Actions », art. cité, p. 31 ; D.G. Brown, « The Harm Principle », C. Macleod et D.E. Miller (Dir.), *Blackwell Companion to Mill*, Wiley-Blackwell, 2017, p. 411-414.

103 C.L. Ten propose une explication très claire de cette question : « Mill on Self-Regarding Actions », *Philosophy*, 1968, vol. 43, p. 33 ; *id.*, « Crime and Immorality », *The Modern Law Review*, 1969, vol. 32, p. 657. Voir ég. : R. Dworkin, « Liberty and Liberalism », art. cité, p. 263.

104 Mais il semble alors que l'autorité ne peut justifier aucune intervention dès lors que la sphère privée de l'individu est *invoquée*. Mill condamne ainsi toute entreprise paternaliste. Il est critiqué sur ce point par Hart. Cela rend la sphère d'autonomie de l'individu d'emblée inviolable étant donné que Mill rejette toute justification *envisageable* de l'action des autorités publiques. C'est le sens de la critique de fond de Hart (*infra* p. 247 *sq.*, et 252 *sq.*).

105 Et ce par-delà les motifs concrets que l'on peut avoir d'agir. J. Bentham, *An Introduction to the Principles of Morals and Legislation*, *op. cit.*, p. 32-33 (II, § 19).

106 Voir *infra* p. 259 *sq.*

consacrera une partie de ses efforts à opposer une critique cinglante à Mill dans ses travaux ultérieurs. Nous consacrons plus loin des développements à ces questions[107].

Exiger des justifications :
la liberté entre « freedom » et « liberty »

La nature du libéralisme utilitariste de Hart peut être mise en lumière en examinant la manière dont il a recours à la terminologie de la liberté dans *Law, Liberty, and Morality*, notamment l'utilisation des mots « liberty » et « freedom ». Hart ne suit pas de règle stricte dans l'usage respectif de ces deux termes, bien qu'il remarque le caractère déroutant de la terminologie de la liberté[108]. Il nous semble néanmoins qu'un schéma clair et homogène émerge de l'analyse de *Law, Liberty, and Morality* et de *Morality of the Criminal Law*. Le terme de *liberty* renvoie à une valeur dont doivent tenir compte les autorités et les agents sociaux dans leur traitement des individus, là où la notion de *freedom* renvoie à l'autonomie dont peut bénéficier l'individu[109].

En effet, on peut relever que dans les cas où Hart évoque une valeur qui devrait être reconnue ou prise en compte par les autorités, c'est pour évoquer « la valeur universelle d'*individual liberty*[110] ». À côté de cet usage principal, nous pouvons observer que *liberty* est employé essentiellement dans deux sens proches mais distincts. D'une part, le terme est employé pour évoquer quelque chose que l'on ne saurait entraver sans offrir une justification adéquate[111]. D'autre part, le terme est employé pour désigner ce qui est entravé lorsque l'on fait peser des contraintes spécifiquement juridiques sur l'individu[112]. La notion d'*individual liberty* est ainsi mobilisée dans les cas où l'on s'intéresse au titre à agir ainsi qu'à la manière d'agir d'une autorité. Il s'agit d'une valeur qui doit être prise en compte par les autorités politiques

107 Voir *infra* p. 232 *sq.*

108 H.L.A. Hart, « Are There Any Natural Rights ? », art. cité, p. 175.

109 L'importance de cette distinction appraîtra plus loin lorsqu'il faudra situer Hart entre les influences de Bentham et de Mill : *infra* p. 251 *sq.*

110 *LLM*, p. 46, 47 (cinq occurrences) ; *MCL*, p. 29, 31, 37 (deux occurrences). Nous relevons deux occurrences contraires où il évoque la valeur d'« *individual freedom* » : *LLM*, p. 70 ; *MCL*, p. 26.

111 *LLM*, p. x, 21, 79 ; *MCL*, p. 32, 33.

112 *LLM*, p. 21, 31, 32.

dans un pays libre : il ne peut exister d'objection absolue à ce que l'on entrave l'autonomie d'un individu, mais la légitimité de la mesure en question est très étroitement liée à la possibilité d'en offrir une justification adéquate. Les organes officiels doivent donc montrer qu'ils ont donné tout son poids à la valeur de *liberty* dans leur processus de prise de décision.

Le terme de *freedom*, en revanche, n'est pas mobilisé pour examiner la justification de l'action des autorités, ni pour examiner leur processus de prise de décision. Il désigne la chose dont jouit l'individu, ou dont il peut perdre la jouissance. Il s'agit donc d'un bien – disons plutôt que la *freedom* est l'une des composantes du bien-être de l'individu que l'utilitariste cherche à maximiser[113]. On remarquera, d'ailleurs, que le terme apparaît toujours aux côtés du terme de « souffrance » ou « misère[114] ». La perte ou la décroissance de *freedom* sont qualifiées de coûts qu'une politique légitime doit pouvoir compenser par l'accroissement de bien-être que permettrait la mesure concernée[115].

Ainsi, (i) le terme *freedom* est utilisé lorsque Hart renvoie à ce dont le philosophe utilitariste doit tenir compte pour le calcul d'utilité qu'il met en œuvre dans sa critique d'une politique juridique. Si l'on ajoute à cela le fait (ii) qu'il considère la *liberty* comme une valeur plutôt qu'un attribut de l'individu, on perçoit que sa conception du libéralisme ne repose pas sur la défense de droits de l'individu opposables à l'autorité, mais sur l'encadrement des autorités politiques et juridiques contraintes d'offrir une justification rationnelle de leurs actions. Il faut alors comprendre, dans cette perspective, (iii) que la perte de *freedom* est un mal que l'autorité doit justifier en montrant qu'elle a donné toute la considération nécessaire à la valeur de *liberty*[116].

---

113 *MCL*, p. 23 : « *an accused person is often fighting for his life or freedom* ».

114 *LLM*, p. 43, 57, 73, 82, 83 : « *sacrifice of freedom and suffering* » ; « *misery and sacrifice of freedom* ».

115 *LLM*, p. 73 : « *[It must] outweigh its cost in human misery and deprivation of freedom* ».

116 C'est ce que semble soutenir dans un article récent L. Green, « Should Law Improve Morality ? », art. cité, p. 476 : « *What makes the view liberal is (…) that it gives special weight to the value of liberty in the decision about whether to enforce anyone's morality* ».

UNE CRITIQUE DE LA PHILOSOPHIE DES DROITS NATURELS

Hart écrit que deux grandes « philosophies de gouvernement » se font face en Occident[117]. D'un côté, les théories des droits naturels de l'individu (*right-based theories*), qui ont inspiré les grandes déclarations du XVIIIe siècle, reconnaissent comme critère du bon gouvernement la garantie juridique des droits moraux naturels de l'individu[118]. D'un autre côté, la philosophie utilitariste classique, pour laquelle la notion de droit subjectif ne se comprend que comme le produit du *droit positif*, refuse de reconnaître la pertinence de la notion de droits naturels. Face à l'effervescence des philosophies des droits d'après-guerre (celle de Dworkin, Rawls, Nozick, Lyons, Scanlon, etc.), Hart se montre plus ouvert que ses prédécesseurs à l'idée que l'on puisse *éventuellement* apporter un fondement crédible à la notion des droits naturels. Cependant, il faudrait pour cela surmonter dans un premier temps certaines objections de taille[119].

Positivisme et droits moraux : rejet de la philosophie des droits naturels

Le premier problème est logique. En effet, aucun critère ne permet de connaître, en l'absence d'une détermination *officielle*, le contenu ou la liste des droits dont l'individu est censé jouir[120]. Hart écrit que toute théorie des droits moraux repose sur une logique « distributive et individualisante » (*distributive and individualising*)[121]. Chaque individu détient, de manière inhérente, des droits égaux – *équivalents* mais *opposables* à chaque autre individu. Or, cela semble analytiquement

117 H.L.A. Hart, « Between Utility and Rights », art. cité, p. 198.

118 *Ibid.*, p. 208-209 ; *id.*, « Utilitarianism and Natural Rights », art. cité, p. 182 ; *id.*, « Natural Rights : Bentham and John Stuart Mill », art. cité, p. 90.

119 H.L.A. Hart, « Utilitarianism and Natural Rights », art. cité, p. 195 ; *id.*, « Between Utility and Rights », art. cité, p. 222.

120 H.L.A. Hart, « Natural Rights : Bentham and John Stuart Mill », art. cité, p. 82. Ils sont « *criterionlessness* ».

121 H.L.A. Hart, « Utilitarianism and Natural Rights », art. cité, p. 182. Cette logique distributive n'appartient pas en propre aux droits moraux. Hart mobilise lui-même un « principe de justice » de nature distributive. Le rejet des doctrines des droits moraux ne tient donc pas à leur caractère distributif, mais à l'impossibilité de les fonder. Voir *infra* p. 250 *sq*.

vicié. Si l'on suit Bentham, cette situation s'analyse en une possibilité pour chacun de pouvoir, non seulement revendiquer les mêmes jouissances et intérêts, mais également en exclure chaque autre. Les droits invoqués sont donc inopérants tant qu'ils demeurent simplement « naturels[122] », c'est-à-dire non-positifs. C'est seulement l'intervention d'une *autorité* (juridique, par exemple) qui a pour effet, précisément, de résoudre ce problème en délimitant et en hiérarchisant les droits et les revendications réciproques des uns et des autres. Or, un droit cesse alors d'être détenu en mesure égale. Par ailleurs, c'est également ainsi qu'un intérêt acquiert protection effective. C'est l'érection d'un droit subjectif en droit positif qui garantit sa protection. Mais alors, il n'est plus nécessaire de discuter de la question de savoir si c'est un droit (moral) « naturel » ou non. Bien entendu, on pourrait soutenir que la garantie en droit positif d'un droit subjectif ne se justifie que parce que l'individu possède déjà un tel droit moral. On n'échappe pas au fait que les droits naturels, ou bien sont inopérants, ou alors sont de simples duplications de règles de droit positif qui sont la source véritable de la garantie des droits de l'individu. Autant dire, non pas que l'on possède tel ou tel droit naturel, mais que le droit positif *devrait* garantir telle ou telle protection – ce qui n'est pas dire la même chose.

Le cœur de la critique est d'ordre politique. Bentham dénonce, d'une part, le potentiel anarchique et déstabilisateur des doctrines des droits naturels, nous l'avons dit. Le discours des droits ne masquerait en réalité que les préférences politiques (*political caprice*) de ceux qui les revendiquent pour s'affranchir unilatéralement du droit positif[123].

Ce potentiel de désorganisation nous semble aujourd'hui à relativiser étant donné les moyens de domination concrets dont dispose l'État. Le problème est, à l'inverse, que les droits naturels n'offrent aucune protection effective à l'individu en dehors du droit positif. C'est ce point qui semble avoir eu une influence déterminante sur Hart. Les droits ne sont d'aucun secours contre une autorité politique qui a entrepris d'abuser de ses pouvoirs – qui ne garantit pas/plus l'invocabilité des droits devant les juridictions par la mise en œuvre de réformes législatives conservatrices,

122 J. Bentham, « Anarchical Fallacies », *loc. cit.*, p. 503 : « *what is everyman's right is no man's right* ».

123 *Ibid.*, p. 501-502. Voir H.L.A. Hart, « Natural Rights : Bentham and John Stuart Mill », art. cité, p. 82.

qui fait fi des décisions rendues sur le fondement de ces droits, ou qui attaque frontalement l'indépendance et réduit en soumission le pouvoir judiciaire[124]. Leur efficacité est donc entièrement tributaire du contexte politique, non l'inverse, et ils sont parfaitement inopérants (*nugatory*) lorsque l'individu encourt un danger ou des abus véritables[125]. En d'autres termes, les droits naturels n'offrent une protection que dans la mesure où ils sont garantis par le droit positif, ce que l'on ne saurait concevoir que dans un contexte de *modération* dans l'exercice du pouvoir.

C'est la raison pour laquelle Bentham qualifie les droits naturels d'« absurdités montées sur des échasses[126] » : il s'agit, ou bien de revendications politiques tendant au refus de l'autorité, ou alors de protections formelles qui révèlent leur inefficacité au moment où cela compte le plus. Il n'existe aucun mécanisme juridique qui puisse garantir notre liberté une fois pour toutes. C'est la grande illusion des droits. Tout au plus constituent-ils un élément d'un régime politique stable et modéré dont ils ne sont pas la cause.

Il faut alors revenir à la conception utilitariste de la liberté[127]. Les individus n'obtiennent en fin de compte une part de liberté que grâce à la modération dans l'exercice du pouvoir, modération à laquelle ils peuvent contribuent directement par le rapport de force qu'ils instaurent

124 Ainsi par exemple, à l'heure où nous écrivons ces lignes (printemps 2019), le droit à l'avortement est remis en cause dans certains pays d'Europe. Nous assistons également à de tristes tentatives d'épuration judiciaire (comme en Pologne) qui ne présagent pas d'une grande efficacité des mécanismes de protection des droits fondamentaux.

125 J. Bentham, « Anarchical Fallacies », *loc. cit.*, p. 502. Voir : H.L.A. Hart, « 1776-1976 : Law in the Perspective of Philosophy », art. cité, p. 151-152 ; *id.*, « Utilitarianism and Natural Rights », art. cité, p. 186 ; *id.*, « Natural Rights : Bentham and John Stuart Mill », art. cité, p. 80-82. À l'inverse, il paraît artificiel d'attribuer le fait pour une société de sombrer dans le chaos de la guerre civile à des revendications multiples de droits (à la résistance, etc.).

126 J. Bentham, « Anarchical Fallacies », *loc. cit.*, p. 501 : « *nonsense on stilts* ».

127 Il est aisé d'oublier, lorsqu'on l'oppose à la philosophie des droits de l'homme, que l'utilitarisme est, dès son origine, un courant *libéral*. Certains auteurs s'inquiètent ainsi que la critique de Bentham puisse mener au despotisme éclairé : M. El Shakankiri, « Jeremy Bentham : critique des droits de l'homme », *Archives de philosophie du droit*, 1964, vol. 9, p. 145. Cependant, Guillaume Tusseau rappelle que si « la critique (...) des droits naturels est sans conteste l'un des aspects fondamentaux de la doctrine de Bentham (...) la dynamique que le principe d'utilité imprime à l'activité jurislatrice n'en fait pas moins de Bentham un promoteur méthodique des prérogatives de l'individu et d'un régime politique assurant leur respect » : G. Tusseau, « Jeremy Bentham et les droits de l'homme : un réexamen », *Revue trimestrielle des droits de l'homme*, 2002, p. 410-411 ; *id.*, *Jeremy Bentham, La guerre des mots*, Paris, Dalloz, 2011, p. 53 *sq.*

par leur vigilance et leur regard critique à l'encontre des autorités[128]. Sur ce point, comme ailleurs[129], Hart est très proche de Bentham. Nous pouvons ainsi conclure de ces développements à une opposition entre deux traditions libérales. Hart oppose la logique « distributive et individualisante » d'une théorie des droits naturels à reconnaître en chaque individu[130], à la logique « maximisatrice et collective » du principe d'utilité pour lequel la liberté des individus n'est qu'un aspect du bien-être collectif[131].

La conception utilitariste de la liberté, dans sa forme la plus simple, repose ainsi (i) sur le fait de permettre une critique rationnelle des institutions positives. Cela suppose que l'on dispose des moyens de procéder à cette critique, et que l'on dispose donc (ii) des moyens méthodologiques de connaître objectivement ce que l'on critique (c'est ici que se situe la fonction d'« exposition » du droit – la dimension positiviste), ainsi que (iii) l'outil permettant de procéder à une critique rationnelle et objective opposable aux autorités. C'est à cet endroit qu'interviennent les principes d'utilité et de non-nuisance. La critique utilitariste des institutions prétend ainsi à l'objectivité à deux niveaux distincts mais complémentaires. C'est la réunion de ces deux niveaux qui donne son sens à la notion de « positivisme critique ».

Admettre les « droits moraux positifs » : correction de la position benthamienne

Nous pouvons nous tourner à présent vers l'article « Are There Any Natural Rights ? » (1955) dont Hart, ainsi que nous l'avons noté en introduction, a désavoué l'essentiel du propos[132]. Il examine l'hypothèse de l'existence des droits moraux de la personne ainsi que les contraintes logiques internes de la notion[133]. Il conclut à l'« affirmation

---

128 Ce qui ressort, par ex., de : J. Bentham, *A Fragment on Government*, *op. cit.*, p. 9-10 (Préface), p. 56 (I, § 43).

129 C'est l'objet de notre seconde partie.

130 Que ce soit le droit égal à la sollicitude et au respect (Dworkin), le droit égal au système le plus étendu de libertés de base pour tous (Rawls), etc.

131 H.L.A. Hart, « Utilitarianism and Natural Rights », art. cité, p. 182.

132 H.L.A. Hart, « Introduction » (1983), *EJP*, art. cité, p. 17 ; H.L.A. Hart et D. Sugarman, « Hart Interviewed : H.L.A. Hart in Conversation with David Sugarman » (1988), art. cité, p. 125.

133 H.L.A. Hart, « Are There Any Natural Rights ? », art. cité, p. 176.

conditionnelle » que si des droits *moraux* existent, alors il doit exister au moins un droit *naturel* : le droit égal de tous les hommes à être libres. Il ne soutient pas qu'il existe des droits naturels, mais examine les conditions d'intelligibilité de la notion[134]. Les droits, et la justification morale de l'entrave à la liberté d'autrui qu'ils permettent, doivent s'analyser comme autant de cas particuliers du droit naturel égal qu'ont tous les hommes d'être libres[135]. Ils ne sont intelligibles qu'adossés à ce point de référence.

Pourquoi l'abandon de cet article ? Cette décision a suscité la perplexité dans la mesure où nombre d'auteurs continuent d'y voir une contribution majeure à la philosophie morale contemporaine[136]. Pour n'avancer qu'une piste, sans doute Hart a-t-il préféré lever l'ambiguïté qui pouvait entourer la nature hypothétique de sa démonstration. On pourrait le lire comme partant d'une affirmation inconditionnelle qu'il existe un droit naturel de tous les hommes à être libres, l'enjeu devenant simplement de démêler les implications de cette affirmation. Il ne nous semble pas que ce soit son propos. Peut-être était-il également devenu important de marquer, sur cette question, la dureté du positivisme juridique dont il était devenu l'un des principaux représentants[137].

Quoi qu'il en soit, il faut distinguer l'importance d'une publication qui suit une trajectoire propre dans l'histoire des idées, et la question de savoir si elle occupe une place importante dans la pensée de son auteur. Par son papier de 1955, Hart a contribué à la consécration,

134 Il nous semble donc difficile de tirer de quelconques conclusions positives de cet article. Hart n'y soutient une thèse qu'à titre hypothétique : « s'il existe des droits moraux quelconques, il s'ensuit qu'il existe au moins un droit naturel, le droit naturel de tous les hommes à être libres » (trad. fr. p. 239). Il note également que le monde Antique a pu accéder à une forme d'épanouissement ou de réalisation des personnes sans le concept de droits naturels (*ibid.*, p. 176).

135 H.L.A. Hart, « Are There Any Natural Rights ? », art. cité, p. 188.

136 H. Steiner, « Are There Still Any natural Rights ? », art. cité, p. 240. Steiner interprète le droit égal à la liberté comme un droit *fondationnel*, ce qui déforme d'emblée le propos de Hart. Par ailleurs, il ne fait pas le lien avec la distinction entre morale positive et morale critique. Pour une discussion de cette question qui donne également plus d'importance à l'article de 1955 : J.-F. Kervégan, « Le positivisme de Hart et la question des droits moraux », *Droit & Philosophie*, 2014, vol. 6, p. 105 *sq.*

137 Par exemple, il écrit au sujet de la conférence « Positivism and the Separation of Law and Morals » qu'il était devenu « tout à coup très antipathique à l'égard de conceptions (…) trop sentimentales de la connexion entre le droit et la morale » : H.L.A. Hart et D. Sugarman, « Hart Interviewed : H.L.A. Hart in Conversation with David Sugarman », art cité, p. 281.

en philosophie morale contemporaine, de l'analyse des droits moraux compris, non comme attributs de l'individu, mais comme une question de justification qu'il faut saisir à l'aune de ses contraintes logiques internes[138]. Ainsi, les travaux de philosophes juridiques et moraux qui accordent par la suite une place centrale à la notion des droits moraux, tels T.M. Scanlon[139] ou R.M. Dworkin[140], se saisissent de la question dans le cadre de la démarche entreprise par Hart, entre autres, près de quinze ans auparavant[141].

Cela étant, malgré le rejet durable de l'idée de droits moraux naturels, Hart esquisse dans « Are There Any Natural Rights ? » un axe de réflexion qu'il poursuivra par la suite en dépit des évolutions. En effet, il critique la réduction, chez Bentham, de la notion de droit individuel

138 C'est un angle d'investigation que l'on trouve dès : H.L.A. Hart, « The Ascription of Responsibility and Rights » (1949), art. cité. Dans l'article de 1955, posséder un droit signifie avoir un titre à imposer à autrui une conduite qu'il n'a pas choisie. Revendiquer un droit revient à faire valoir une justification morale pour cette entrave à la liberté qu'on lui demande d'accepter : *id.*, « Are There Any Natural Rights ? », art. cité, p. 183, 187, 189.

139 Voir : T.M. Scanlon, *L'épreuve de la tolérance*, Paris, Hermann, coll. « L'avocat du diable », 2018.

140 Ainsi, par exemple, Ronald Dworkin, « Taking Rights Seriously », art. cité, qui se propose de lever une « série de confusions » qui sont l'« explication profonde » de notre « embarras » face aux arguments qui invoquent les droits fondamentaux, confusions qui auraient « obscurci » nos questionnements (p. 188). Il interroge « ce que signifie *le fait de dire* » qu'un individu possède un droit (p. 193). Si revendiquer des droits doit *avoir du sens* (personne ne souhaitant y renoncer), alors il en découle une série *d'implications* morales (p. 198-199). Il part d'une réflexion logique sur les implications de l'usage de la notion de droits individuels « au sens fort » (p. 190).

141 John Rawls cite « Are There Any Natural Rights ? » (1955) dans l'un de ces premiers exposés de sa théorie de la justice : J. Rawls, « Justice as Fairness », art. cité, p. 653 n. 1. Hart critiquera vigoureusement la thèse de Rawls dans « Rawls on Liberty and Its Priority » (1973), *EJP*, p. 223 *sq.* Rawls reconnaîtra l'importance de ses critiques en remaniant sa conception de la « *justice as fairness* » : J. Rawls, *Justice as Fairness – A Restatement*, Cambridge Mass., The Belknap Press, 2001, § 13, p. 42 n. 2. Néanmoins, nous verrons plus loin que Hart a lu l'article de Rawls « Two Concepts of Rules », *The Philosophical Review*, 1955, vol. 64, p. 3 *sq.*, notamment dans la distinction qu'il établit entre la justification du *contenu* d'une règle, et la justification de son *application* : *infra* p. 260 *sq.* Des liens d'amitié avaient été noués lors de l'année universitaire 1952-1953 que Rawls passa à Oxford. Ils furent renouvelés dès 1955-1956 lors du passage de Hart à Harvard, puis en 1965-1966 lors de l'année passée par Rawls à Oxford. Il s'y était rendu en 1952-1953, mais il n'est pas clair si le dialogue avait été établi : N. Lacey, *A Life of H.L.A. Hart*, *op. cit.*, p. 169 ; T. Pogge, *John Rawls. His Life and Theory of Justice*, trad. ang. M. Kosch, Oxford, Oxford University Press, 2007, p. 16, 23. On constate ainsi que les deux hommes ont conservé un dialogue soutenu et d'une grande qualité dont l'article de 1955 semble être le point de départ.

à une création juridique[142]. L'utilitarisme classique ne parvient pas à rendre compte, comme forme de justification morale, des revendications quotidiennes de droits moraux par les individus[143]. Dans l'un des plus importantes contributions aux *Essays on Bentham*, il poursuit cette critique, affirmant que s'il n'y a aucun sens à défendre l'existence de droits naturels qui ne sont adossés à aucune institution sociale ou qui seraient le reflet d'une certaine nature humaine, on peut néanmoins admettre sans contradiction qu'il existe des « droits moraux extra-juridiques » (*non-legal moral rights*)[144]. Il s'agit simplement de « créations morales[145] » relevant de la *morale positive* conventionnelle du groupe. Nulle trace ne demeure d'un quelconque droit naturel égal des hommes à la liberté. Cette évolution est amorcée dès 1958 dans l'article « Legal and Moral Obligation », paru trois ans après « Are There Any Natural Rights[146] ? ». Hart développe ici la notion d'une obligation morale qui relève de la morale positive du groupe qui n'est toutefois à confondre ni avec une obligation juridique, ni avec une obligation naturelle. Il faut simplement voir que les normes positives ne se limitent pas au droit.

Pour cette raison, il apparaît que l'articulation entre morale positive et morale critique est la clé de lecture de l'évolution des positions de Hart sur ce point. (i) Les droits extra-juridiques relèvent bien de normes positives – celles de la morale positive. Sa conception de ce que peut être un droit moral (extra-juridique, mais positif) est à distinguer d'un droit moral naturel. Hart attire ainsi notre attention sur le fait que les règles juridiques n'épuisent pas la catégorie des règles positives. Il ne concède pas à la naturalité des droits. Son objectif est de corriger une position benthamienne qu'il accepte dans ses grandes lignes. (ii) Par

142 Il continue de montrer son attachement à cette question dans l'un des derniers textes qu'il publiera : H.L.A. Hart, « Answers to Eight Questions » (1988), L. Duarte D'Almeida *et al.* (Dir.), *Reading H.L.A. Hart's* The Concept of Law, Oxford, Hart, p. 291-292.

143 H.L.A. Hart, « Are There Any Natural Rights ? », art. cité, p. 185.

144 H.L.A. Hart, « Natural Rights : Bentham and John Stuart Mill » (1980), art. cité, p. 83-84.

145 *Ibid.*, p. 83 : « *moral artefacts* ».

146 H.L.A. Hart, « Legal and Moral Obligation », in A.I. Melden (Dir.), *Essays in Moral Philosophy*, Seattle, University of Washington Press, 1958, p. 105. Hart évoque de nouveau cette question dans « Jhering's Heaven of Concepts and Modern Analytical Jurisprudence », art. cité, p. 276, où il soutient qu'une promesse fait naître une obligation morale du fait des *conventions* sociales auxquelles la *pratique* de la promesse comme usage particulier du langage est adossée. Il reconnaît explicitement dans cet article sa dette envers J.L. Austin et sa notion de performativité du langage.

ailleurs, le rapport de force inévitable qui s'instaure entre le citoyen et toute autorité – que le citoyen doit parvenir à instaurer – doit se penser en termes de morale critique. Une théorie des droits naturels ne permet d'apporter une solution définitive au problème sans cesse renouvelé de la modération qu'il faut imposer aux détenteurs de l'autorité. Dès lors, le libéralisme de Hart ne serait pas renforcé par une quelconque théorie des droits moraux. Nous n'y voyons donc pas une lacune[147]. (iii) S'il est sans doute vrai que l'on peut difficilement réduire chaque problème moral à des considérations d'utilité, nous verrons que Hart propose un nécessaire complément au principe d'utilité. Or, ce n'est pas dans une philosophie des droits moraux qu'il le trouve. Pour le comprendre, il faudra nous pencher sur les principes de « justice ou d'équité » qui occupent une place importante dans ses travaux[148].

Law, Liberty, and Morality et *The Morality of the Criminal Law* relèvent de la dimension de son œuvre que Hart consacre, non au positivisme juridique en tant que tel, mais à la critique morale des institutions juridiques. Nous espérons avoir utilement situé ces conférences dans le contexte plus général de sa conception de la séparation du droit et de la morale. Nous pouvons à présent nous intéresser aux conditions dans lesquelles il déploie cette critique.

---

147 Voir *supra* notre discussion de cette question en introduction p. 154 *sq.*
148 Voir *infra* p. 259 *sq.*

II. DES PRINCIPES DE MORALE CRITIQUE EN LIEU DES DROIT NATURELS

Law, Liberty, and Morality est un document précieux pour saisir les contours du libéralisme hartien. Nous avons ici un « manifeste[1] » pour la dépénalisation de l'homosexualité : trois conférences, auxquelles s'ajoutent une quatrième de *The Morality of the Criminal Law.* Voici l'endroit, si Hart avait défendu une théorie des « droits » (moraux, naturels, fondamentaux, etc.) des personnes homosexuelles, où l'on aurait dû la trouver. Or, à aucun endroit n'en revendique-t-il une. Des tentatives ont été menées par d'autres, que nous examinons plus loin, pour trouver dans le principe de non-nuisance de Mill la source d'un « droit à la liberté ». Voici encore une ouverture dont Hart aurait pu se saisir s'il avait souhaité soutenir l'existence de droits moraux de l'individu. Il la rejette[2]. Nous estimons de taille ces objections à l'idée d'une doctrine hartienne des droits moraux. Quelle est donc sa démarche, si elle ne repose sur aucune théorie des droits moraux de l'individu ? Elle a ceci de déroutant qu'il déploie une argumentation à caractère essentiellement *négatif*[3]. Elle vise à répondre au moralisme juridique de Lord Devlin. Il faut garder à l'esprit, il est vrai, qu'au moment où sont prononcées les conférences de Stanford, l'enjeu de société est le sort du projet de la Commission Wolfenden et non la déconstruction de positions doctrinales abstraites. Devlin est partisan du *statu quo* (du maintien du droit en vigueur). Hart est partisan de la réforme. À travers la critique du moralisme juridique se dessine une critique morale hartienne du droit positif. Cependant, le juriste d'Oxford ne développe pas son propre projet de réforme sociale. Son objectif est d'ouvrir la voie

1 Voir *supra* notre introduction générale, p. 146.
2 Voir *infra* p. 247 *sq.*
3 On semble le lui avoir reproché : *LLM*, p. VII.

aux recommandations de la commission en montrant que l'on n'a aucune bonne raison de s'y opposer.

Nous avons expliqué que la démarche hartienne ne propose pas une solution permanente à la recherche de la liberté. Hart met en lumière au contraire l'inévitable rapport de force qui s'instaure entre les détenteurs de l'autorité et ceux qui sont les destinataires de leurs décisions, dont les droits juridiques ne seraient, au mieux, qu'un élément. La liberté résulte, fragilement et partiellement, de la relation, imposée à l'autorité, par laquelle celle-ci se sait scrutée et, partant, se voit contrainte de *justifier* ses mesures. Les conférences de Stanford mettent ainsi l'accent sur deux éléments. D'une part, la souffrance, physique et morale, que représente la répression pénale de la morale sexuelle. D'autre part, le fait qu'une telle souffrance ne saurait être infligée que pour de *bonnes raisons*. Or, c'est l'arrière-plan de *Law, Liberty, and Morality*, de telles raisons ne sont pas inconcevables. Il n'existe dans le propos de Hart aucune sphère d'autonomie inviolable de l'individu. Tout dépend des raisons que l'on peut avoir d'entraver son autonomie. Voici la différence fondamentale entre sa démarche et une théorie des droits moraux. C'est l'objet du présent chapitre.

LE DÉPLOIEMENT DE LA MORALE CRITIQUE DANS *LAW, LIBERTY, AND MORALITY*

Hart distingue, dès les premières pages de *Law, Liberty, and Morality*, quatre questions concernant « la » distinction du droit et de la morale. La première, « historique ou causale », porte sur la question de savoir si le développement du droit a pu être influencé par la morale[4]. Il y répond par l'affirmative. La seconde, « analytique ou définitionnelle », porte sur la question de savoir si (et comment) la morale doit être un élément de définition du concept de droit[5]. Hart écarte cette question à laquelle il a consacré de nombreux développements dans *The Concept of Law* et dans la conférence de 1957. Notons qu'il rejette l'opposition

4 *LLM*, p. 1.
5 *LLM*, p. 2.

entre positivistes et jusnaturalistes qu'il estime souvent confuse. La troisième question porte sur les formes de la critique morale du droit[6] : la notion de justice permet-elle d'épuiser les formes de critique, ou doit-on distinguer la notion générale de « loi mauvaise » et celle, plus spécifique, de « loi injuste » ? De nouveau, Hart met entre parenthèses un problème qu'il a traité longuement ailleurs[7]. Se détournant des trois premières, le propos de *Law, Liberty, and Morality* se concentre sur la quatrième question de la mise en œuvre de la *morale* par le *droit*[8] : la seule immoralité d'un comportement justifie-t-elle la répression pénale ? La morale sexuelle constitue un terrain d'élection pour traiter cette question. Si un comportement porte atteinte à autrui (s'il constitue une agression physique ou une provocation publique indue), c'est *cela* qui justifie sans doute que l'on le sanctionne. Or, les pratiques homosexuelles dont il est question interviennent dans un cadre privé entre adultes consentants. Elles ne portent pas directement atteinte à autrui[9]. L'unique justification invoquée à l'appui de la répression pénale est alors l'immoralité prétendue de l'acte. Étant donné la souffrance que représente la sanction pénale, il faut soumettre cette justification à l'examen.

RÉHABILITER LA DISTINCTION ENTRE MORALE « POSITIVE » ET MORALE « CRITIQUE »

Mais qu'entend-on cependant par l'« immoralité » d'un comportement ? La notion de « morale » intervient à plusieurs endroits dans la position du problème. Hart n'entend pas opposer une conception de ce qui serait moralement bon (la sienne) à une autre (celle de ses adversaires)[10]. C'est un écueil à éviter. Il entend pourtant soumettre le droit en vigueur, tout comme les positions de ses adversaires partisans de ce droit, à une critique morale. Les auteurs auxquels il s'oppose défendent, quant à eux, la mise en œuvre de la morale par le droit. Comment développer, de manière intelligible, une critique *morale* de la mise en œuvre de la *morale*

6 *LLM*, p. 3.
7 Notamment dans *The Concept of Law*, dans deux chapitres *distincts* consécutifs « Justice and Morality » (*CL*, p. 155) et « Laws and Morals » (*CL*, p. 185). Nous traitons cette question *infra*, p. 265 *sq*.
8 *LLM*, p. 4.
9 *LLM*, p. 5.
10 *LLM*, p. VII.

(et laquelle ?) ? La notion de « morale » a-t-elle la même signification dans les deux cas ? En outre, comment formuler une critique morale efficace sans opposer une conception de ce qui est moralement bon ? Tout l'enjeu de la première conférence de *Law, Liberty, and Morality*, à nos yeux d'importance cruciale dans l'histoire contemporaine des idées, est de poser les conditions de cette critique morale des institutions positives.

Une question morale (critique) qui traite de morale (positive)

Hart réhabilite une distinction développée par les utilitaristes du XIXe siècle entre ce qu'il appelle la « morale positive » et la « morale critique » (*positive and critical morality*)[11]. La morale positive correspond aux règles morales qu'observent effectivement les membres d'un groupe social. La morale critique, notion plus fuyante, correspond aux principes généraux et rationnels que l'on peut mobiliser dans la critique des institutions positives d'une société[12]. Hart soutient clairement qu'il ne s'agit pas de principes universellement valables, ni d'une morale sociale idéale à laquelle la morale positive doit se conformer[13]. Les principes de morale critique ne sont généraux que pour ce qui concerne leur portée, et ont

---

11 H.L.A. Hart, « Introduction » [in Austin, *Province*], art. cité, p. X-XI ; *LLM*, p. VII, p. 17-20 ; *MCL*, p. 37. Austin emploie l'expression « morale positive », mais n'emploie pas celle de morale « critique ». Cependant, le *concept* existe bien dans ses travaux. La loi divine est une étalon des normes positives (morales et juridiques) mais n'est pas un principe de validité : J. Austin, *The Province of Jurisprudence Determined*, Londres, John Murray, 1832, p. XIII. D'autre part, le principe d'Utilité est l'étalon des normes positives car il est l'élément de preuve du contenu de la loi divine lorsqu'elle n'a pas été révélée : *ibid.*, p. 40-42, 84-85, 133-134. Il ne constitue pas pour autant un critère de validité du droit positif : *ibid.*, p. 279. La morale critique ne renvoie donc pas à un enjeu de conformité, mais d'évaluation de normes qui demeurent positives. Il s'agit, en d'autres termes, d'un standard critique. Hart sécularise cette approche en évacuant la référence à la loi divine.

12 Finnis critique cette distinction entre morale positive et morale critique. Voir *infra*, note 33.

13 C'est donc une erreur à nos yeux d'établir un rapprochement entre morale critique et « morale idéale » (Green) ou « morale justifiée » (Finnis) : L. Green, « Should Law Improve Morality ? », art. cité, p. 476 ; J. Finnis, « Hart as Political Philosopher », art. cité, p. 271. La morale critique de Hart n'est pas un ensemble de règles de comportement « meilleures » que celles de la société qu'il faudrait leur substituer. Elle ne fournit pas de règle matérielle (un contenu) à *suivre*, et permet seulement *d'examiner* les règles positives. Voir en ce sens : M. Carpentier, « Positivisme analytique et positivisme normatif dans *Law, Liberty, and Morality* », art. cité, p. 53 ; N. MacCormick, *H.L.A. Hart*,

seulement pour fonction de permettre d'articuler une critique intelligible[14]. Ils interviennent à deux endroits. D'une part, Hart affirme que chaque paradigme est doté de ses propres principes critiques[15], de sorte que l'opposition entre les utilitaristes et leurs adversaires relève en partie d'une divergence dans les principes critiques mobilisés de part et d'autre[16]. L'idée n'est donc pas que seuls les utilitaristes, ou seules les positions rationnelles, reposent sur des principes critiques. Il s'agit plutôt de dire que la rationalité se situe, dans un premier temps, dans l'explicitation des principes critiques implicites d'un paradigme. Cela permettra dans un second temps d'examiner la cohérence d'une position – ce qui participe de sa justification. D'autre part, ces principes doivent intervenir dans l'élaboration rationnelle de la critique des positions adverses. C'est en explicitant les principes sous-jacents au paradigme de l'interlocuteur que l'on peut démontrer qu'il ne justifie pas ses propres thèses ou qu'il ne souhaiterait pas défendre toutes les implications logiques de son propos.

Si l'on suit Hart, le recours dans le débat à un principe de morale critique (tel le principe de non-nuisance) ne permet pas de prouver qu'une mesure d'autorité (une politique générale, une loi, une sanction pénale, etc.) est légitime ou non, mais seulement de montrer que l'interlocuteur ne justifie pas celle-ci[17]. Dans aucun des deux cas la morale critique ne joue-t-elle le rôle d'un fondement de la morale. C'est le sens dans lequel il faut comprendre les dernières lignes de *Law, Liberty, and Morality* dans lesquelles Hart revient sur la démarche qu'il a suivie tout au long des conférences.

---

op. cit., p. 67 : « *Critical morality seeks to exhibit and lay bare the value assumptions implicit in positive morality, to reassess them and render them coherent* ».

14 Hart ne souscrit donc nullement à une thèse de l'objectivité des valeurs. Voir *CL*, « Postscript », p. 253-254. Il souscrit à une forme de scepticisme moral face auquel le principe d'utilité fournit un critère externe aux *convictions* de chacun : *id.*, « Morality and Reality », *New York Review of Books*, 9 mars 1978, <http://www.nybooks.com/articles/archives/1978/mar/09/morality-and-reality/> (vérifié le 06/01/2021). On n'a pas besoin d'un principe valable absolument pour développer une *argumentation* morale intelligible : *id.*, « Who Can Tell Right From Wrong ? », *New York Review of Books*, 17 juillet 1986, <http://www.nybooks.com/articles/archives/1986/jul/17/who-can-tell-right-from-wrong/> (vérifié le 06/01/2021).

15 La conclusion des conférences de Stanford est ainsi que la morale critique *de Devlin* ne lui permet pas, à l'examen, de soutenir une position cohérente. Il ne s'agit pas de dire que sa position ne s'appuie sur aucun principe de morale critique : *LLM*, p. 82.

16 Ainsi, l'opposition entre les utilitaristes et leurs adversaires est en partie une divergence de principes critiques : *LLM*, p. 24 : « *divergent critical principles* ».

17 *LLM*, p. 20.

> J'ai (...) supposé d'emblée que quiconque considère cette question [de la mise en œuvre de la morale] comme ouverte au débat accepte nécessairement le principe critique, central à toute morale, qui veut que la misère humaine et la restriction de la liberté sont des maux. C'est en effet la raison pour laquelle la mise en œuvre de la morale appelle à justification. Je me suis ensuite efforcé d'extraire, et de libérer de toute ambiguïté, les principes généraux qui sous-tendent les différentes variétés de la thèse extrême (...). Il ne fait aucun doute que je n'ai pas prouvé que ces choses ne sont pas des valeurs qui justifient le prix payé en souffrance humaine et en perte de liberté. Il aura peut-être suffi de révéler ce que l'on nous offre à ce prix[18].

Mobiliser des principes critiques permet donc de doter une argumentation morale d'un véritable poids et de peser dans le débat public sans pour autant avoir à s'engager dans le problème de l'objectivité des valeurs.

C'est par le biais de la distinction entre morale positive et morale critique que Hart parvient à combiner les deux dimensions de la critique utilitariste des institutions positives. Il s'agit dans un premier temps d'atteindre une connaissance objective de l'objet (en l'espèce la morale sociale positive telle qu'elle est effectivement mise en œuvre par le droit) pour l'examiner ensuite à la lumière d'un standard externe (les principes de morale critique) permettant d'en réaliser une critique objective. Il parvient alors à tenir à distance tant le subjectivisme qu'une thèse de l'objectivité des valeurs.

Est-il moralement justifié de mettre en œuvre la morale positive ? – Hart relève ainsi la « double dimension » de sa problématique au sein de laquelle la morale apparaît de deux manières différentes. C'est une question qui traite de la morale comme sujet (la mise en œuvre de la morale par le droit), mais il s'agit également d'une question morale (de détermination de ce qui est justifié ou non)[19]. En introduisant la distinction entre morale positive et morale critique, Hart parvient à faire apparaître les contours du problème avec netteté, et la question devient un problème de morale critique : la mise en œuvre de la morale *positive* par le droit est-elle moralement *justifiée*, ou nécessite-t-elle une justification supplémentaire par-delà l'immoralité du comportement[20] ?

Lord Devlin fait valoir que les règles pénales ne satisfont pas seulement les exigences morales de la société britannique, mais les mettent

18 *LLM*, p. 82-83.

19 *LLM*, p. 17.

20 *LLM*, p. 17. Pour une critique résolue de la position du problème chez Hart : J. Finnis, « Hart as Political Philosopher », art. cité, p. 269-271.

en œuvre[21]. Hart répond à cela que l'on ne peut s'opposer à la critique morale des institutions positives d'une société au seul motif que celle-ci prévoit et défend la mise en œuvre de sa propre morale positive[22]. Il ne s'agit pas simplement de savoir si des régimes et sociétés politiques mettent en œuvre *de facto* leurs règles de morale sociale conventionnelle (Hart oppose le contre-exemple de l'apartheid en Afrique du sud ou la coutume de la femme sati en Inde[23]). Le problème est précisément de savoir si cette mise en œuvre est justifiée, et donc, lorsqu'une règle positive existe, si elle doit être maintenue. De nouveau, nous voyons la clarté avec laquelle la distinction morale critique / morale positive permet d'articuler ces questions.

Néanmoins, Hart ne minimise pas l'importance du fait que certaines règles aient pu émerger au sein d'un groupe pour en devenir la morale positive. Il soutient ainsi que l'on doit répondre aux arguments de Devlin parce qu'ils représentent les « opinions mûrement réfléchies de juristes subtils[24] », et qu'ils reflètent les positions d'une majorité de gens ordinaires qui sont parfaitement raisonnables[25]. Il ne peut donc pas s'agir d'une position entièrement dénuée de bon sens, et ne peut pas ainsi être balayée d'un simple revers de main. Les exemples concrets de mise en œuvre de la morale par le droit correspondent, dans une certaine mesure, aux « conclusions pratiques » auxquelles parviennent les sociétés par l'expérience[26]. Hart reconnaît là un « principe conservateur bénin » selon lequel les institutions préétablies « ont probablement des mérites que n'aperçoit pas nécessairement le philosophe rationaliste[27] ». Ces positions méritent ainsi de ce seul fait « le compliment d'une opposition rationnelle[28] ». Il ne s'agit pas pour Hart de s'arrêter à ces positions, mais simplement de les considérer à leur juste valeur, et d'en faire le point de départ de ses propres raisonnements.

Principe de non-nuisance et morale positive. – Tout ceci permet de lever une confusion qui anime certaines critiques de la position de Hart et

---

21 P. Devlin, « Morals and the Criminal Law », art. cité, p. 6-7.

22 *LLM*, p. 18.

23 *LLM*, p. IX ; il prendra à un autre endroit l'exemple du droit nazi (qui constituera par ailleurs le point central de la controverse qui l'oppose à Lon Fuller) : *id.*, « Positivism and the Separation of Law and Morals », art. cité, p. 73 *sq.*

24 *LLM*, p. 17 ; *MCL*, p. 34.

25 *LLM*, p. VII, 17, 28.

26 *LLM*, p. 28.

27 *LLM*, p. 29.

28 *LLM*, p. 17.

de la Commission Wolfenden. On a pu leur reprocher de s'être limités à montrer que le principe de non-nuisance s'oppose à ce que les pratiques homosexuelles (entre adultes consentants dans un cadre privé) fassent l'objet de sanctions pénale, là où ils auraient dû développer une défense au fond de telles pratiques en montrant qu'elles ne présentent aucun caractère immoral[29]. Selon ce point de vue, Hart aurait implicitement accepté le caractère « immoral » de l'homosexualité en se contentant d'affirmer que l'immoralité privée doit être soustraite à toute intervention officielle. Ces détracteurs objectent qu'il faut distinguer le cas des individus dont les pratiques n'ont rien d'immoral, qui ne doivent donc pas être inquiétés pour cette raison là et non en raison du caractère privé de leurs pratiques immorales[30]. On trouve ici deux erreurs.

Il ne faut pas confondre la fonction du principe de non-nuisance et son fondement. Quand bien même le *harm principle* pourrait être justifié en utilité[31], cela ne signifie pas qu'il permettrait de distinguer les actes moraux et immoraux, ni que le principe de non-nuisance fonctionne par identification de catégories d'actes. Il a seulement pour fonction d'empêcher une majorité d'individus d'imposer ses préférences à une minorité déviante là où cette déviance n'est pas nuisible. Ainsi, il est inexact de conclure que le principe de non-nuisance permet une validation morale tacite de tout ce qu'elle n'interdit pas. Il est silencieux sur le statut moral des pratiques concernées (homosexuelles ou autres). Le *harm principle* ne prend pas pour objet les pratiques mais les mesures qui entendent les interdire. C'est ce qui ressort du propos de Hart – dont on ne devinerait les implications personnelles que portait la question pour lui.

La seconde erreur, plus importante, est que ces critiques ne tiennent pas compte de la distinction entre morale positive et morale critique. Hart

29 J.C. Dybikowski, « Lord Devlin's Morality and its Enforcement », *Proceedings of the Aristotelian Society. New Series*, 1974-1975, vol. 75, p. 97 ; D.G. Brown, « Mill on liberty and morality », *The Philosophical Review*, 1972, vol. 81, p. 998 ; R.E. Sartorius, « The Enforcement of Morality », art. cité, p. 900 ; G. Dworkin, « Devlin Was Right : Law and the Enforcement of Morality », *William and Mary Law Review*, 1999, vol. 40, p. 946 ; Y. Caron, « The Legal Enforcement of Morals and the So-Called Hart-Devlin Controversy », *McGill Law Journal*, 1969, vol. 15, p. 16, 24. Voir ég. : P. Cane, « Taking Law Seriously : Starting Points of the Hart/Devlin Debate », art. cité, p. 27.

30 Voir par ex. : J.C. Dybikowski, « Lord Devlin's Morality and its Enforcement », art. cité, p. 89. Dybikowski s'appuie sur l'article de D.G. Brown, note *supra*.

31 Question que nous examinons *infra* p. 233 *sq*.

n'examine pas la question de l'homosexualité *in abstracto*, et se limite à noter que l'homosexualité est immorale au regard de la morale sociale positive de l'époque. Il ne « concède » donc pas que l'homosexualité soit immorale. Il cherche plutôt à montrer que la seule immoralité de n'importe quel comportement au regard de la morale positive ne suffit pas à justifier sa criminalisation s'il ne nuit pas à autrui. C'est l'apport du principe de non-nuisance. La simple désapprobation d'une partie des concitoyens ne fournit pas une raison suffisante pour justifier la mise en œuvre de la contrainte pénale. Ainsi, c'est en réponse à ces objections[32] que Hart prend le soin de distinguer, dans la préface de 1981, entre le problème de l'immoralité de l'homosexualité au regard de la morale positive, et une seconde question, qu'il écarte explicitement, de la moralité d'un comportement au regard de la morale utilitariste[33].

Si Hart souhaite dépasser le moralisme juridique par la clarification des enjeux et des positions respectives, il doit néanmoins commencer là où il trouve un adversaire de qualité, car c'est seulement par opposition aux opinions de ce dernier qu'il trouvera la matière nécessaire pour construire ses propres positions. Une fois la problématique précisée à travers la distinction entre morale positive et morale critique, Hart examine les conditions essentielles au déploiement de la morale critique.

---

32 Notamment J.C. Dybikowski et D.G. Brown dont Hart inclut les travaux dans sa bibliographie sélective.

33 *LLM*, p. x. Finnis critique ce procédé : l'existence d'une morale utilitariste qui ne se confond pas avec la morale critique indique que la distinction morale critique / morale positive n'épuise pas le spectre moral. Il existe en réalité un triptyque : morale positive (conventionnelle) / morale critique / règles morales conformes aux exigences de la morale critique. Or, si Hart admet en creux que l'on peut imaginer des normes morales qui satisfont le test de la morale critique mais qui ne correspondent à la morale sociale, il laisse de côté une question-gouffre : peut-on chercher à mettre en œuvre cette morale là ? En se focalisant sur la morale positive, Hart ferait diversion : J. Finnis, « Hart as Political Philosopher », art. cité, p. 270. Il s'agit d'une objection majeure. Cependant, Hart ne soutient pas que l'action du législateur doit être gouvernée exclusivement par le principe de non-nuisance, mais par le principe d'utilité encadré par le principe de non-nuisance. Le législateur est nécessairement guidé par des considérations substantielles – il faut bien qu'il y ait un contenu qu'il souhaite donner aux lois. La question est de savoir s'il peut justifier ce contenu au regard des atteintes que cela serait susceptible de faire peser sur l'individu.

Le moralisme juridique comme thèse de morale critique défaillante

Deux considérations sous-tendent le recours à la morale critique chez Hart. Cependant, les procédés argumentatifs de Hart demeurent implicites dans les développements de *Law, Liberty, and Morality*. Ils sont pourtant essentiels, comme le reconnaît Hart lui-même en consacrant la totalité de sa conclusion à récapituler sa « méthode d'argumentation[34] ». Il entend montrer que toute personne qui accepte de discuter de la question de savoir si une société a le droit de mettre en œuvre sa morale positive admet nécessairement que cela ne saurait aller de soi. Loin de s'imposer comme une évidence, Devlin cherche à justifier cette mise en œuvre de la morale par le droit[35], ce qu'il ne peut faire que par le recours à des principes de morale critique afin d'examiner la légitimité de cette entreprise sociale. C'est donc pour Devlin lui-même, selon Hart, que l'on a affaire à une question irréductible de morale critique[36]. Mais alors, la question n'est pas « cette société a-t-elle recours au droit pénal afin de mettre en œuvre sa morale positive ? », mais « cette société doit-elle continuer à le faire ? ».

Cela permet à Hart de tirer Devlin et ses homologues sur son terrain. Il y procède de manière subtile. Il faut garder à l'esprit que Hart est partisan d'une réforme qui, en 1962, semble n'avoir que de faibles chances d'aboutir, comme le révèle le ton pessimiste de la préface de 1963. Les membres du corps judiciaire auxquels il s'oppose sont, quant à eux, partisans du statu quo. Hart ne peut donc se contenter de balayer les arguments de ses adversaires d'un revers de main. Il doit priver leurs positions du poids de l'évidence dont elles jouissent dans le débat public. Il doit commencer par saper le principe conservateur bénin qui agit comme une présomption en faveur des positions de Devlin. Hart ne rejette d'emblée ni ne caricature les positions de Devlin. Il les tire plutôt sur un terrain où elles pourront faire l'objet d'une « opposition rationnelle ». En effet, c'est précisément en montrant que la position de Devlin est une thèse de morale critique que Hart peut déplacer le propos de son adversaire. Ce dernier ne pose

34 *LLM*, p. 81 *sq.*
35 *LLM*, p. 19.
36 *LLM*, p. 19-20.

plus une question d'articulation « historique ou causale » du droit et de la morale (la première question), mais se révèle poser la question hartienne du bien-fondé du moralisme juridique (la quatrième question). Sa position perd alors tout le poids de l'évidence qui pouvait faire sa force dans le débat public.

Dans un deuxième temps, Hart cherche à démontrer qu'à partir du moment où Devlin accepte que le bien-fondé du moralisme juridique est une question de morale critique, il admet également que la coercition juridique n'est jamais acceptable en l'absence d'une justification adéquate[37]. La sanction pénale se révèle donc irréductiblement comme un mal que l'on ne peut infliger gratuitement aux individus[38].

Étant donné qu'il ne défend pas l'idée d'un « droit » à l'épanouissement sexuel de l'individu, Hart admet que la sanction de certains comportements peut être nécessaire. Il ne cherche donc pas à immuniser les comportements homosexuels à l'égard du droit pénal. Seulement, la peine doit être accompagnée d'une « justification *spéciale*[39] », et c'est sur ce terrain que Hart combattra le moralisme juridique. Ayant démontré dans un premier temps que le moralisme juridique n'offre en réalité aucune justification de principe à la mise en œuvre du droit pénal pour sanctionner la morale sexuelle, il s'agit donc d'un débat portant sur la justification de la souffrance que l'on entend infliger par la sanction pénale à ceux dont la sexualité est considérée comme déviante. Or, Devlin ne peut offrir de justification adéquate que selon des lignes strictement conséquentialistes[40].

En effet, nous avons vu plus haut que Hart défend une conception du libéralisme reposant, non sur une théorie des droits, mais sur l'encadrement des autorités que l'on contraint, par l'instauration d'un rapport de force, à offrir une justification rationnelle de leurs actions.

37 *LLM*, p. 20-21.

38 LLM, p. 22 ; MCL, p. 32. Hart reprend cette position directement de J. Bentham, *An Introduction to the Principles of Morals and Legislation*, *op. cit.*, p. 158 (XIII, § 1) : « *But all punishment is mischief : all punishment in itself is evil. Upon the principle of utility, if it ought at all to be admitted, it ought only to be admitted in as far as it promises to exclude some greater evil.* »

39 *LLM*, p. 21 (nous soulignons).

40 *LLM*, p. 22, 55. C'est un point que remarque également Gerald Dworkin (à ne pas confondre avec Ronald), « Devlin Was Right : Law and the Enforcement of Morality », art. cité, p. 935.

Les principes à la lumière desquels cette critique peut être menée ont donc une place centrale. Hart n'opposera pas aux juges conservateurs un principe inflexible ni un droit quelconque, mais montrera aux partisans du moralisme juridique qu'ils n'ont pas de titre à sanctionner l'homosexualité dans un cadre privé comme ils prétendent le faire. Si Devlin doit nécessairement accepter l'idée selon laquelle une sanction pénale constitue un mal à justifier, Hart cherche à montrer qu'il est simplement incapable d'offrir une explication rationnelle (et donc une justification acceptable) pour la souffrance qu'il entend causer à ceux dont les orientations sexuelles ne rentrent pas dans la norme. Cependant, tant que cette justification n'est pas rapportée, alors la mesure doit de prime abord être considérée comme illégitime.

Hart attire ainsi de nouveau Devlin sur son propre terrain, ce qui lui permet d'imposer des conditions de justification naturellement étrangères au moralisme juridique. Devlin se retrouve à devoir infirmer la pertinence du principe de non-nuisance, élément central d'*On Liberty* que Hart reprend à son compte dans *Law, Liberty, and Morality*, selon lequel aucun motif ne justifie l'intervention de la société pour contraindre l'individu sauf empêcher qu'il advienne un tort à autrui. C'est la raison pour laquelle plusieurs auteurs ont relevé que la fonction centrale du principe de non-nuisance est essentiellement de renverser la charge de la preuve dans les débats portant sur l'assouplissement du droit pénal (la charge de la preuve ne repose ainsi pas sur le partisan de la réforme[41]), et de poser une « présomption » en faveur de la liberté[42]. L'habileté de l'argumentation de Hart est de montrer que Devlin semble de prime abord devoir lui aussi accepter le *harm principle*, ce qui permet à Hart de renverser le rapport de force entre ses propres thèses et celles de Devlin.

Ainsi, là où il revenait à Hart de persuader ses homologues du bien-fondé du projet de réforme porté par la Commission Wolfenden, c'est Devlin qui se retrouve de manière surprenante à devoir expliquer en quoi la reprise des positions de Mill par les propositions de la Commission

---

41 P. Cane, « Taking Law Seriously : Starting Points of the Hart/Devlin Debate », art. cité, p. 30 ; G. Dworkin, « Paternalism », in J. Feinberg et J. Coleman (Dir.), *Philosophy of Law*, Wadsworth Publishing, 6e éd., 2000 (article initialement paru en 1971), p. 274 ; C.L. Ten, « Crime and immorality », art. cité, p. 658.

42 J. Feinberg, *The Moral Limits of the Criminal Law, Vol. 1 : Harm to Others*, Oxford, OUP, 1984, p. 9.

n'a pas déjà valeur acquise, et qu'il n'y a pas ainsi de présomption en faveur de la liberté. Maintenant que nous avons identifié la nature de la morale critique de Hart, il nous faut à présent examiner précisément la nature du moralisme juridique auquel il s'oppose.

DÉJOUER LE MORALISME JURIDIQUE DANS *LAW, LIBERTY, AND MORALITY*

Hart consacre la première conférence de *Law, Liberty, and Morality* à faire progressivement émerger la problématique de l'ouvrage, ainsi qu'à fixer les modalités du débat telles que nous venons de les examiner. C'est seulement dans les deuxième et troisième conférences qu'il cherche à infirmer directement les positions des juges conservateurs auxquels il s'oppose, dont notamment Lord Devlin. Si ce dernier est l'adversaire direct de Hart, il étudie néanmoins un ensemble de positions, défendues par des juges conservateurs britanniques, qui se détachent subtilement de celle de Devlin. Il y a donc plusieurs nuances derrière l'étiquette de « moralisme juridique ».

La thèse modérée, ou « thèse de la désintégration » du moralisme juridique

Lord Devlin défendrait principalement l'idée selon laquelle le code moral d'une société, quel qu'en soit le contenu, constitue le ciment d'une société. Il est l'élément sans lequel le corps social ne serait qu'un simple agrégat d'individus atomisés. La morale sociale, en tant qu'elle constitue ce « lien invisible », doit donc être préservée à tout prix[43]. Cependant, la préservation de la morale n'est que le moyen permettant de tendre vers la fin véritable : la préservation et la cohésion du corps social. La mise en œuvre de la morale par le droit n'a alors qu'une valeur instrumentale. C'est la raison pour laquelle Hart qualifie la position de Lord Devlin de thèse « modérée[44] ». Dans un article ultérieur, intitulé « Social Solidarity and the Enforcement of Morality » (récemment traduit), Hart préfère parler de la « thèse de la désintégration[45] », qu'il associe explicitement

43 P. Devlin, « Morals and the Criminal Law », art. cité, p. 9-10 ; *id.*, « Mill on Liberty in Morals », art. cité, p. 114.

44 *LLM*, p. 50 ; *MCL*, p. 37.

45 Devlin ne revendique donc pas cette expression. Nous avons soutenu ailleurs que Hart déforme quelque peu son propos en le présentant comme une proposition

aux thèses sociologiques d'Émile Durkheim et de Talcott Parsons[46]. C'est par l'examen du caractère instrumental de la mise en œuvre de la morale par le droit que Hart attaque la thèse de la désintégration en expliquant que celle-ci repose, ou bien sur des affirmations empiriques extrêmement douteuses, ou alors sur une simple tautologie[47].

Un défaut de bases empiriques. – La thèse de la désintégration semble souffrir à trois endroits de ne pouvoir produire les éléments empiriques susceptibles de lui apporter l'appui nécessaire. Premièrement, si la mise en œuvre de la morale positive vise à empêcher la désintégration de la société par la protection du ciment que constitue la morale sociale, alors Devlin doit rapporter la preuve historique que le fait pour des sociétés de cesser de mettre en œuvre certaines normes morales par le droit a entraîné leur désintégration et leur disparition[48]. Or, Devlin ne rapporte pas la preuve de ce qu'il avance[49], et se contente d'affirmer que « l'histoire montre qu'un relâchement des liens moraux est souvent le premier stade de la désintégration ; la société est donc justifiée à prendre les mêmes dispositions pour préserver son code moral que celles qu'il prend pour préserver son [système de] gouvernement et ses autre institutions essentielles[50] ». Hart soutient au contraire que dans l'Occident d'après-guerre des groupes sociaux divers semblent pouvoir coexister

---

abstraite quasi-sociologique qui échoue à ce titre selon des critères empiriques : G. Bligh, « Crise du standard de l'"homme ordinaire" en *common law* britannique d'après-guerre. Le débat Hart-Devlin et le multiculturalisme naissant », art. cité, p. 170 *sq.* Pour approfondir la discussion de la thèse de la désintégration de Devlin, voir par ex. : P.G. Forster, « Functionalism and the Devlin-Hart Controversy », *British Journal of Sociology*, 1986, vol. 37, p. 79 ; B. Mitchell, *Law, Morality, and Religion in a Secular Society*, Oxford, Oxford University Press, 1967, p. 67 *sq.* ; R.P. George, « Social Cohesion and the Legal Enforcement of Morals », *Making Men Moral*, Oxford, Clarendon Press, 1993, p. 48 *sq.* ; C.L. Ten, « Enforcing a Shared Morality », art. cité, p. 324 ; R.E. Sartorius, « The Enforcement of Morality », *Yale Law Journal*, 1972, vol. 81, p. 894 ; E.V. Rostow, « The Enforcement of Morals », *Cambridge Law Journal*, 1960, p. 176 ; N. MacCormick, *H.L.A. Hart*, *op. cit.*, p. 188 ; N. Lacey, *A Life of H.L.A. Hart*, *op. cit.*, p. 259 ; D.G. Brown, « Mill on Liberty and Morality », art. cité, p. 990.

46 H.L.A. Hart, « Social Solidarity and the Enforcement of Morality » (1967), *EJP*, p. 248 (« La solidarité sociale et la mise en œuvre de la morale par le droit », trad. fr. G. Bligh et M. Plouviez, *Droit & Philosophie*, 2014, vol. 6). Hart critique dans cet article les travaux de Durkheim dans la lecture particulière qu'en offre Parsons.

47 H.L.A. Hart, « Social Solidarity and the Enforcement of Morality », art. cité, p. 249-250.

48 *Ibid.*, p. 249.

49 *Ibid.*, *LLM*, p. 50.

50 P. Devlin, « Morals and the Criminal Law », art. cité, p. 13 ; trad. fr. p. 144.

dans la tolérance mutuelle sans que cela n'ait mené à une désagrégation de la société dans son ensemble[51].

Deuxièmement, quand bien même Devlin serait en mesure de démontrer que l'assouplissement de la législation en matière de morale sociale pourrait avoir pour conséquence une désagrégation du corps social, ce ne serait néanmoins pas vrai pour toutes les normes morales, certaines étant plus essentielles à la survie du groupe que d'autres. Ainsi, quand bien même le statut sociologique de la thèse de la désintégration ne poserait aucun problème, il incomberait néanmoins à Devlin de démontrer que la dépénalisation des pratiques particulières que constituent les comportements homosexuels dans un cadre privé entre adultes consentants risquerait de mettre en danger la cohésion sociale. Hart identifie chez Devlin une conception de la morale sociale comme une toile homogène (*a seamless web*) qui lui permettrait précisément de ne pas avoir à répondre à cette question[52]. En effet, si la morale est une toile homogène, alors tout assouplissement des mœurs dans un domaine aura nécessairement des répercussions sur tous les autres domaines de la morale[53]. Mais si tel est véritablement le cas, alors Devlin devra également en rapporter la preuve, et ne peut se contenter d'une affirmation empirique gratuite.

Enfin, si la thèse de la désintégration doit tenir bon, alors Devlin doit non seulement convaincre ses interlocuteurs du caractère avéré du mécanisme sociologique dont il pense avoir l'intuition, mais il doit également montrer au niveau de la règle particulière de morale positive que le fait de dépénaliser cette pratique socialement désapprouvée aura nécessairement pour effet la disparition à terme de cette règle. Or, les variations du droit n'entrainent pas nécessairement une variation équivalente au sein de la morale sociale. Il s'agit là à nouveau d'une assertion sociologique dont Devlin ne rapporte pas la preuve. Il semblerait même, nous dit Hart, que les pays ayant procédé à un assouplissement de leur législation sur des points précis de morale sociale n'ont pas connu un assouplissement équivalent des mœurs, et les pratiques décriminalisées ont continué d'être désapprouvées par la population comme elles l'étaient

51 H.L.A. Hart, « Social Solidarity and the Enforcement of Morality », art. cité, p. 262.

52 *LLM*, p. 51.

53 Devlin confirmera plus tard cette interprétation par Hart de ses idées. P. Devlin, « Mill on Liberty in Morals », *The Enforcement of Morals*, *op. cit.*, p. 115 : « *morality is a web of beliefs, rather than a number of unconnected ones* ».

sous l'état antérieur du droit[54]. Hart se contente de relever que Devlin ne cherche, pour aucune de ces questions, à rapporter les éléments de preuves convenables à l'appui de ce qu'il avance[55].

Certains auteurs ont cherché à soutenir que Devlin cherchait sans doute seulement à soutenir, d'une part, que le principe de non-nuisance ne peut suffire à placer une limite théorique absolue sur le pouvoir de l'État en matière de moralité, et, d'autre part, qu'il peut toujours exister des situations où la gravité du manquement à la morale peut permettre de justifier sa mise en œuvre. Il défendrait alors une position plus modérée[56], et moins conservatrice[57], que Hart ne le laisse entrevoir. Cependant, ce dernier avait bien vu la question. C'est la raison pour laquelle il exige que Devlin rapporte la preuve (nullement inintelligible) que la mise en œuvre de la morale est *justifiée*. L'objection de ces commentateurs repose sur une confusion (compréhensible) entre la position de Mill et Hart autour de la question de savoir si le principe de non-nuisance constitue une limite théorique absolue au pouvoir d'intervention de l'État. Hart ne soutient pas cette idée, comme nous le verrons dans notre troisième chapitre.

Une tautologie au secours de l'absence de base empirique. – C'est parce que la thèse de la désintégration ne bénéficie pas de l'appui d'une justification sociologique convenable qu'elle doit reposer en réalité sur le postulat selon lequel une société équivaut au partage d'une morale commune[58], ce qui lui permet de soutenir que tout écart vis-à-vis de la morale sociale met en danger le maintien de la société telle qu'on la connaît[59]. Dès lors

54 *LLM*, p. 67 ; *MCL*, p. 44 *sq.*

55 *LLM*, p. 50, 67 ; *id.*, « Social Solidarity and the Enforcement of Morality », art. cité, p. 249.

56 Voir dans ce sens : R.E. Sartorius, « The Enforcement of Morality », art. cité, p. 894 ; G. Dworkin, « Devlin Was Right : Law and the Enforcement of Morality », art. cité, p. 933. C'est d'ailleurs ce que semble soutenir plus ou moins Stephen dans un certain sens : J.F. Stephen, *Liberty, Equality, Fraternity*, *op. cit.*, p. 49.

57 On n'hésite pas à faire valoir que Devlin se rattache même à une certaine tradition libérale : E.V. Rostow, « The Enforcement of Morals », art. cité, p. 175 *sq.* ; B. Mitchell, *Law, Morality, and Religion in a Secular Society*, *op. cit.*, p. 37 ; P.G. Forster, « Functionalism and the Devlin-Hart Controversy », art. cité, p. 79 ; R.E. Sartorius, « The Enforcement of Morality », art. cité, p. 901 ; C.L. Ten, « Crime and Immorality », art. cité, p. 656.

58 P. Devlin, « Morals and the Criminal Law », art. cité, p. 9-10 : « *a society means a community of ideas* » ; *id.*, « Mill on Liberty in Morals », art. cité, p. 114. La tautologie revient ainsi à dire : « la moralité *constitue* le lien social, "donc" l'affaiblissement de la moralité équivaut à un relâchement du lien social ».

59 *LLM*, p. 51 ; P. Devlin, « Morals and the Criminal Law », *The Enforcement of Morals*, *op. cit.*, p. 11-13.

que la morale du groupe est définie à l'avance comme constituant le lien social lui-même, alors dire que l'affaiblissement de la morale a pour « effet » un relâchement du lien social est une tautologie[60]. Devlin se contente de tirer des « conclusions » qui découlent nécessairement de la définition stipulative de la société qu'il pose a priori. C'est cet argument circulaire qui permet de donner un semblant de solidité à la thèse de la désintégration en l'absence de preuves empiriques.

On aperçoit dès lors les conséquences du schéma argumentatif hartien. À partir du moment où il est admis que Devlin soutient une thèse de morale critique qui doit lui permettre de justifier la souffrance imposée au criminel, alors la justification ne peut se situer que sur un terrain empirique par les conséquences bénéfiques de la mesure adoptée. Dans le schéma intellectuel de Lord Devlin, la morale est le corps de règles qui identifie les comportements des individus comme étant bons ou mauvais. Dans le schéma hartien, la morale critique rajoute une strate au dessus des règles morales positives du groupe, ce qui lui permet de demander à Devlin en quoi celles-ci ont un titre à déterminer le bon ou le mauvais au sein du groupe. La morale est donc un concept complexe qu'il faut clarifier : elle n'est plus seulement l'instrument de justification ou d'évaluation d'une pratique sociale, mais devient une institution ayant besoin d'être elle-même justifiée.

En fin de compte, la thèse de la désintégration échoue en ce qu'elle est, ou bien une thèse conséquentialiste qui ne bénéficie pas de l'appui de preuves empiriques[61], ou alors une position tautologique. Dans les deux cas, elle ne constitue pas une thèse de morale critique capable de justifier les souffrances infligées à de nombreux individus par la criminalisation de l'homosexualité.

La thèse extrême, ou « thèse conservatrice » du moralisme juridique

La deuxième variante principale du moralisme juridique relevée dans *Law, Liberty, and Morality* est celle défendue par le juge de l'ère victorienne James Fitzjames Stephen. Hart qualifie sa position de thèse « extrême[62] »,

60 *LLM*, p. 51-52, 55 ; *id.*, « Social Solidarity and the Enforcement of Morality », art. cité, p. 250.

61 *LLM*, p. 55 : « *utilitarianism without the benefit of facts* ».

62 *LLM*, p. 54 ; *MCL*, p. 38.

qu'il renommera plus tard « thèse conservatrice[63] ». La thèse modérée de Lord Devlin sombre nécessairement en cette forme plus conservatrice sous la pression d'un examen empirique qu'elle ne parvient pas à surmonter[64]. Dans cette approche, une société a le droit de chercher à préserver son identité propre, et à imposer à ses citoyens une conduite moralement bonne – au besoin par le recours au droit pénal. Contrairement à la thèse de la désintégration, la thèse conservatrice ne cherche pas à justifier la mise en œuvre de la morale par les conséquences qu'elle emporte en permettant de maintenir la cohésion sociale, mais considère plutôt la préservation de la morale comme une fin en soi[65] : il est bon que le droit cherche à défendre la vertu. La morale sociale opère alors en elle-même comme une justification des pratiques pénales, et le droit pénal sert à « promouvoir la vertu et empêcher le vice[66] ». Hart distingue cependant deux versions de la thèse extrême, que Stephen et Devlin confondent tous deux[67], en fonction du rôle qu'elles attribuent à la sanction pénale.

La conception « rétributiviste » de la peine. – Dans la première version, la thèse extrême soutient que la fonction principale de la sanction pénale est de constituer une expression symbolique (et un assouvissement) du désir de vengeance qu'éprouve la société à l'encontre de l'individu qui contreviendrait aux normes et aux valeurs du groupe. La peine est donc un acte de rétribution permettant de venger la violation du code moral[68]. Selon Stephen, non seulement cette haine de la société envers le contrevenant et ce désir de vengeance sont parfaitement sains[69], mais la sanction permet de réaffirmer l'attachement de la communauté aux valeurs violées tout en la pacifiant à la suite de l'outrage. Il s'agit

63 H.L.A. Hart, « Social Solidarity and the Enforcement of Morality », art. cité, p. 249.

64 *Ibid.*, p. 251 ; *LLM*, p. 55.

65 *LLM*, p. 54.

66 J.F. Stephen, *Liberty, Equality, Fraternity*, *op. cit.*, chap. 4, p. 146 : « *promoting virtue and preventing vice* », et plus loin : « *criminal law is a persecution of the grosser forms of vice* » (p. 149).

67 *LLM*, p. 54, 60, 62.

68 *LLM*, p. 59-61.

69 J.F. Stephen, *Liberty, Equality, Fraternity*, *op. cit.*, chap. 4, p. 149 ; trad. fr. p. 113 : « Il est facile de démontrer que ces actes n'ont pas été prohibés et frappés de pénalité seulement parce qu'ils sont dangereux pour la société (…). Ils l'ont encore été pour la satisfaction du sentiment de haine excité par une telle conduit chez les esprits sainement constitués que vous appellerez vengeance, ressentiment, de tel nom qu'il vous plaira. (…) Le sentiment de haine et le désir de vengeance mentionné plus haut sont des éléments importants de la nature humaine, lesquels, dans des cas pareils, doivent être satisfaits d'après un mode régulier, public et légal. »

simplement pour le droit pénal de canaliser ces passions et de leur donner une expression officielle[70]. Cela suffit à justifier une sanction pénale dont la légitimité ne repose donc pas sur les seules conséquences bénéfiques qu'elle entraine[71].

Hart semble concéder que la sanction pénale puisse avoir une fonction de pacification pour l'indignation ressentie par les membres d'une société. Il conçoit même qu'un individu ayant infligé de très grandes souffrances à autrui puisse mériter de souffrir à son tour[72]. Ainsi, des considérations de justice rendent inacceptable l'enrichissement du malfaiteur là où ses victimes ont péri et ne peuvent plus exiger compensation[73]. Néanmoins, pour ne pas sombrer à son tour dans l'injustice, cette théorie de la peine comme vengeance sociale doit reposer tout au moins sur l'existence d'une victime à venger, sans quoi la peine constitue une vengeance abstraite infligée à titre purement gratuit à un individu qui n'a pas causé de tort à autrui[74].

Pire, cela reviendrait à soutenir l'inanité selon laquelle, en matière de moralité, un bien moral résulte de l'addition de deux maux (*two blacks make a white*). Le mal de la souffrance infligée par la peine et le mal de l'immoralité à punir s'annuleraient ainsi mutuellement pour résulter en une harmonie sur le plan moral[75]. En effet, en l'absence d'une victime, l'« équilibre » ne peut être « rétabli » qu'entre des actes dont la valeur morale est envisagée de manière purement abstraite. Or, le problème est en ce cas que la souffrance subie par celui à qui on inflige la peine est bien réelle, alors qu'on la lui impose gratuitement. Obtenir ainsi la conformité des conduites par la contrainte, par seule référence au caractère souhaitable du comportement, relève en fin de compte moins de la condamnation de l'immoralité que de la création de tabous[76].

Infliger la peine pour dénoncer l'immoralité. – Les deux variantes de la thèse extrême ont en commun de considérer la préservation de la morale sociale par le droit comme une fin en soi. Cependant, la théorie de la fonction de dénonciation de la peine attribue une fonction instrumentale

70 *Ibid.*, chap. 4, p. 149 ; *id.*, *A History of the Criminal Law of England, Vol. II*, Londres, MacMillan & Co., 1883, chap. 17, p. 82.
71 *LLM*, p. 59, 61.
72 *LLM*, p. 59.
73 *LLM*, p. 60.
74 *LLM*, p. 60.
75 *LLM*, p. 60.
76 *LLM*, p. 57. On quitte la sphère de la justification de la conduite souhaitée.

à la sanction pénale[77]. Celle-ci permet à un groupe social de réaffirmer son attachement aux valeurs de sa morale sociale et exprime solennellement le jugement de désapprobation de sa société à l'égard de certains comportements[78]. La mise en œuvre de la morale par le droit serait le moyen de préserver la morale sociale. Cette théorie se distingue de la thèse de la désintégration par le fait que c'est le maintien de la morale qui est elle-même considérée comme la finalité, et non pas la préservation de la société. Stephen écrit ainsi que la sanction pénale constitue une « ratification » de la morale sociale violée, et convertit l'indignation du citoyen en un ralliement officiel à la morale sociale : « la sentence de la loi est au sentiment moral du public (…) ce que le sceau est à la cire chaude. Elle convertit en un jugement final permanent ce qui ne serait autrement qu'un sentiment passager[79]. »

Au XXe siècle, l'idée d'une fonction de dénonciation de la peine est soutenue par Lord Denning[80]. Il en conclut naturellement que si la justification réelle de la sanction pénale se trouve dans le fait qu'elle exprime la condamnation morale d'un acte par la communauté concernée, alors il en découle nécessairement que tout assouplissement de la législation pénale constitue une autorisation morale tacite, car cela revient symboliquement pour la communauté à ne plus considérer l'acte comme immoral. La loi doit donc décider de condamner ou d'absoudre, mais ne peut opérer par demi-mesures : « L'ennui est que dans ces cas la loi doit condamner ou alors absoudre, et dans les cas comme ceux-là [l'homosexualité, la zoophilie et l'avortement], elle doit condamner[81] ». Nous pouvons appeler cette extension naturelle de la thèse de la dénonciation, la thèse du « je condamne ou j'absous » (*condemn or condone*[82]).

Hart formule plusieurs objections décisives à l'idée d'une telle fonction de la peine. Premièrement, Denning et Stephen soutiennent que la sanction pénale constitue le mode d'« expression » le plus emphatique et le plus approprié du jugement moral d'une société. Mais la dénonciation d'une

---

77 *LLM*, p. 54.

78 *LLM*, p. 62 ; *MCL*, p. 39.

79 J.F. Stephen, *A History of the Criminal Law of England, Vol. II*, *op. cit.*, chap. 17, p. 82.

80 *Report of the Royal commission on Capital Punishment* (§ 53) : « La justification ultime de toute peine ne réside pas dans le fait qu'elle est dissuasive, mais en ce qu'elle constitue la dénonciation énergique d'un crime par la communauté ». Cité par Hart dans : *MCL*, p. 39 ; *LLM*, p. 65.

81 *Hansard*, 5e série, *Lords Debates*, 1957, vol. 206, p. 810 ; cité dans : *MCL*, p. 39.

82 *MCL*, p. 39.

pratique serait mieux exprimée par une déclaration officielle ou solennelle[83]. Il ajoute à cela qu'infliger une peine individuelle comme expression de l'attachement du peuple à son code moral ressemble de trop près à la justification du sacrifice humain comme expression d'un culte religieux[84].

Deuxièmement, la conception de la peine comme dénonciation d'un acte immoral rencontre la même difficulté que la thèse de la désintégration. En effet, dès lors que le moraliste juridique défend une fonction instrumentale de la peine, il doit pouvoir rapporter certains éléments empiriques à l'appui de ce qu'il avance. Il faut pouvoir défendre l'idée que la mise en œuvre de la morale opère bien de sorte à renforcer l'attachement d'un peuple à un code moral[85]. L'idée même qu'une sanction exprime le jugement moral de la société repose sur la prémisse selon laquelle il existe quelque chose qui correspondrait à « la » morale sociale, ce qui présuppose d'emblée que l'Angleterre présente un fort degré d'homogénéité culturelle et morale. Or, ce ne serait là que le regard d'une magistrature britannique en décalage avec la « réalité sociale contemporaine[86] ». Cette approche « sociologiquement naïve » se contenterait, non seulement de présumer le mécanisme sociologique sur lequel repose l'idée d'une fonction instrumentale de la peine, mais de présupposer l'« accessibilité » de « la » morale sociale et « du » jugement de « la » société que la sanction pénale est censée exprimer.

Comme pour la thèse de la désintégration, la thèse de la dénonciation repose en dernière analyse sur une tautologie. En effet, le lecteur peut être surpris de voir que Lord Devlin, dès les premiers passages de *The Enforcement of Morals*, ne parle pas seulement d'immoralité, mais soulève la question des rapports entre la notion de « crime » et de « péché » (*crime and sin*[87]). Tout le schéma de Denning et de Devlin repose sur l'identification du crime au péché : dépénaliser une conduite n'a pas

83 *LLM*, p. 65-66.

84 *LLM*, p. 66.

85 *LLM*, p. 66-67 ; *MCL*, p. 44.

86 *MCL*, p. 39-40 ; *LLM*, p. 63.

87 P. Devlin, « Morals and the Criminal Law », art. cité, p. 2-5. Voir ég. : A.T. Denning, *The Changing Law*, Londres, Stevens & Sons, 1953, p. 112 : « *In order that an act should be punishable, it must be morally* blameworthy. *It must be a sin* ». Il est intéressant de noter que Lord Devlin venait d'une famille catholique, que deux de ses sœurs étaient nones, et l'un de ses frères prêtre jésuite. Devlin lui-même avait pris l'habit un temps chez les Bénédictains avant de quitter les ordres pour se rendre à l'université. Lord Denning officia quant à lui de 1937 à 1944 en tant que chancelier du diocèse de Southwark (*Chancellor*

pour effet de lui faire perdre son statut de comportement immoral, mais *équivaudrait* à ne plus le considérer comme immoral. Devlin et Denning n'échappent à la circularité que si crime et péché sont séparés, auquel cas on pourrait chercher à soutenir que la dépénalisation a pour conséquence que l'on ne considère plus le comportement comme un péché. Mais alors, il faut démontrer empiriquement que l'absence de sanction conduit à ne plus considérer ce comportement comme immoral. Il nous semble que la force de ce raisonnement circulaire repose sur le fait que les notions d'immoralité et de châtiment se rejoignent dans la notion de péché. Denning confère manifestement au droit pénal la fonction d'une table des commandements : « car n'est-il pas vrai que, pour tant de personnes aujourd'hui, c'est la loi seule qui établit la règle[88] ? ». L'immoralité est ainsi identifiée par ce que la loi interdit. C'est la raison pour laquelle Denning tient si fort à l'idée du « je condamne ou j'absous ».

Il est surprenant que Hart, qui avait une facilité déconcertante à identifier les tautologies, n'ait relevé celle-ci qu'à demi-mot. Il explique seulement que la thèse conservatrice repose sur la présupposition selon laquelle la mise en œuvre et la préservation de la morale sont identiques, et n'insiste pas sur ce point[89]. Aussi nous semble-t-il qu'il n'a peut-être pas accordé assez d'importance à la notion spécifique du « péché » qui n'apparaît à aucun endroit dans le corps du texte de *Law, Liberty, and Morality*, ni *The Morality of the Criminal Law*, alors qu'il s'agit d'une notion importante dans le texte de Lord Devlin.

Hart n'est d'ailleurs pas toujours très clair dans la distinction qu'il établit entre les fonctions de la peine comme rétribution et comme dénonciation. Cela tient en grande partie au fait qu'à l'instar de Stephen, les juges conservateurs qui sont ses interlocuteurs ne reconnaissent pas eux-mêmes de distinction entre les deux fonctions de la peine[90]. Il

---

of the Diocese), en sa capacité de juriste expérimenté et de membre pratiquant de l'Église Anglicane, où il dut juger des questions internes de droit ecclésiastique.

88 *Hansard*, 5e série, *Lords Debates*, 1957, vol. 206, p. 810 ; cité dans *MCL*, p. 39.

89 H.L.A. Hart, « Social Solidarity and the Enforcement of Morality », art. cité, p. 251 ; *LLM*, p. 57.

90 *LLM*, p. 54, 62. Hart semble vouloir distinguer par endroits la thèse de la dénonciation et l'approche du « je condamne ou j'absous » (*MCL*, p. 39), là où il les associe ailleurs (*LLM*, p. 65). Il mobilise parfois, pour parler de l'élément de dénonciation dans la peine, des passages dans lesquels Stephen évoque le « sain désir de vengeance » qui auraient plutôt trait à la conception rétributiviste de la peine : par ex. *LLM*, p. 64.

nous semble cependant que la distinction telle que nous la présentons ici constitue l'interprétation la plus crédible des idées de Hart en les faisant reposer sur les critères de démarcation les plus clairs possibles parmi ceux qu'il nous fournit.

Si Hart parvient à attaquer les fondements de cette position de manière convaincante, il n'en demeure pas moins qu'elle semble a priori offrir une explication adéquate de certains aspects du droit pénal dont on aurait du mal à expliquer l'émergence autrement. La question est alors de savoir si l'on peut rejeter en bloc toute valeur explicative du moralisme juridique.

MISE À L'ÉPREUVE DU PRINCIPE DE NON-NUISANCE DANS *LAW, LIBERTY AND MORALITY*

Le problème est le suivant : Lord Devlin prend soin de mettre en lumière des règles juridiques restrictives de liberté dont la fonction ne semble pas être d'empêcher que l'on nuise à autrui. Elles ne satisfont donc pas au principe de non-nuisance. Pourtant, un partisan du rapport Wolfenden ne souhaiterait (sans doute) pas les abroger. Devlin en conclut que ses adversaires n'ont d'autre choix que de se rabattre sur le moralisme juridique pour justifier le maintien en vigueur de ces règles qui n'auraient « aucune autre fonction » que de mettre en œuvre la morale[91]. C'est en réponse à ce défi que Hart développe dans *Law, Liberty, and Morality* l'ébauche de thèses qu'il reprendra dans ses travaux ultérieurs. Elles lui permettent de réaffirmer la fonctionnalité du principe de non-nuisance face aux épineux cas concrets soulevés par Devlin, non sans lui imposer un certain nombre de transformations.

LE PROBLÈME DU PATERNALISME JURIDIQUE

Lord Devlin soulève tout d'abord la catégorie des règles dont la fonction est d'empêcher l'individu de nuire, non pas à autrui, mais à lui-même. Il prend pour exemple la règle interdisant à l'accusé d'invoquer le consentement

91 P. Devlin, « Morals and the Criminal Law », art. cité, p. 6-7.

de la victime en cas d'agression physique ou de meurtre, alors même que ce consentement serait bien réel[92]. Dans ce cas de figure, la victime participe de plein gré au préjudice qu'elle subit. Cette règle n'a donc pas pour fonction la protection d'*autrui*. C'est un point que lui concède Hart.

Empêcher la personne de se nuire à elle-même

Force est de constater que le principe de non-nuisance tel que développé par Mill ne permet pas de justifier l'existence d'une telle règle de droit pénal. Mill ne voyait effectivement dans le consentement de la victime qu'un exercice de sa liberté individuelle. Il tombe d'ailleurs en accord avec Devlin sur l'idée que cette règle ne cherche qu'à mettre en œuvre une norme morale. C'est la raison pour laquelle il en demande l'abrogation[93]. La difficulté rencontrée par Hart est qu'il reconnaît la nécessité d'une telle règle et ne revendique pas sur ce point une réforme du droit pénal. Il rentre même en opposition avec Mill dont il dénonce le dogmatisme sur cette question[94]. Il ne partage pas l'idée que l'individu sait toujours ce qui est dans son propre intérêt. Comment, alors, montrer que ce type de règle peut trouver une justification ailleurs que dans une règle morale qu'elle mettrait en œuvre ?

Hart sort de cette impasse en en assortissant la critique négative de la thèse du moralisme juridique d'un volet positif qu'il qualifie de thèse du « paternalisme juridique[95] ». Le principe fondamental énoncé par Mill est celui selon lequel la seule raison pour laquelle une règle puisse entraver la liberté d'un individu est pour empêcher qu'il advienne un tort à autrui. Comme nous le verrons plus loin en détail, si Hart entend bien reposer sur le principe de non-nuisance, il rompt néanmoins avec Mill en proposant une lecture plus benthamienne de ce principe[96]. En effet, là où Mill donnait la priorité à l'autonomie de l'individu, Hart recentre plutôt le *harm principle* sur la prévention du tort – de la souffrance –, et soutient ainsi que le droit peut également chercher à ce que

92 *Ibid.*, p. 6. Si cela peut éventuellement être pris en compte dans le *quantum* de la peine, ce n'est pas une cause d'exonération de la responsabilité pénale.

93 J.S. Mill, *On Liberty*, *op. cit.*, p. 166.

94 *LLM*, p. VIII, 32.

95 *LLM*, p. VIII, p. 30 *sq.*

96 Voir *infra* p. 251 *sq.* C'est intéressant dans la mesure où Mill entendait rompre avec Bentham avec le principe de non-nuisance en apportant une atténuation majeure aux effets du principe d'utilité.

l'on empêche les individus de se nuire à eux-mêmes[97]. C'est la raison pour laquelle la loi peut légitimement imposer aux individus le port du casque en motocyclette, ou le port de la ceinture en voiture[98]. Dans le schéma libéral de Hart, la liberté de l'individu résulte de la juste distribution de l'utilité ainsi que la prévention des souffrances (des désutilités) et ne constitue pas un attribut inaliénable de l'individu, ce qui est par contre le point de vue de Mill dont Hart se détache largement sur cette question.

Résister au paternalisme « moral » de Lord Devlin

Devlin objecte à Hart que si ce dernier consent à ce paternalisme « physique », alors c'est qu'il a nécessairement renoncé à la valeur de l'autonomie de l'individu pour ne se concentrer que sur le mal contre lequel il cherche à le protéger. Pourquoi ne pas également étendre ce principe à un « paternalisme moral[99] » ? À partir du moment où l'on considère que l'individu doit être protégé contre lui-même, alors on considère également que cet individu ne sait pas ce qui est bon pour lui. Ce n'est pas autre chose que soutient le moralisme juridique : le droit doit pourvoir à la droite conduite morale de ceux qui ne parviennent pas à se préserver de l'indignité et de la dégradation. Hart répond à cela que, si l'on peut clairement identifier le dommage dont on cherche à préserver l'individu en lui imposant, par exemple, le port du casque à motocyclette, on a beaucoup plus de difficulté à identifier le mal dont on le préserve en lui imposant le respect de la morale sociale. Si l'on suit le raisonnement de Devlin, alors il faudrait considérer que la femme qui refuse de se conformer au sati et de s'immoler sur le bûcher de son défunt mari (ou le citoyen noir qui refuse de coopérer avec le régime de l'apartheid) subit de ce fait un dommage moral[100]. Hart dénonce de nouveau la circularité de l'argument de Devlin qui ne parvient à se maintenir qu'en définissant le dommage moral comme le fait de s'écarter de la morale positive, pour en « conclure » ensuite qu'il faut

97 *LLM*, p. 33.

98 *LLM*, p. VIII-IX.

99 P. Devlin, « Morals and Contemporary Social Reality », art. cité, p. 133. Hart répondra enfin à cette critique dans sa préface au triage de 1981 de *Law, Liberty, and Morality*.

100 *LLM*, p. IX.

préserver les individus de ce dommage en les empêchant de s'écarter de la morale sociale[101].

Cependant, Hart passe sous silence un second élément qui opère pourtant en sa faveur. Si sa position marque bien une rupture avec celle de John Stuart Mill, ce n'est pas parce que Hart renonce à l'utilitarisme, mais justement parce que Mill lui-même le remet en cause malgré lui sur ce point en donnant à l'autonomie de l'individu la priorité sur tout calcul d'utilité[102]. C'est la raison pour laquelle Devlin pense à tort que soutenir le paternalisme équivaut à un rejet du principe de non-nuisance, étant donné qu'il l'associe à la sphère d'autonomie quasi-absolue de l'individu chez Mill[103]. Celle-ci n'est cependant pas analytiquement solidaire du principe de non-nuisance, comme le montre Hart qui retourne en réalité à une position plus proprement utilitariste.

Néanmoins, révéler à ses interlocuteurs des dissensions au sein du camp utilitariste se serait avéré contre-productif, l'enjeu étant l'adoption d'une réforme législative et non un débat philosophique. Il nous semble que ce doit être la raison pour laquelle Hart ne traite pas directement de cette question au début des années 1960. Il ne nous est néanmoins pas permis de douter qu'il en avait connaissance, étant donné que c'est précisément sur ce front qu'il critiquera Mill et prendra la défense de Bentham dans ses travaux ultérieurs comme nous le verrons dans la partie suivante. Quoiqu'il en soit, l'incorporation par Hart de la thèse paternaliste dans le schéma utilitariste suscitera beaucoup d'attention, et il entérine en réalité une transformation bien plus profonde du principe de non-nuisance qu'il ne l'admet.

L'INTERDICTION DE L'INDÉCENCE PUBLIQUE

Le second exemple que soulève Devlin est celui de la prohibition de la polygamie[104], c'est-à-dire le mariage d'un homme à une deuxième femme (ou inversement). Il est difficile, si l'union est librement consentie par toutes les parties en connaissance de cause, de démontrer que l'on nuit à l'une des parties ou qu'elle s'inflige un tort. La prohibition serait alors seulement justifiée au regard de la morale sociale – notamment religieuse[105].

101 *LLM*, p. IX.
102 Voir *infra* p. 247 *sq*.
103 P. Devlin, « Morals and Contemporary Social Reality », art. cité, p. 131-133.
104 P. Devlin, « Morals and the Criminal Law », art. cité, p. 9. Devlin parle de bigamie.
105 *Ibid.*, p. 9-10.

De nouveau, Devlin suppose à raison que ses interlocuteurs ne souhaitent pas abroger ce principe structurant du droit[106]. La question est de savoir si cela revient nécessairement à défendre la mise en œuvre de la morale en tant que telle par le droit, comme le prétend Devlin.

Distinguer l'immoralité privée de l'indécence publique

Hart parvient à se libérer de cette conclusion en tirant une distinction entre l'immoralité privée que constitue l'union conjugale avec un second conjoint, et l'outrage public aux bonnes mœurs que cause l'acte qui choque et offense autrui. C'est de cette nuisance là que le droit protègerait autrui[107]. Rien n'empêche une personne de célébrer officieusement la seconde union dans un cadre privé (échange d'alliances, gâteau de mariage, etc.). Ce n'est pas puni par le droit qui est même silencieux à cet égard. Hart en conclut que ce ne sont pas les modalités concrètes de la vie conjugale des individus que cherche à réprimer le droit qui se désintéresse donc manifestement de la question de savoir si le style de vie qu'ils mènent peut paraître immoral au regard de la morale conventionnelle. Bien plutôt, c'est l'acte public auquel le droit refuse toute reconnaissance officielle. Hart mobilise sur ce point la distinction que tiraient les romains entre le domaine du Censeur chargé des questions morales, et le domaine de l'Édile responsable de la décence publique[108]. Ainsi, en élargissant notre conception du « tort » aux nuisances publiques, la prohibition de la bigamie ne rentre pas en contradiction avec le principe de non-nuisance. On ne punit pas l'immoralité en tant que telle.

Il peut sembler que Hart concède trop de terrain à Devlin. Si l'acte public constitue un outrage public, n'est-ce pas précisément parce qu'il enfreint des normes de morale sociale ? Cela ne revient-il pas pour le droit à tenir compte de celles-ci ? Cependant, le droit ne met pas nécessairement

106 *LLM*, p. 39 *sq.*

107 *LLM*, p. 41.

108 *LLM*, p. 44. Ce serait cette distinction qui fonde implicitement les recommandations du rapport Wolfenden tendant à la dépénalisation de la prostitution en elle-même, pour ne sanctionner que les manifestations publiques choquantes pour autrui – le racolage –, le droit pénal n'ayant pas vocation à contraindre les individus à s'abstenir d'activités privées qui ne nuisent pas à autrui (*LLM*, p. 42). Il ne nous paraît cependant pas évident que la prostitution ne nuise, ni à la personne elle-même, ni à autrui. Nous nous contentons de mettre en lumière la position de Hart sur ce point.

en œuvre des normes morales lorsqu'il réprime les atteintes à l'ordre public qui résultent d'actes de provocation publique. La vie en communauté repose donc selon Hart sur la faculté de chacun de faire preuve de retenue (*to exert self-discipline*) dans ses rapports à autrui[109]. L'idée est que le maintien de l'ordre public fait partie des conditions de préservation de toute société. Les nuisances publiques sont des torts qui peuvent légitimement faire l'objet de sanctions pénales, et ce quels que soient les éléments qui en font des nuisances[110]. Mais un acte identique accompli dans un cadre privé n'est pas constitutif d'« indécence » punissable. Ainsi, punir l'immoralité et réprimer l'indécence publique reposent sur des justifications différentes[111]. Il suffit pour préserver les thèses utilitaristes et le principe de non-nuisance que l'on ne cherche pas à punir l'immoralité (privée) en tant que telle. Le cas de la bigamie ne semble donc pas, à l'examen, fatal.

On peut se poser la question de savoir ce que le juriste d'Oxford appelle ici « public » ou « privé » dès lors qu'il évoque la célébration d'une union encadrant la vie conjugale. En effet, Hart part, dans les conférences, de l'idée du « cadre privé » des relations homosexuelles entre adultes consentants – c'est-à-dire des relations auxquelles personne d'autre n'assiste. Ces relations sont privées, non-publiques, dans le sens où elles ne sont pas visibles (on ne pourrait pas les taxer d'indécence). Cependant, son propos glisse imperceptiblement à l'idée du caractère privé, à l'égard des institutions officielles, d'une seconde union matrimoniale illégale qui est donc impossible à authentifier. Or, mis à part l'éventualité où le second mariage officieux existerait strictement dans le cadre du domicile (une union discrète), il y a peu de chances que les concitoyens n'y soient exposés d'aucune manière. En réalité, Devlin comme Hart décrivent le cas de la vie conjugale assumée, voire officieusement célébrée, et acceptée dans un cercle social, en dépit de son immoralité au regard de la morale sociale de l'époque (notamment chrétienne). Ainsi, il faut distinguer deux choses, deux conceptions flottantes du caractère public de l'union dans le propos de Hart : (i) l'union ne sera jamais officielle, mais (ii) la question de savoir si elle est publique (visible, assumée, revendiquée, etc.) est une question à examiner au cas par cas. Le traitement de la

109 *LLM*, p. 70-71. C'est une référence en creux au contenu minimum du droit naturel que l'on trouve chez Hart dans d'autres travaux. Voir : *CL*, p. 193-200 ; *id.*, « Positivism and the Separation of Law and Morals », art. cité, p. 79-80.

110 *LLM*, p. 43-44.

111 *LLM*, p. 45.

distinction entre indécence publique et immoralité privée ne nous semble donc, pour cette raison, pas entièrement convaincant.

Tolérer le comportement que l'on désapprouve

Il faut cependant voir que la distinction est plus fondamentalement structurante dans sa conception de la liberté. S'il accepte qu'un acte public puisse constituer une nuisance, il admet en passant que des actes d'immoralité privée puissent provoquer détresse et désarroi chez ceux qui sont fortement attachés à la morale positive. Néanmoins, cette détresse ne saurait être prise en compte au titre des torts dont il faudrait protéger autrui. En effet, si la détresse provoquée par l'immoralité privée suffisait à justifier la mise en œuvre de la morale, alors reviendrait à réduire la sphère d'autonomie de l'individu à la seule liberté de faire ce qui ne déplaît pas à autrui : « Aucun ordre social accordant la moindre valeur à la liberté individuelle ne saurait également consacrer le droit d'être protégé d'une détresse ainsi occasionnée[112] ».

À l'inverse, en se limitant à ne punir que la manifestation publique socialement et moralement désapprouvée, on préserve négativement la liberté de l'individu d'accomplir le même acte dans un cadre privé[113]. Une société libérale doit pouvoir au moins exiger de ceux qui désapprouvent des pratiques qu'ils estiment immorales (dont on ne leur impose pas publiquement le spectacle) qu'ils les *tolèrent*, même s'ils savent que certains se livrent à ces pratiques en privé[114]. Il n'y aurait aucun sens, autrement, pour une société de prétendre être attachée à la liberté. Toutefois, obtenir la tolérance d'autrui ne signifie pas qu'il doive considérer une pratique

112 *LLM*, p. 47. Hart commence cependant (p. 46) par affirmer que la grande souffrance physique causée par la prohibition des actes homosexuels n'est pas *compensée* par la détresse provoquée chez autrui par le fait de savoir que d'autres s'adonnent en privé à des pratiques qu'ils désapprouvent.

113 *LLM*, p. 47-48.

114 Hart se situe dans le prolongement de *La lettre sur la tolérance* de Locke. La tolérance n'implique pas que l'on renonce à juger négativement un comportement ou une opinion, mais que l'on renonce à réprimer ce que l'on désapprouve : J. Locke, *Second Treatise of Government and A Letter Concerning Toleration*, Oxford, Oxford University Press, 2016, p. 129, 133-134. Cela contient les germes d'un principe de non-nuisance dans la mesure où l'autorité civile n'a un titre à intervenir que pour empêcher les atteintes à autrui ou à l'ordre public : *Ibid.*, p. 147, 150. Sur la distinction entre la tolérance d'un comportement et son acceptation : L. Green, « On Being Tolerated », in M.H. Kramer (Dir.), *The Legacy of H.L.A. Hart : Legal, Political, and Moral Philosophy*, *op. cit.*, p. 278 ; J. Raz, « Autonomy, Toleration, the Harm Principle », art. cité, p. 319.

comme acceptable ou indifférente au regard de son propre système de valeurs. Avoir le droit d'être toléré n'est pas avoir un droit à des gages d'indifférence de la part d'autrui. Hart ne cherche donc pas à réformer les individus qui demeurent attachés à la morale positive de la société. On ne peut attendre mieux, et on n'a pas à attendre plus, que le « mépris amusé » du désapprobateur[115]. Il ne s'agit pas non plus de permettre à la personne tolérée de provoquer librement la majorité. En sanctionnant seulement les manifestations publiques des actes autorisés dans un cadre privé, c'est en réalité l'équilibre des « revendications réciproques » qui est recherché[116].

Hart écrit dans un contexte où les pratiques homosexuelles sont pénalement réprimées. Il paraît surprenant aujourd'hui de reléguer l'homosexualité à un problème de morale sexuelle relevant de la seule sphère privée, passant sous silence les problèmes d'organisation de la vie conjugale et de ses manifestations publiques. On ne soutiendrait plus que deux personnes de même sexe ne peuvent, sans provocation, se présenter comme un couple dans l'espace public. Il faut garder à l'esprit que *Law, Liberty, and Morality*, considéré par certains à l'époque comme un exemple de libéralisme extrême, était une étape importante dans l'évolution vers la situation actuelle.

LE PROBLÈME DE LA GRADATION MORALE DE LA PEINE

Le dernier problème dont Hart doit rendre compte est celui de la « gradation morale de la peine ». Il s'agit cette fois-ci d'une objection soulevée contre Mill par Stephen. Ce dernier note que la sévérité de la peine a toujours reflété le degré d'immoralité du crime, et non seulement l'étendue de ses conséquences[117]. La sanction intervient parfois même lorsque l'acte n'a pas eu de conséquences néfastes – comme dans le cas de la tentative de meurtre. L'acte n'a *pas* nui à autrui. Les défenseurs du principe de non-nuisance ne demandent pas pour autant que l'on mette fin à ces pratiques pénales. Cela revient donc, selon Stephen, à sanctionner l'immoralité « en tant que telle ». La question est de savoir, premièrement, s'il existe des principes qui permettent à Hart de rendre compte de ce problème, et, deuxièmement, si ces principes sont compatibles avec ceux qu'il invoque par ailleurs. La

115 *LLM*, p. 63.

116 *LLM*, p. 71.

117 J.F. Stephen, *Liberty, Equality, Fraternity*, *op. cit.*, chap. 4, p. 149-150 ; *id.*, *A History of the Criminal Law of England, Vol. II*, *op. cit.*, chap. 17, p. 80.

réponse qu'il apporte à l'objection soulevée par Stephen permet de faire plus généralement le lien avec sa philosophie du droit pénal[118].

Répression d'un comportement, responsabilité de l'individu et sévérité de la peine. – Hart distingue deux problèmes que les juges conservateurs auraient tendance à confondre. Il dégage, d'une part, la question de la justification générale du « système pénal » en dégageant les principes qui permettront d'identifier les comportements que l'on peut valablement pénaliser. Cela porte en d'autres termes sur la question du contenu de la loi pénale. D'autre part, il s'intéresse à la question du degré de la sévérité (le *quantum*) des peines individuelles relativement à la gravité de l'infraction[119]. Le principe de non-nuisance intervient au niveau de la détermination des types de comportement que l'on souhaite punir : il faut une justification particulière pour pouvoir punir un comportement qui ne nuit pas à autrui[120]. Mais la justification de la répression d'un *type de comportement* (le vol armé, le meurtre, l'inceste, l'homosexualité, la prostitution, la zoophilie, etc.) ne répond pas à la question de savoir *quel individu* peut être puni, ni avec quelle sévérité. Ces questions ne sont pas à résoudre à l'aide des mêmes principes[121].

Hart manque de précision sur ce point dans *Law, Liberty, and Morality.* La distinction entre la justification de la répression d'un type de comportement et la justification de la sévérité da la peine saute une étape. Il faut résoudre tout d'abord le problème intermédiaire de la justification de la responsabilité pénale de l'individu[122]. Ce problème est traité dans *The Morality of the Criminal Law*[123]. Hart défend dans cette conférence la doctrine de la *mens rea.* Celle-ci exige que soit rapportée la preuve de l'« élément subjectif »

118 Pour une discussion de la philosophie du droit pénal de Hart, voir l'introduction de J. Gardner, « Introduction », in H.L.A. Hart, *Punishment and Responsibility, op. cit.* Voir ég. la recension fort éclairante par J. Finnis, « Hart's Philosophy of Punishment », *Human Rights and Common Good, Collected Essays Vol. III*, Oxford, OUP, 2011, p. 153. Nous signalerons également l'article : R.A. Wasserstrom, « H.L.A. Hart and the Doctrines of *Mens Rea* and Criminal Responsibility », *University of Chicago Law Review*, 1967, vol. 35, p. 92.

119 *LLM*, p. 36-37.

120 *LLM*, p. 37.

121 Voir *infra* p. 259 *sq.*

122 Non pas « quel *comportement* le droit peut-il légitimement réprimer ? », mais « quel *individu* peut-on punir ? »

123 H.L.A. Hart, « Changing Conceptions of Responsibility », *MCL*, p. 5-29 (réimpr. in *P&R*, chap. 8, p. 186 *sq.*). Hart n'a pas affaire au moralisme juridique dans cette conférence. Il se tourne vers le moralisme sur cette question dans : *id.*, « Punishment and the Elimination of Responsibility » (1961), *P&R*, p. 182-183.

de l'infraction, en plus de l'élément matériel (l'*actus reus* – la commission objective de l'acte), pour établir la responsabilité pénale de l'individu[124]. L'individu doit avoir enfreint la loi par un acte *volontaire* (il doit avoir eu l'opportunité réelle de ne *pas* l'enfreindre[125])[126]. En d'autres termes, la

124 H.L.A. Hart,« Prolegomenon to the Principles of Punishment », art. cité, p. 14, p. 19-22 ; *id.*, « Legal Responsibility and Excuses » (1957), *P&R*, p. 31-33 ; *id.*, « Acts of Will and Responsibility » (1960), *P&R*, p. 90 *sq.* ; *MCL*, p. 6 *sq.*

125 *Traitement de la mens rea et philosophie du langage ordinaire*. C'est sur le caractère volontaire de l'acte dans la notion de *mens rea* que les méthodes de la philosophie du langage ordinaire se révèlent de manière éclairante. (I) Elles amènent Hart à proposer une définition négative de l'élément subjectif de l'infraction ou de l'acte « volontaire ». Il ne s'agit pas d'un élément unique dont il faut chercher la nature ou le *locus*. Plutôt que chercher la présence d'une *volonté* – forme substantivée qui n'apparaît que dans la formulation de questionnements philosophiques –, Hart invite à étudier l'emploi réel de termes et d'expressions tels qu'« intentionnellement », « (in)volontairement », « de son propre accord », « en pleine conscience », « consciemment », etc., dans des contextes juridiques concrets. C'est alors que l'on s'aperçoit que le droit pénal reconnaît une pluralité de *moyens de défense*, et qu'il admet l'irresponsabilité de l'individu de diverses manières, en tenant compte de son état subjectif. Il existe en réalité une série d'« *excusing conditions* » qui ne peuvent être réduites à un unique élément essentiel. Ainsi, de manière contre-intuitive, c'est seulement (i) lorsque l'individu a enfreint la loi et (ii) qu'aucune *excuse* n'est légitimement invocable que l'on peut conclure *négativement* qu'il a agi « *volontairement* ». Dans cette démarche philosophiquement déflationniste (on ne demande pas « qu'est-ce que *la* volonté ? ») le *caractère* volontaire de l'acte est, non pas la présence d'un caractère particulier, mais *l'inapplicabilité* de toutes *excusing conditions* : H.L.A. Hart, « The Ascription of Responsibility and Rights » (1949), art. cité, p. 179-180 ; *id.*, « Legal Responsibility and Excuses » (1957), art. cité, p. 28-29, 49. (II) Hart rejoint ici le thème des « *trouser words* » (les mots qui « portent la culotte ») développé par J.L. Austin : (i) il est fallacieux de présupposer que dans un couple de notions, le terme « positif » marque nécessaire l'hypothèse la plus courante, ou la présence de la chose recherchée, que le terme « négatif » sert à *exclure*. Ce peut être l'inverse : le terme négatif porte la culotte dans l'opposition en définissant le sens primaire des termes, le terme positif tirant son sens du terme négatif : J.L. Austin, « A Plea For Excuses », art. cité, p. 140. (ii) Il se peut même que ce soit le terme négatif qui soit qualifiant, et que le terme positif indique seulement la non-pertinence de la qualification. Dans l'exemple de Hart, le terme vague « volontairement » sert uniquement à exclure la gamme de cas concrets où l'on aurait agi « *in*-volontairement ». Or, si chacun a des exemples de ce que signifie agir involontairement (sous la contrainte ou la menace, en ayant perdu le contrôle de soi-même, par accident, par erreur, par réflexe, etc.), la question de savoir ce qu'est « agir volontairement » n'est qu'une question *de philosophe*. (iii) Parfois l'élément positif n'existe pas. Austin remarque que l'on peut écraser un escargot « par *in*advertance », mais que l'on ne peut rien faire « par advertance ». Son article « A Plea for Excuses » et l'article de Hart « Legal Responsibility and Excuses » sont parus la même année (1957), et résultent des travaux entrepris lors du séminaire commun tenu à Oxford au début des années 1950. (III) Hart élabore cette conception négative de l'acte volontaire sur une période longue (1949-1957 à tout le moins). Elle survit à son rapide désintérêt pour les thèses centrales de l'article « Ascription » relatives à l'attributivisme. La philosophie du langage ordinaire, ici comme ailleurs, ne se limite donc pas aux problèmes d'actes de langage.

126 H.L.A. Hart, « Legal Responsibility and Excuses », art. cité, p. 39, 49.

simple commission matérielle de l'acte ne suffit à punir un individu si l'acte ne peut lui être valablement imputé. Sur cette question, Hart n'a pas pour adversaire le moralisme juridique, mais le courant intellectuel, marqué à l'époque, qui revendiquait l'abolition de l'institution de la responsabilité pénale au bénéfice d'un traitement exclusivement médical de la délinquance[127].

Nous reviendrons plus loin sur l'exigence de la *mens rea*[128]. Nous sommes intéressé pour l'heure par la démarche de morale critique qu'adopte Hart sur ce point comme sur les autres. Il écrit, concernant la *mens rea*, qu'il s'agit de « révéler » le principe sous-jacent à une manière de penser[129]. La distinction entre les actes commis volontairement et involontairement est primordiale, *non seulement* pour un juriste libéral, mais *également* pour toute autre personne attachée à certaines valeurs élémentaires qui structurent la culture juridique anglo-saxonne. Ainsi, cette distinction pénètre une large partie de la morale commune, de la vie sociale elle-même, et, partant, joue un rôle dans notre conception morale du monde[130]. Hart ne cherche donc pas à fonder moralement la distinction entre l'acte volontaire et involontaire dans la détermination de la responsabilité pénale de l'individu, mais à montrer que ses adversaires adhèrent, tout autant que lui, à cette distinction.

La gradation morale de la peine et les « principes de justice et d'équité ». – C'est en aval de ce premier problème, central dans sa philosophie du droit pénal, que Hart traite la gradation morale de la peine. Il n'a pas ici la possibilité, qu'il avait auparavant, de montrer que le principe de non-nuisance ne s'oppose pas au maintien d'une pratique pénale. Hart est contraint de s'engager et de défendre cette pratique au nom des valeurs sous-jacentes qu'elle exprime. Cependant, il met en œuvre une démarche de morale critique. Ces valeurs ne peuvent *fonder* la pratique en question : il ne défend pas « sa » morale contre celle de ses adversaires. Il doit montrer, d'une part, que d'autres valeurs que celles du moralisme juridique peuvent justifier la pratique en question, et, d'autre part, que

127 La criminologue Barbara Wootton était le fer de lance de ce mouvement. Voir *MCL*, première conférence.

128 Voir *infra* p. 260 *sq.*

129 H.L.A. Hart, « Legal Responsibility and Excuses », art. cité, p. 49.

130 H.L.A. Hart, « Punishment and the Elimination of Responsibility », art. cité, p. 183 ; *id.*, « Murder and the Principles of Punishment : England and the United States », art. cité, p. 77.

ses adversaires adhèrent également aux valeurs au nom desquelles il propose de défendre cette pratique.

Dans *Law, Liberty, and Morality*[131], Hart mobilise des « principes de justices et/ou d'équité » (*principles of justice or fairness*) nécessaires à la « distribution » des condamnations et des peines[132]. Ces principes apparaissent ici pour rendre compte du problème de la justification de la gradation morale de la peine pour des infractions différentes qui relèvent de la violation d'une même règle, mais dont la gravité est à distinguer d'un point de vue moral[133]. Il en découle qu'il devient possible d'objecter à certains procédés, telles les peines automatiques supprimant toute appréciation du juge, voire les peines plancher trop sévères qui ne permettent pas de distinguer entre les infractions commises.

Ces principes de justice et d'équité seront étudiés à la fin du prochain chapitre. Nous ne nous attardons pas plus ici sur la question[134]. Il suffit pour l'instant de noter qu'il lui est possible de rendre compte du problème de la gradation morale de la peine, sans passer par le moralisme juridique, en reposant sur ces principes. Il n'a pas besoin de soutenir que c'est l'immoralité « en tant que telle » que le droit sanctionne à cet endroit. Or, ce ne sont pas les principes utilitaristes qu'il appelle au soutien de la gradation morale de la peine. Nous nous pencherons de près sur ce problème complexe dans le paragraphe final de cette étude, toute la question étant de savoir comment ce problème distributif peut coexister avec des considérations utilitaristes maximisatrices.

---

131 *LLM*, p. 37.
132 H.L.A. Hart, « Prolegomenon to the Principles of Punishment », art. cité, p. 9, 11.
133 *LLM*, p. 37.
134 Voir *infra* p. 259 *sq*.

III. DÉPASSER LES LIMITES DE L'ANALYSE UTILITARISTE

Nous avons écrit que Hart ne s'oppose pas au moralisme juridique des juges conservateurs par une théorie des droits de l'individu, préférant appuyer sa démarche sur des principes critiques dans l'esprit des réformateurs du XIXe siècle. Nous allons examiner cette affirmation de plus près. Devlin remarque, très justement, que Hart ne se contente pas d'adhérer purement et simplement au libéralisme de Mill[1]. Ainsi avons-nous étudié, à la fin du chapitre précédent, les évolutions effectives que Hart fait subir au principe de non-nuisance. C'est seulement à partir des années 1970 que Hart rend explicites les objections, souvent radicales, qu'il oppose à la doctrine de la liberté de Mill. Il est impossible de savoir si c'est un point de vue qu'il entretenait lorsqu'il écrivait les conférences *Law, Liberty, and Morality.* Il pourrait s'agir de critiques qui sont apparues durant les années d'étude qui ont suivi, mais il semble plus vraisemblable qu'il ne souhaitait pas les révéler dans la mesure où le libéralisme de Mill constituait l'arrière-plan du rapport Wolfenden et le point focal des attaques de Devlin. Il faut garder à l'esprit que l'enjeu des conférences était, non pas le débat d'idées, mais le sort de la dépénalisation de l'homosexualité dont Hart était partisan – une réforme législative, donc. Dans ce contexte, il aurait été contre-productif d'apporter de l'eau au moulin du moralisme juridique. Néanmoins, ses objections à la philosophie de Mill sont de taille. Le juriste d'Oxford cherche alors à maintenir en tension les héritages respectifs de Bentham et de Mill, voire, dans une certaine mesure, de les réconcilier. C'est un de nos objectifs que de le montrer.

Il s'agit par ailleurs dans ce chapitre de mettre en lumière une distinction structurante de la pensée de Hart entre justification du contenu de la règle et justification de l'application de la règle. Les principes d'utilité

1 P. Devlin, « Morals and Contemporary Social Reality », art. cité, p. 132.

et de non-nuisance interviennent dans la justification du contenu des règles. Ils sont inadaptés pour répondre au problème *distributif* de la justification de l'application de la règle. Certains auteurs, tels David Lyons, auront l'intuition des limites logiques du principe d'utilité pour penser les problèmes de distribution. Ils vont alors chercher à fonder des droits moraux en utilité. Hart rejette cette démarche qui ne rend compte ni des contraintes logiques spécifiques du principe d'utilité, ni de celles du concept de droits. On ne doit pas attendre de l'utilité qu'elle prenne en charge ce problème. On doit trouver des ressources dans des principes extérieurs à la philosophie utilitariste afin de régler des problèmes logiquement distincts liés à la justification de l'application des règles. Hart mobilise ici des « principes de justice et d'équité » que l'on trouve tout au long de ses travaux et qui n'ont reçu aucune attention. La première section permettra d'approfondir le rejet de la philosophie des droits moraux. La seconde nous permettra de préciser, finalement, la nature de la philosophie de la liberté de Hart.

APRÈS *LAW, LIBERTY, AND MORALITY.* CRITIQUE HARTIENNE DU LIBÉRALISME DE MILL

Révélons d'emblée le fin mot de cette histoire : Hart objecte à la philosophie de la liberté de Mill d'être fondamentalement *incompatible* avec le principe d'utilité auquel, par ailleurs, il adhère. Elle reviendrait, selon le juriste d'Oxford, à reconnaître à chaque individu un « droit à la liberté[2] » qui opère à la manière des droits naturels que Mill se fait pourtant foi de répudier. Ce droit à la liberté repose sur un raisonnement circulaire. Mill ne procède pas par démonstration de l'utilité à l'autonomie de l'individu, mais définit subtilement l'un par rapport à l'autre. En d'autres termes, Hart lui reproche de n'avoir corrigé les excès de l'utilitarisme de Bentham, en forgeant le principe de non-nuisance, qu'en sacrifiant l'utilitarisme sur l'autel des droits naturels.

2 H.L.A. Hart, « Natural Rights : Bentham and John Stuart Mill », art. cité, p. 101. Un « *right to liberty* » et non un « *liberty-right* » (droit-liberté), notion dont il fait au contraire pleinement usage dans son analyse des droits juridiques : *id.*, « Legal Rights », art. cité, p. 166, 171.

ARTICULATION DU PRINCIPE DE NON-NUISANCE ET DU PRINCIPE D'UTILITÉ DANS LE LIBÉRALISME DE MILL

Mill écrit que la contribution principale de Bentham se trouve dans le développement de la méthode analytique par laquelle il s'attache à diviser méticuleusement tout ensemble général en parties constitutives et à résoudre toute abstraction en entités concrètes. Cela lui permet d'identifier l'objet réel de son propos et de construire de véritables preuves philosophiques[3]. Bentham serait ainsi, non pas un grand philosophe, mais un grand réformateur de la manière de philosopher[4]. En revanche, le principe d'utilité n'est pas l'invention de Bentham et ne présente pas de véritable originalité[5]. Cela doit attirer notre attention sur l'autonomie dont fait preuve Mill à l'égard du principe fondamental de la philosophie de Bentham – du moins dans la forme que prend le principe d'utilité chez Bentham. Il faut en effet se poser la question de savoir dans quelle mesure le principe de non-nuisance de Mill, que ce dernier introduit pour tempérer les potentialités liberticides du principe d'utilité de Bentham, parvient à s'insérer dans un schéma utilitariste. Il faut également se poser la question de savoir si le principe d'utilité tel qu'il est défendu par Mill joue un rôle véritable dans sa philosophie de la liberté.

Une autonomie de l'individu au service du bien-être collectif ?

Renouveler le principe d'utilité par la « qualité des plaisirs ». – Le « principe du plus grand bonheur[6] » présente un danger pour l'individu ou le membre d'un groupe minoritaire dont les intérêts peuvent être sacrifiés au bénéfice d'une maximisation optimale du bien-être collectif. Dans sa forme benthamienne initiale, le principe d'utilité n'attache ainsi aucune valeur intrinsèque à l'individu. Le traitement des personnes individuelles est un simple moyen en vue de la fin vers laquelle il faut tendre, à savoir la maximisation du bien-être agrégé de l'ensemble des membres du groupe. Or, Mill affirme dans *On Liberty*, exposant

3 J.S. Mill, « Bentham » (1838), *Utilitarianism and Other Essays*, *op. cit.*, p. 139.
4 *Ibid.*, p. 138.
5 *Ibid.*, p. 143.
6 J.S. Mill, « Utilitarianism », *loc. cit.*, (II, § 2) p. 278 : « *the greatest happiness principle* ».

le principe de non-nuisance, que « la seule raison légitime que puisse avoir une communauté civilisée pour user de la force à l'encontre d'un de ses membres contre son gré est de l'empêcher de nuire aux autres[7] ». Cela signifie inévitablement que les individus ne peuvent pas être traités comme de simples moyens en vue de la maximisation du bien-être collectif. Le principe de non-nuisance agit ainsi, pour le principe d'utilité, comme un frein. Sans doute s'agissait-il là pour Mill d'assortir l'utilitarisme d'un volet négatif afin de rendre le système d'ensemble plus respectueux des personnes. Cependant, il n'est pas évident que le principe de non-nuisance peut s'intégrer dans un schéma utilitariste. Ne s'agit-il pas de faire prévaloir les intérêts particuliers des individus sur toute possibilité de maximisation de l'utilité pour l'ensemble des actes qui ne nuisent pas à autrui ?

Mill écrit que le *harm principle* découle du principe d'utilité compris dans son sens le plus large[8]. Aussi s'attache-t-il à proposer une conception renouvelée de la notion d'utilité. Celle-ci souffrait chez Bentham d'une vision trop limitée de la nature humaine car elle ne supposait les hommes mus que par le plaisir physique ou la peur de la souffrance, à l'exclusion de toute considération qualitative[9]. L'idée même d'une maximisation du bien-être s'en trouvait ainsi faussée. Ce jugement est sans doute trop sévère étant donné la diversité des critères mobilisés, dans le calcul de félicité, pour évaluer la balance du plaisir et de la souffrance[10]. La prise de conscience de l'importance de la « qualité des plaisirs » est l'une des principales contributions de Mill à l'utilitarisme.

C'est dans l'essai *Utilitarianism* qu'il offre une image plus précise de cette partie négligée de la palette des plaisirs et des souffrances. L'être Humain ne peut véritablement s'épanouir, et son plaisir ne peut être maximisé, que dans la cultivation des facultés supérieures qui lui sont spécifiques[11]. Il ne s'agit pas simplement d'affirmer que les tempéraments

7 J.S. Mill, *On Liberty* (1859), *op. cit.*, (I, § 9) p. 68 ; trad. fr. p. 74.

8 *Ibid.*, p. 70 (I, § 11).

9 J.S. Mill, « Bentham », art. cité, p. 148-150.

10 J. Bentham, *Introduction to the Principles of Morals and Legislation*, *op. cit.*, p. 38-39 (IV, § 3-4).

11 J.S. Mill, « Utilitarianism » (1861), *loc. cit.*, p. 279 (II, § 4). Cette idée est ambigüe. Les plaisirs nobles priment-ils, par leur qualité, sur des plaisirs vils même quantitativement supérieurs, ou la noblesse du plaisir assure-t-elle qu'il soit quantitativement supérieur ? Voir la discussion de C. Salvat, *L'utilitarisme*, Paris, La découverte, 2020, coll. « Repères », p. 20-21.

et les plaisirs sont extrêmement divers, mais de soutenir que les plaisirs de l'esprit ont une valeur supérieure aux simples plaisirs physiques. Mill affirme ainsi :

> mieux vaut être un homme malheureux qu'un porc satisfait, être Socrate insatisfait plutôt qu'un imbécile heureux. Et si l'imbécile et le porc sont d'une opinion différente, c'est qu'ils ne connaissent qu'un coté de la question. L'autre partie à la comparaison connait les deux[12].

Plus fondamentalement, il est dans l'intérêt de la communauté dans son ensemble que ses membres puissent mettre leurs talents au service des sciences, de la médecine, des arts, etc., c'est-à-dire qu'ils puissent cultiver ce qui relève, en dernière analyse, des facultés supérieures de l'esprit[13]. C'est sur ce point que la thèse d'*On Liberty* doit être remise dans le contexte de la conception renouvelée de l'utilitarisme de Mill.

Le principe de non-nuisance comme régulation d'une sphère d'autonomie. – Le principe de non-nuisance n'a pas seulement pour fonction de protéger l'individu à l'égard du caractère liberticide du calcul d'utilité. En introduisant l'idée de qualité des plaisirs, Mill montre que le bien-être collectif ne peut être maximisé que si l'on respecte une sphère d'autonomie individuelle nécessaire pour que chacun puisse cultiver ses facultés intellectuelles et artistiques. L'individu ne doit souffrir d'entrave dans les activités de l'esprit ou dans les « expériences de vie[14] » qui sont la condition des progrès techniques et moraux dont bénéficiera, à terme, la communauté dans son ensemble[15]. On ne pourra parvenir à la maximisation du bien-être collectif si l'on se prive des bienfaits des activités de citoyens qui œuvrent pour le progrès intellectuel (artistique, scientifique, politique, etc.). Mill insiste sur l'importance de la « spontanéité individuelle[16] » qu'il oppose à l'esprit coutumier de celui qui a renoncé à faire usage de ses facultés les plus élevées. Ainsi l'individu doit-il être soustrait à toute forme de contrainte pour les actes qui ne portent pas

---

12 *Ibid.*, p. 281 (II, § 6) ; trad. fr. p. 50. Voir ég. : *id.*, *Autobiography*, Londres, Penguin Classics, 1989, (chap. 5) p. 118.

13 J.S. Mill, « Utilitarianism », *loc. cit.*, p. 286-287 (II, § 13) ; *id.*, *On Liberty*, *op. cit.*, p. 129 (III, § 11).

14 *Ibid.*, p. 120 (III,§ 1) : « *experiments of living* ».

15 *Ibid.*, p. 129 (III, § 11). Hart attire notre attention sur cette idée : « la société peut non seulement survivre (…) à des divergences individuelles par rapport à sa morale dominante, mais [elle] peut également en tirer profit » : *LLM*, p. 71.

16 J.S. Mill, *On Liberty*, *op. cit.*, p. 70 (I, § 11) ; p. 119-120 (III, § 1).

atteinte à autrui, qu'elle provienne des autorités, ou qu'elle résulte de l'opinion publique (la « médiocrité collective[17] »), qui pourrait entraver le génie ou l'expérimentation[18].

On voit donc qu'en prenant le principe d'utilité « dans le sens le plus large », c'est en réalité une sphère d'autonomie que Mill est amené à reconnaître à l'individu[19]. Or, c'est la fonction du principe de non-nuisance que de la garantir en ne permettant aucune entrave à l'autonomie qui ne vise à protéger autrui. Il en résulte un espace de liberté dans lequel l'individu est « souverain[20] ». Cependant, ce n'est pas à l'individu considéré comme tel que cette sphère d'autonomie est reconnue à titre d'attribut inaliénable[21]. Parce qu'elle permet de maximiser le bien-être de la collectivité, la sphère d'autonomie remplit, formellement du moins, une fonction instrumentale. C'est sur ce point que ce focaliseront les objections de Hart.

La consécration d'un « droit à la liberté » résultant du principe de justice

Un principe de liberté distributif et individuel. – On Liberty écarte toute théorie des droits naturels[22]. L'enjeu est pour Mill de justifier le principe de non-nuisance par référence au schéma utilitariste[23]. Cependant, si le

---

17 *Ibid.*, p. 130-131 (III, § 13). Mill combat ainsi également le règne de l'opinion dans lequel il voit une forme moderne d'oppression et d'obscurantisme. C'est un point auquel Hart se montre particulièrement sensible : *LLM*, p. 77-81.

18 *Ibid.*, p. 132 (III, § 14). Voir ég. p. 123 (III, § 4). Il a d'ailleurs été soutenu que l'introduction de la qualité des plaisirs ne vise pas à défendre l'individu en tant que tel, mais à accorder un rôle de premier plan à un modèle d'homme rationnel et cultivé, qu'il faudrait préserver de la médiocrité de la masse, dans le modèle utilitariste. C'est à cette condition, seulement, que l'individualité comme valeur devient compatible avec l'utilité générale : M. Cowling, « Mill and Liberalism », art. cité, p. 333. John Morley voit ainsi dans *On Liberty* « l'un des livres les plus aristocratiques jamais écrits » : *LLM*, p. 78.

19 J.S. Mill, *On Liberty*, *op. cit.*, p. 69-70 (I, § 11).

20 *Ibid.*, p. 68-69 (I, § 9).

21 *Ibid.*, p. 59 (I, § 1).

22 *Ibid.*, p. 69-70 (I, § 11). Mill prolonge donc Bentham dénonçant les doctrines des droits naturels.

23 Voir en ce sens : D. Lyons, « Human Rights and the General Welfare », art. cité, p. 117 ; *id.*, « Utility as a Possible Ground for Rights », *Noûs*, 1980, vol. 14, p. 24 ; R.E. Sartorius, « The Enforcement of Morality », art. cité, p. 903 ; C.L. Ten, « Mill on Self-Regarding Actions », *Philosophy*, 1968, vol. 43, p. 35 ; A. Ryan, « Introduction », in J.S. Mill, *Utilitarianism and Other Essays*, Londres, Penguin Classics, 1987, p. 47 ; G. Himmelfarb,

principe de non-nuisance fait son apparition dès le premier paragraphe[24], la première mention du principe d'utilité (« dans son sens élargi ») intervient beaucoup plus loin[25]. Aussi plusieurs éléments viennent-ils remettre en question la justification en utilité du principe de non-nuisance. D'une part, le principe de non-nuisance est présenté comme un principe unique censé régler « absolument » les rapports entre l'individu et la société[26], ce qui semble *a priori* incompatible avec un bilan d'utilité sans cesse fluctuant et changeant. D'autre part, la liberté de l'individu, dès lors qu'il ne porte pas atteinte à autrui, doit être « absolue et sans réserve[27] », sans considération de sa capacité à mettre cette liberté à profit pour cultiver ses facultés les plus élevées. Chaque individu doit jouir d'une sphère d'autonomie indépendamment de sa contribution particulière au bien-être collectif. La spontanéité individuelle que Mill cherche à promouvoir semble bien avoir une valeur intrinsèque[28], et non simplement instrumentale comme ce devrait être le cas dans le cadre d'une approche conséquentialiste. Enfin, Mill rejette fermement toute forme de paternalisme visant à empêcher l'individu de se nuire à lui-même[29]. Une législation paternaliste peut être justifiée par la nécessité de réduire les souffrances subies du fait de certaines pratiques[30]. Or, Mill argue plutôt de l'indifférence de la question du tort subi par l'individu dès lors qu'il est causé dans l'exercice de son autonomie. Ainsi, quand bien même on admettrait la possibilité d'un fondement du principe de non-nuisance au regard du principe d'utilité, ce fondement est, au mieux,

---

« Editor's Introduction », in J.S. Mill, *On Liberty*, *op. cit.*, p. 15 ; D. Baranger, « Mill », in P. Raynaud, et S. Rials (Dir.), *Dictionnaire de Philosophie Politique*, Paris, PUF-Quadrige, 2008, 3e éd., p. 455. S'il critique vigoureusement la doctrine de Mill, Hart considère néanmoins que ce dernier *pensait* être parvenu à réconcilier un principe d'autonomie de l'individu avec le principe d'utilité : H.L.A. Hart, « Utilitarianism and Natural Rights », art. cité, p. 188 ; *id.*, « Natural Rights : Bentham and John Stuart Mill », art. cité, p. 88.

24 J.S. Mill, *On Liberty*, *op. cit.*, p. 59 (I, § 1-2).

25 *Ibid.*, p. 70 (I, § 11).

26 *Ibid.*, p. 68 (I, § 9).

27 *Ibid.*, p. 71 (I, § 13).

28 J.S. Mill, *On Liberty*, *op. cit.*, p. 120 (III, § 2).

29 *Ibid.*, p. 69 (I, § 9) ; trad. fr. p. 75 : « pour ce qui ne concerne que [l'individu], son indépendance est, de droit, absolue. Sur lui-même, sur son corps et son esprit, l'individu est souverain ».

30 *LLM*, p. VIII, p. 30-33. Dans la conception hartienne, le principe de non-nuisance vise à préserver autrui de toute nuisance. Le principe est tourné vers l'extérieur, c'est-à-dire vers ceux qui peuvent être affectés par l'acte. Cela n'empêche pas que l'on cherche à empêcher l'auteur de l'acte de se nuire à lui-même : voir *infra* p. 219 *sq.*

très indirect – pour ne pas dire fuyant. Chaque individu doit pouvoir jouir d'une sphère d'autonomie qui ne peut, en dernière analyse, être violée pour des considérations d'utilité. Il semblerait ainsi que le principe de non-nuisance joue le rôle des principes « distributifs et individuels » qui sont, selon Hart, à la racine de toute philosophie des droits naturels.

La justice et le droit moral au respect de la sphère d'autonomie. – Dans le chapitre V de *Utilitarianism*, Mill examine justement ce qu'il considère comme la pierre d'achoppement de l'éthique utilitariste, à savoir la question du fondement du « principe de justice » compris comme principe distributif et non maximisateur[31]. La notion de justice relevant, non d'obligations morales abstraites, mais de rapports entre les intérêts légitimes des personnes, il faut avoir recours à la notion d'un « droit moral[32] » pour analyser la notion. D'une part, un *droit* implique l'existence d'un devoir corrélatif pour autrui[33]. Il est donc pertinent de parler d'un droit lorsque le rapport examiné fait entrer en jeu un problème de justice. D'autre part, il convient de parler de droits *moraux* dans la mesure où les intérêts légitimes dont il s'agit ne sont pas nécessairement pris en considération par le droit en vigueur[34]. Le premier parmi ces droits est celui pour l'individu de ne subir aucune atteinte indue dans la recherche de son propre bien-être dès lors qu'il ne nuit pas à autrui[35]. En d'autres termes, le *harm principle*, présenté auparavant comme un principe négatif de non-interférence, devient ici un droit moral à la jouissance d'une sphère d'autonomie dont la violation injustifiée constitue une injustice. Bien plus, il participe au « droit égal » que possède chacun de jouir des moyens nécessaires pour parvenir au bonheur[36].

---

31 J.S. Mill, « Utilitarianism », *loc. cit.*, p. 335 (V, § 36).

32 *Ibid.*, p. 317, 323, 333 (V, § 6, 15, 32).

33 *Ibid.*, p. 323 (V, § 15).

34 *Ibid.*, p. 317 (V, § 6). Quand bien même une personne possèderait des droits juridiques, il ne faut pas qu'elle les possède illégitimement en vertu de mauvaises lois : *Ibid.*, p. 316. La question est donc, en dernière analyse, morale.

35 *Ibid.*, p. 333 (V, § 33).

36 *Ibid.*, p. 336 (V, § 36). Cette proposition est ambigüe. S'agit-il simplement d'offrir à l'individu les moyens éthiques d'assurer son propre épanouissement ? En effet, la jouissance des libertés particulières (de conscience, de commerce, etc.), examinées tour à tour dans *On Liberty*, dépend sans doute d'un droit premier à la liberté. S'agit-il plutôt d'assurer à chaque individu les moyens matériels (économiques, sociaux, etc.) de son propre épanouissement ? Cela impliquerait la mise en œuvre d'une politique sociale interventionniste. Mais le principe de laissez-faire domine dans le domaine économique, comme dans le domaine politique. L'intervention des autorités publiques

Pour autant, Mill ne renonce pas à fonder le principe de justice en utilité[37]. Reconnaître l'existence d'un droit moral signifie que l'individu est justifié à revendiquer auprès de la société la protection d'un intérêt particulier[38]. Or, cela n'est concevable à ses yeux que lorsqu'il existe une communauté d'intérêt entre les membres d'une société et le détenteur du droit en question[39]. De cette manière, par exemple, la protection du droit pour chaque individu d'obtenir réparation en cas de dommage a pour enjeu l'élément premier de bien-être que constitue la sécurité de l'ensemble des membres de la société. Mill conclut ainsi que la reconnaissance des droits moraux impliqués par le principe de justice n'impose pas une limite à la recherche de buts collectifs mais correspond, au contraire, à des « utilités sociales » plus « importantes, absolues, et impératives » que toutes autres considérations[40].

L'idée est alors que les actes d'un individu participent à la maximisation du bien-être, non en ce qu'ils sont examinés dans leurs conséquences particulières, mais en ce qu'ils correspondent à l'exercice d'un droit qui est, en revanche, justifié en utilité. Mill déploierait ainsi une forme

---

n'est justifiée que dès lors qu'elle ne constitue pas une atteinte à la liberté de l'individu (*id.*, *Principles of Political Economy*, *op. cit.*, p 939 (V.xi, § 2). Or, parmi les atteintes à la *liberté*, Mill n'inclut pas l'impôt pour financer des politiques publiques justifiées (*Ibid.*). La propriété privée peut donc être mise en balance avec le bien commun (*id.*, « Chapters on Socialism » (1879), *Collected Works, Vol. IV*, Toronto, University of Toronto Press, 1967, p. 749). Ainsi, Mill est partisan des lois d'assistance publique aux indigents (*poor laws*) sous la condition qu'elles ne favorisent pas la dépendance (*Principles*, p. 961-962 (V.xi, § 13)). Toutefois, ce filet de sécurité minimal garantissant la survie de l'indigent n'offre pas la substance d'un « droit égal » aux moyens positifs d'assurer son propre *bonheur.* Il soutient, par ailleurs, que l'action publique peut être justifiée lorsqu'il s'agit d'assurer des activités d'intérêt général que l'initiative privée ne prend pas encore en charge (*Ibid.*, p. 970 (§ 16)). Il ne s'agirait nullement, ici non plus, d'un *droit* de l'individu aux moyens matériels nécessaires à son bonheur. Il faut donc se montrer prudent quant à l'idée que Mill défendrait un droit égal de chacun aux *moyens matériels* d'assurer sa propre conception du bonheur. Mill semble adopter une position plus favorable à l'interventionnisme à la fin de sa vie (id., « Chapters on Socialism », *loc. cit.*, p. 749). Pour un point d'entrée, voir M. Quinn, « Mill on Poverty, Population, and Poor Relief », *Revue d'études benthamiennes*, 2008, vol. 4, <https://doi.org/10.4000/etudes-benthamiennes.185> (vérifié 06/01/2021), § 52-55 ; G. Gaus, « Mill's Normative Economics », C. Macleod et D.E. Miller (Dir.), *Blackwell Companion to Mill*, Wiley-Blackwell, 2017, p. 498-501.

37 J.S. Mill, « Utilitarianism », *loc. cit.*, p. 323, 327, 333, 335 (V, § 15, 25, 32, 36).

38 *Ibid.*, p. 326 (V, § 24).

39 *Ibid.*, p. 324 (V, § 20).

40 *Ibid.*, p. 338 (V, § 38).

d'« utilitarisme de la règle » et non d'« utilitarisme de l'acte[41] ». Mill insiste sur l'importance de règles dans la mise en application d'une morale utilitariste. Il est impossible, selon lui, de réaliser un calcul de félicité à chaque instant quant aux effets de nos actions[42]. Nous n'avons pas d'autre choix que de nous en remettre à des règles morales « secondaires » ou « subordonnées » pour guider nos actions, principes qui constituent des « généralisations intermédiaires » sur la base de l'expérience cumulée. Ces règles n'ont aucune valeur intrinsèque et n'occupent qu'une place subsidiaire par rapport au principe fondamental d'utilité. Mill insiste ainsi sur le fait qu'elles doivent faire l'objet d'améliorations progressives au fil de nos expériences cumulées[43].

Cette démarche permet sans doute à Mill de développer l'idée de droits moraux justifiés en utilité tout en tenant à distance, comme il le souhaite, la notion de droits « naturels » ou « abstraits ». Le risque est néanmoins que la protection de la sphère d'autonomie à laquelle chaque individu a un droit moral a pour conséquence nécessaire la maximisation du bien-être social, et ce en dehors de tout calcul d'utilité dans une situation concrète. C'est sur ce point que viennent s'appuyer les critiques de Hart.

(IN)COMPATIBILITÉ DU « DROIT À LA LIBERTÉ » DE MILL AVEC LE PRINCIPE D'UTILITÉ : LE DÉBAT HART – LYONS

Hart rend hommage à Mill dans *Law, Liberty, and Morality* pour réfuter les thèses de Lord Devlin, non sans apporter d'importants amendements au principe de non-nuisance. Il lui oppose cependant par la suite d'importantes critiques. Mill, affirme Hart, n'a gardé de l'utilitarisme que la lettre pour en remanier en profondeur l'esprit[44]. L'idée d'un « droit à la liberté » repose même, en dernière analyse, sur un rejet tacite du

41 C'est une question déterminante du débat Hart-Lyons que nous examinons dans le prochain paragraphe.

42 Il prend ses distances avec Bentham pour qui nous devons au moins aspirer à procéder de cette manière : J. Bentham, *Introduction to the Principles of Morals of Legislation*, *op. cit.*, p. 40 (IV, § 6).

43 J.S. Mill, « Utilitarianism », *loc. cit.*, p. 295-297 (II, § 23).

44 H.L.A. Hart, « Utilitarianism and Natural Rights », art. cité, p. 187 : « *Mill (…) proclaimed himself a utilitarian though in many ways it seems to us now that he preserved only the letter while changing the spirit* » ; id., « 1776-1976 : Law in the Perspective of Philosophy », art. cité, p. 149.

principe d'utilité qui ne joue aucun rôle *effectif* dans le libéralisme de Mill[45], révélant ainsi de fortes « tendances non-utilitaristes[46] ».

Concilier un droit moral à la liberté avec l'« utilitarisme de la règle » ?

Conserver le principe de non-nuisance sans le principe d'utilité ? – En définitive, un nombre important d'auteurs considère simplement *On Liberty* comme un essai fondateur de la pensée libérale, voire libertaire. Certains y voient l'une des premières expositions systématiques du principe de liberté comme fin absolue et exclusive de l'organisation sociale[47], et parmi ces auteurs tous reconnaissent l'existence d'« une forte composante non-utilitariste » sous-tendant le principe de non-nuisance de Mill[48]. Joel Feinberg, par exemple, dans les quatre volumes de son traité *The Moral Limits of the Criminal Law*, s'appuie lourdement sur le principe de non-nuisance, mais demeure largement silencieux sur un fondement utilitariste qu'il n'invoque nullement[49]. Mill est présenté comme un libéral parvenu à poser une présomption en faveur de la

45 H.L.A. Hart, « Utilitarianism and Natural Rights », art. cité, p. 193 ; *id.*, « Natural Rights : Bentham and John Stuart Mill », art. cité, p. 95, 97.

46 H.L.A. Hart, « Natural Rights : Bentham and John Stuart Mill », art. cité, p. 102.

47 I. Berlin, « John Stuart Mill and the Ends of Life », *Liberty*, Oxford, OUP, 2002, p. 219 ; G. Himmelfarb, « Editor's introduction » [Mill, *On Liberty*], art. cité, p. 9 ; G. Dworkin, « Paternalism », art. cité, p. 277.

48 G. Dworkin, « Paternalism », art. cité, p. 276. Voir ég. : I. Berlin, « John Stuart Mill and the Ends of Life », art. cité, p. 237 ; P. Cane, « Taking law seriously : starting points of the Hart/Devlin debate », art. cité, p. 31 ; D. Baranger, « Mill », art. cité, p. 456 ; R. Dworkin, « Liberty and liberalism », *Taking Rights Seriously*, *op. cit.*, p. 261 ; G. Himmelfarb, « Editor's introduction » [Mill, *On Liberty*], art. cité, p. 29.

49 J. Feinberg, *Harm to Others*, *op. cit.*, p. 3, 48. Voir ég. : *id.*, « Harm and Self-Interest », in P.M.S. Hacker et J. Raz (Dir.), *Law, Morality, and Society. Essays in Honour of H.L.A. Hart*, *op. cit.*, p. 285 *sq.* Ce n'est que dans le troisième volume que Feinberg évoque brièvement l'utilitarisme de Mill : J. Feinberg, *The Moral Limits of the Criminal Law, Vol. III : Harm to Self*, Oxford, Oxford University Press, 1986, p. 75, 77. Il semblerait que ce soit Feinberg qui ait initialement forgé l'expression « *harm principle* ». Feinberg adopte une approche résolument libérale des problèmes moraux du droit pénal dans la lignée de Mill. Cependant, il assortit le principe de non-nuisance d'un second « principe d'offense » (*offense principle*) qui justifierait le recours au droit pénal, non seulement pour empêcher l'individu de causer du tort à autrui, mais également pour l'empêcher de causer offense à autrui dans certaines situations (c'est l'objet du second volume de son traité paru en 1985). Sur l'articulation de l'*offense principle* et du *harm principle* chez Feinberg, voir par ex. : J. Stanton-Ife, « The Limits of Law », in E.N. Zalta (Dir.), *Stanford Encyclopedia of Philosophy*, 2006, <https://plato.stanford.edu/entries/law-limits/> (vérifié le 06/01/2021).

liberté dont le principe de non-nuisance serait l'unique limite[50]. Ainsi compris, le *harm principle* est un principe premier d'agencement de toute société libérale cherchant à consacrer la possibilité permanente du choix autonome des individus[51].

Malgré ces débats, il ne fait aucun doute que Mill entendait, pour sa part, adopter une approche utilitariste. La question que soulève Hart est de savoir s'il peut le faire de manière cohérente. Une première solution serait simplement d'isoler les thèses d'*On Liberty* et de soutenir qu'elles font exception à l'orientation de l'œuvre dans son ensemble[52]. Une autre solution pourrait être de considérer que la philosophie millienne de l'*individualité*, qui aboutit à la reconnaissance d'une sphère d'autonomie de l'individu, n'est pas nécessairement adossées à une « philosophie de l'individu[53] ». De ce point de vue, Mill ne décrirait pas la sphère d'autonomie comme l'attribut d'un individu isolé, mais comme une condition des relations, dans une société libérale, entre une personne et le reste du groupe. Il s'agirait alors d'imposer une raison qu'il est interdit à l'autorité publique de négliger lorsqu'elle entend interférer avec les actes d'un individu qui ne regardent que lui[54]. Ce serait là, en effet, une manière de sauver la cohérence du système de Mill, car cela permettrait de développer ensuite une forme d'utilitarisme indirect. Or, d'une part, il n'est pas clair, pour les raisons que soulève Hart, que la défense millienne des droits moraux de l'individu ne rende pas

---

Hart n'invoque pas un principe autonome pour le faire, mais il faut se souvenir qu'il défend la possibilité de punir l'indécence publique : voir *supra* p. 222 *sq*.

50 J. Feinberg, *Harm to Others*, *op. cit.*, p. 7-9.

51 Voir par ex. : I. Berlin, « John Stuart Mill and the Ends of Life », art. cité, p. 237.

52 Himmelfarb croit ainsi reconnaître « deux » Mill : un premier utilitariste, et un second donnant une valeur absolue (et non instrumentale) au principe de liberté : G. Himmelfarb, *On Liberty and Liberalism : the Case of John Stuart Mill*, New York, Alfred Knopf, 1974, p. 168. Voir ég. : G. Dworkin, « Paternalism », art. cité, p. 277. Nous pensons plutôt déceler une tension entre la pensée économique de Mill (des *Principles of Political Economy* et des *Chapters on Socialism*) dans laquelle l'atteinte aux libertés doit être (mais peut être) justifiée au regard du principe d'utilité, et la pensée politique de Mill qui accorde une place redondante au bien-être général au regard du respect des droits moraux de l'individu.

53 D. Baranger, « Mill », art. cité, p. 457. Mill consacre le troisième chapitre de *On Liberty* à « l'individualité comme l'un des éléments du bien-être ». Sur la tension entre philosophie de l'individualité et l'utilité générale : C.L. Ten, *Mill on Liberty*, Oxford, Oxford University Press, 1980, chap. 5 ; M. Cowling, « Mill and Liberalism », art. cité, p. 333.

54 C.L. Ten, « Crime and Immorality », art. cité, p. 657 ; *id.*, « Mill on self-regarding actions », art. cité, p. 32-33 ; D.G. Brown, « Mill on liberty and morality », art. cité, p. 158 ; I. Berlin, « Liberty », *Liberty*, Oxford, OUP, 2002, p. 285 ; J. Raz, « Autonomy, Toleration, the Harm Principle », art. cité, p. 326-327.

redondant le principe d'utilité. D'autre part, il se peut simplement que Mill ne soit pas cohérent.

Justifier des droits moraux avec l'utilitarisme « de la règle » ? – Le problème repose donc sur la justification du principe de non-nuisance au regard du principe d'utilité. Reconnaître un droit moral de chaque individu à jouir d'une sphère d'autonomie permet-il une maximisation indirecte du bien-être ? Selon une interprétation développée dans la deuxième moitié du XXe siècle[55], Mill ne serait pas un « utilitariste de l'acte » qui évalue directement la moralité de chaque acte par ses conséquences, mais un « utilitariste de la règle » pour qui l'évaluation des actes individuels au regard de leurs conséquences ne peut être qu'indirecte[56]. Ce sont les règles et les agencements institutionnels qui trouvent leur justification directe dans le principe d'utilité, les actes individuels ne contribuant à la maximisation du bien-être que dans la mesure où ils se conforment à ces règles. Plusieurs éléments dans le texte de Mill, nous l'avons vu dans le paragraphe précédent, permettent d'étayer cette lecture. Le sens exact à donner au propos de Mill a été débattu[57]. Selon une première lecture possible, les « règles secondaires » ne jouent qu'un rôle prudentiel en permettant d'évaluer l'impact probable des actes individuels sur le bien-être collectif. La moralité de l'acte continue d'être évaluée par référence à l'utilité générale qui demeure un agrégat de conséquences d'actes individuels[58]. Selon une deuxième lecture, les règles secondaires sont le moyen nécessaire de la maximisation de l'utilité générale, de sorte que l'acte individuel ne peut être confronté à l'utilité que par la

55 Elle trouve sa source, semble-t-il, dans J.O. Urmson, « The Interpretation of the Moral Philosophy of J.S. Mill », in J.B. Schneewind (Dir.), *Mill*, Londres, MacMillan, 1968, p. 183, 186 (paru dans *Philosophical Quarterly*, 1953, vol. 3, p. 33 *sq.*). Urmson n'emploie pas l'expression « utilitariste de la règle », mais insiste sur l'importance de la médiation des règles dans le calcul d'utilité.

56 Sur cette distinction : B. Eggleston, « Act Utilitarianism », in B. Eggleston et D.E. Miller (Dir.), *Cambridge Companion to Utilitarianism*, Cambridge, Cambridge University Press, 2014, p. 125 *sq.* ; D.E. Miller, « Rule Utilitarianism », in B. Eggleston et D.E. Miller (Dir.), *Cambridge Companion to Utilitarianism*, *op. cit.*, p. 146 *sq.* ; C. Salvat, *L'utilitarisme*, *op. cit.*, p. 55-60.

57 Voir : L.W. Sumner, « Mill's Theory of Rights », art. cité, p. 193-194 ; D.O. Brink, « Mill on Justice and Rights », in C. Macleod et D.E. Miller (Dir.), *Blackwell Companion to Mill*, Oxford, Wiley-Blackwell, 2017, p. 382-385 ; B. Hooker, « Right, Wrong, and Rule-Consequentialism », in H.R. West (Dir.), *The Blackwell Guide to Mill's Utilitarianism*, *op. cit.*, p. 280-285.

58 David Lyons parle d'un utilitarisme de la règle « primitif » : D. Lyons, « Mill's Theory of Morality », *Noûs*, 1976, vol. 10, p. 112.

médiation des règles. La moralité de l'acte devient alors problème de conformité à la règle. Mill ne peut avoir eu à l'esprit cette distinction développée par les commentateurs. Il est donc difficile de lui attribuer une position tranchée sur la question[59].

La reconstruction de la théorie de la liberté de Mill par David Lyons. – Le philosophe David Lyons, avec lequel Hart entrera en débat, refuse de faire de Mill un utilitariste de la règle, au sens désormais classique, tout en défendant la place cruciale qu'occupent les règles dans son libéralisme[60]. Proposant une reconstruction de la philosophie morale de Mill, il insiste sur la distinction entre, d'une part, les actes simplement indésirables ou inopportuns (*inexpedient*) qui ne maximisent pas l'utilité générale, et d'autre part, les actes à proprement parler immoraux. Cette distinction suffit à montrer que l'on ne peut juger de la moralité de l'acte par sa confrontation directe au principe d'utilité, et, partant, que Mill n'est pas un utilitariste de l'acte. Pour autant, l'appréciation des actes ne se réduit pas à leur conformité aux règles justifiées. On parle d'immoralité, non lorsqu'une autre conduite aurait été préférable, mais lorsqu'il devient justifié de la sanctionner[61]. Le concept de règle coercitive doit alors occuper une place cruciale dans *l'analyse* de ce que constitue la moralité d'un acte étant donné l'importance des règles dans l'opération des sanctions[62]. De la même manière, Mill ne propose pas une forme d'utilitarisme qui cherche à comprendre quels sont les droits moraux justifiés. L'idée est que la justice, comme branche particulière de la morale, doit s'analyser par les concepts de droits et d'obligations car la sanction n'est justifiée que lorsqu'un droit a été violé (qu'il s'agisse d'un titre juridique légitime, ou d'un droit moral)[63]. En d'autres termes, la conformité à la règle, prise en elle-même, n'est pas critère de moralité. Les règles sont annexes au caractère punissable de l'acte qui joue ce rôle central.

59 C. Salvat, *L'utilitarisme*, *op. cit.*, p. 56.

60 D. Lyons, « Mill's Theory of Morality », art. cité, p. 114, 117 ; *id.*, « Human Rights and the General Welfare », *Philosophy & Public Affairs*, 1977, vol. 6, p. 115-116. Il s'agit tout au moins d'une forme atypique et très « sophistiquée » d'utilitarisme de la règle : *Ibid.*, p. 122.

61 D. Lyons, « Mill's Theory of Morality », art. cité, p. 103-104 ; *id.*, « Human Rights and the General Welfare », art. cité, p. 119-120. Il s'appuie sur J.S. Mill, « Utilitarianism », *loc. cit.*, p. 322 (V, § 14).

62 D. Lyons, « Mill's Theory of Morality », art. cité, p. 107-109 ; *id.*, « Human Rights and the General Welfare », art. cité, p. 122.

63 D. Lyons, « Mill's Theory of Morality », art. cité, p. 105 ; *id.*, « Human Rights and the General Welfare », art. cité, p. 119.

Dans aucun des cas soulevés n'est-il question d'une évaluation indirecte des conduites au prisme des règles sociales, mais de l'évaluation des règles nécessaires pour décider du caractère punissable (ou non) d'un comportement[64]. À cet endroit, il faut, insiste Lyons, intégrer le coût (les « désutilités ») qu'implique toute forme de règlementation des comportements et de mise en œuvre des sanctions[65]. De manière évidente, les sanctions positives supposent l'existence de structures normatives et répressives dont le maintien présente un coût concret qu'il faut justifier. Cependant, constitue également une désutilité réelle en termes de perte d'autonomie, l'intériorisation d'une règle qui n'est sanctionnée que de manière très diffuse par l'opinion. Il est possible qu'une conduite contribue positivement à l'utilité générale (elle est donc souhaitable lorsque choisie spontanément), mais que la réglementation la rendant obligatoire soit une désutilité supérieure. Par ailleurs, une conduite qui a un impact négatif sur l'utilité générale n'est pas moralement mauvaise en elle-même lorsque ce serait une désutilité supérieure que de la sanctionner. Le problème est donc, pour Lyons, (i) la forme de désutilité *spécifique* que représente toute règlementation des comportements, et (ii) l'importance de cette règlementation dans la détermination du caractère punissable de l'acte.

Cela est essentiel pour comprendre sa reconstruction de la théorie de la liberté de Mill. D'une part, il n'est jamais possible d'établir à l'avance quels seront les cas pour lesquels la règlementation d'une conduite s'avèrera productive ou non. Or, étant donné le coût réel que présente l'entrave à l'autonomie pour la personne concernée, l'utilité générale exige que l'on limite toute intervention aux seuls actes qui portent atteinte à autrui. À la différence des règles secondaires soumises à réévaluation ponctuelle, le bien-être collectif sera maximisé à long terme si l'on adhère à ce principe de manière « inflexible[66] » ou « sans exception[67] ». Si cela permet à l'individu de jouir d'un espace négatif de liberté, il faut toutefois noter que le principe de non-nuisance n'est pas ici synonyme d'un droit moral à l'autonomie.

Quelle place Lyons réserve-t-il pour les droits moraux dans la théorie de la liberté de Mill ? Les développements qui précèdent lui

64 D. Lyons, « Mill's Theory of Morality », art. cité, p. 115.

65 *Ibid.*, p. 112 ; *id.*, « Human Rights and the General Welfare », art. cité, p. 120-122.

66 D. Lyons, « Human Rights and the General Welfare », art. cité, p. 117.

67 D. Lyons, « Mill's Theory of Morality », art. cité, p. 118.

permettent de montrer que l'obligation morale n'est pas remise en question chaque fois qu'il pourrait être préférable pour un individu d'agir autrement au regard du principe d'utilité[68]. Or, la moralité du comportement doit s'analyser à l'aune de règles dont l'existence nécessite d'être justifiée[69]. Il n'est donc pas possible de mettre une obligation morale directement en balance avec l'utilité d'un comportement. Un intérêt protégé par un droit moral est donc à l'abri de toute considération directe d'utilité qui viserait à écarter ce droit, dans une situation particulière, au bénéfice du bien-être collectif[70]. Voilà la première conclusion. Ces droits moraux sont nécessaires à la protection de ce que nous devons reconnaître comme des aspects essentiels du bien-être des êtres humains – et ce indépendamment de toute prise en considération des situations particulières. Dès lors, il sera donc particulièrement difficile de permettre la sanction d'un comportement couvert par un droit moral, car l'obligation morale avec laquelle il faudrait mettre en balance ce dernier sera particulièrement difficile à justifier[71].

Nous parvenons avec Lyons à la conclusion suivante. (i) Le principe de non-nuisance doit être observé de manière inflexible. L'utilité générale sera maximisée si l'on retranche les actions qui ne regardent que l'individu des calculs d'utilité qui fondent l'action publique. (ii) Par ailleurs, les droits moraux, bien que justifiés en utilité, agissent comme une limite à tout calcul d'utilité opéré dans des situations concrètes[72]. (iii) On peut éventuellement envisager la mise en balance de droits moraux avec d'autres obligations morales, voire leur mise en échec, lorsqu'il est plus important de sanctionner un comportement également protégé par un droit. (iv) Cependant, il faudra tenir compte, pour ce faire, des éléments de bien-être humain dont la valeur ne varie nullement en fonction des

68 Car il faut distinguer la question de savoir si une conduite est préférable au regard du principe d'utilité et la question de savoir si la même conduite est moralement bonne.

69 Car la moralité dépend de la question de l'utilité de la réglementation et de la répression d'un comportement.

70 D. Lyons, « Human Rights and the General Welfare », art. cité, p. 125-126.

71 *Ibid.*, p. 117.

72 D. Lyons, « Utility as a Possible Ground for Rights », art. cité, p. 22, 24-26. Voir ég. P. Pettit, « The Consequentialist Can Recognise Rights », *The Philosophical Quarterly*, 1988, vol. 38, p. 52-53, qui entend démontrer qu'un conséquentialiste, s'il accorde de la valeur à la dignité humaine, doit reconnaître les droits individuels comme limite du calcul d'utilité.

situations particulières. Il résulte ainsi de cette reconstruction que le principe d'utilité n'a plus vocation à jouer un rôle opératoire mais à constituer un point de référence pour lier d'autres concepts structurants du raisonnement pratique. Cette place mineure laissée au principe d'utilité dans le traitement concret de l'individu permet de saisir les objections de Hart.

Un « droit à la liberté » impossible à justifier en utilité

Redondance du principe d'utilité face au « droit à la liberté ». – Le juriste d'Oxford rejette la tentative de reconstruction de Lyons[73]. Il dénonce notamment le rattachement formel du droit à la liberté, qui doit prévaloir pour chaque personne dans chaque situation, à des considérations d'utilité qui jouent un rôle seulement abstrait. Hart propose la lecture suivante. Mill ne propose pas l'évaluation en utilité de droits subjectifs positifs (sociaux ou légaux). Il s'agit de justifier des droits *moraux* indépendamment des normes sociales ou juridiques positives[74]. La conception des droits moraux de Mill repose sur la réunion de deux critères. Dans un premier temps, le contenu des droits est identifié à l'aune des éléments indispensables constitutifs du bonheur des individus. L'utilité générale apparaît dans un deuxième temps comme critère du bien-fondé de la protection sociale de ces éléments par la justification des sanctions nécessaires[75]. Cela soulève une série de problèmes. (i) Mill ne saurait affirmer que l'on possède des droits moraux indépendamment de toute considération d'utilité. Cependant, ces droits moraux seraient inopérants s'ils pouvaient être écartés chaque fois qu'il serait préférable de sacrifier les intérêts d'un individu particulier au bénéfice du bien-être collectif. Ainsi, il est nécessaire que l'utilité générale ait une valeur indépendante de celle des droits moraux, *et* que ces valeurs, non seulement soient compatibles,

73 Hart signale l'article de Lyons « Human Rights and the General Welfare », art. cité, comme « un point de vue opposé » à celui qu'il développe dans « Utilitarianism and Natural Rights », *EJP*, p. 197 (postscript). Il critique expressément les thèses de Lyons (toujours dans le même article) dans « Natural Rights : Bentham and John Stuart Mill », *EB*, p. 92, 102-104.

74 H.L.A. Hart, « Natural Rights : Bentham and John Stuart Mill », art. cité, p. 90.

75 *Ibid.*, p. 95-96.

mais ne divergent pas *en fait*. Or, (ii) il serait simplement circulaire de nommer « utilité générale » l'état de fait où les biens humains essentiels sont garantis pour chaque individu. Il est donc nécessaire, lorsque nous affirmons que l'utilité générale et la garantie des droits moraux ne divergent pas, que ces deux concepts ne soient pas de simples synonymes.

La critique de Hart se concentre sur trois points. D'une part, (i') la démarche de Mill est viciée par l'usage réel qu'il fait du double critère. Les droits moraux correspondent à ce dont l'individu a impérativement besoin pour son bonheur. Ce n'est qu'une fois identifié le contenu de ces droits que Mill pose la question de savoir si le principe d'utilité permet de justifier leur protection. Le principe d'utilité n'a donc aucune influence sur la détermination du contenu des droits moraux, ne jouant qu'un rôle de confirmation. Or, ce contenu est déterminé par la valeur intrinsèque de ce à quoi nous avons un droit moral. Le deuxième critère est donc redondant car l'utilité ne joue un rôle, ni dans l'identification, ni dans la justification des droits moraux de l'individu[76]. Ainsi, l'utilité générale ne constitue pas une raison indépendante de protéger les droits moraux dont la valeur propre apparaît comme une raison déterminante et suffisante.

D'autre part, (ii') Mill ne peut ménager une place au principe d'utilité qu'au prix de la circularité. La raison suffisante que constitue la valeur des droits moraux est simplement réitérée sous l'habit de l'utilité[77]. Ce n'est pas simplement le contenu du droit, mais la valeur du bien protégé qui est déjà reconnue avant que le principe d'utilité ne soit introduit dans l'équation. La maximisation du bien-être collectif n'est donc pas un effet qui justifie la protection des droits moraux. Plutôt, la première équivaut à la seconde, l'utilité générale étant redéfinie à l'aune de la fin, pourtant distincte, du bonheur de l'individu particulier.

La logique distributive de la théorie de la liberté de Mill. – Enfin, non seulement le calcul d'utilité ne joue aucun rôle dans l'identification du contenu des droits moraux[78], mais aucun calcul d'utilité ne pourra

76 H.L.A. Hart, « Introduction » [*EJP*], art. cité, p. 17 : « *in fact "general utility" plays no operative part in Mill's construction* » ; *id.*, « Natural Rights : Bentham and John Stuart Mill », art. cité, p. 95-96, p. 99-101.

77 H.L.A. Hart, « Utilitarianism and Natural rights », art. cité, p. 190-191 ; *id.*, « Natural Rights : Bentham and John Stuart Mill », art. cité, p. 92-93.

78 H.L.A. Hart, « Introduction » [*EJP*], art. cité, p. 17.

justifier que l'on fasse entorse au droit à la liberté qui ne connaît pour limite réelle que le principe de non-nuisance[79]. Le bonheur de l'individu a nécessairement priorité sur toute recherche du bien-être collectif, et ce quelle que soit la situation envisagée[80]. Nous retrouvons ici la distinction qu'établit Hart entre la logique maximisatrice et collective de la philosophie utilitariste et la logique distributive et individuelle de la philosophie des droits[81]. Le fait pour Mill de reconnaître des droits moraux que chaque individu peut revendiquer à titre égal ne vise pas la maximisation du bien-être collectif mais l'égale distribution entre individus de certains biens humains essentiels[82].

Hart n'objecte pas à l'idée que l'on puisse justifier une règle en utilité. Il n'objecte pas non plus à l'idée que cette règle puisse avoir pour contenu, lorsqu'elle maximise l'utilité générale, la protection de droits subjectifs positifs. Mais ces droits ne sont reconnus que ponctuellement, jusqu'à ce que les mêmes considérations d'utilité justifient (ou exigent) qu'on les retire à leurs bénéficiaires[83]. Il ne découle pas de la justification en utilité de droits subjectifs positifs que ceux-ci constituent des droits moraux[84]. Il est simplement impossible de justifier *une fois pour toutes*, dans un cadre utilitariste, la reconnaissance de droits moraux au contenu invariable.

En fin de compte, bien que Mill se défende de reconnaître l'existence de droits « abstraits » ou « naturels », ses droits moraux opèrent d'une manière identique à l'objet que rejette Bentham sous l'appellation « droits naturels[85] ». Il s'agit purement et simplement, *in fine*, d'un rejet implicite de l'approche utilitariste[86]. Voilà la conclusion tranchante à laquelle parvient Hart. Rien, dans *Law, Liberty, and Morality*, ne laissait présager cette critique. En réponse à l'article « Natural Rights : Bentham and John Stuart Mill », Lyons acceptera finalement qu'il est impossible de mener à bien la fusion de l'utilitarisme et d'une théorie des droits

79 H.L.A. Hart, « Natural Rights : Bentham and John Stuart Mill », art. cité, p. 102.

80 H.L.A. Hart, « Utilitarianism and Natural Rights », art. cité, p. 188.

81 *Ibid.*, p. 182.

82 H.L.A. Hart, « Natural Rights : Bentham and John Stuart Mill », art. cité, p. 99, 101 ; *id.*, « Utilitarianism and Natural Rights », art. cité, p. 188-189, 193.

83 C'est ce qui ressort de H.L.A. Hart, « Natural Rights : Bentham and John Stuart Mill », art. cité, p. 99-100.

84 *Ibid.*, p. 92-95, spéc. p. 95.

85 H.L.A. Hart, « Natural Rights : Bentham and John Stuart Mill », art. cité, p. 90.

86 *Ibid.*, p. 101 ; *id.*, « Utilitarianism and Natural Rights », art. cité, p. 188, 193.

dans les limites de la philosophie de Mill[87]. Ses recherches se tourneront alors vers la réconciliation des droits moraux et du conséquentialisme compris dans un sens plus large[88].

Le constat est ainsi surprenant. Après avoir revendiqué l'influence de Mill dans *Law, Liberty, and Morality* en 1962, Hart révèle toute la distance qui les sépare dans ses travaux publiés dans le courant des années 1970. L'objection centrale de Hart est que Mill ne parvient pas à appuyer convenablement sa théorie de la liberté sur le principe d'utilité comme il prétend pouvoir le faire. La reconnaissance d'une sphère d'autonomie de l'individu qui connaîtrait pour unique limite le principe de non-nuisance revient à refuser de prendre en considération l'usage concret qui est fait de cette autonomie par l'individu dans les situations particulières. La valeur de la sphère d'autonomie de l'individu n'est donc pas instrumentale et ne peut être limitée par aucune considération d'utilité. On s'aperçoit alors que ce que l'on appelle le « principe de non-nuisance » joue un rôle distinct chez Hart et chez Mill. Cela explique leurs différences de vues, notamment, sur la question du paternalisme. C'est ce que nous allons mettre en lumière dans les développements qui suivent.

LA JUSTE PLACE DES PRINCIPES UTILITARISTES : IMPORTANCE DES « PRINCIPES DE JUSTICE ET D'ÉQUITÉ »

Il est désormais impossible, la section qui précède l'a montré, de soutenir que c'est le principe de non-nuisance de Mill qu'adopte Hart. Tout au plus s'inspire-t-il de l'essai *On Liberty* pour développer sa propre réponse au moralisme juridique. Nous soutenons dans cette dernière

87 D. Lyons, « Founders and Foundations of Legal Positivism », art. cité, p. 726-727. Lyons cite directement les passages en question de l'article de Hart. Dans *id.*, « Utility as A Possible Ground of Rights », art. cité, p. 19, Lyons abandonne l'idée que l'utilitarisme puisse fonder les droits moraux.

88 D. Lyons, « Founders and Foundations of Legal Positivism », art. cité, p. 726. Le propos de Lyons se déplace vers les potentialités *in abstracto* de l'utilitarisme de la règle dans « Utility as a Possible Ground for Rights », art. cité. Pettit soulève une question similaire sans évoquer Mill : « The Consequentialist Can Recognise Rights », art. cité, p. 42 *sq.*

section que c'est en s'écartant de manière critique du propos de Mill que Hart peut réconcilier les apports de ce dernier et de Bentham. D'une part, il prend note des inquiétudes de Mill à l'égard des potentialités liberticides du principe d'utilité dans sa forme benthamienne. Il ne reviendra donc pas sur *l'apport* du principe de non-nuisance. Il corrige néanmoins les incohérences qu'il décèle chez Mill en interprétant le principe de non-nuisance de ce dernier comme une forme de contrainte justificative pesant sur l'exercice de l'autorité dans le cadre d'un schème utilitariste relativement classique. Cela permet à Hart de « re-benthamiser » le *harm principle*, alors que c'est précisément à travers ce principe que Mill avait entendu prendre ses distances vis-à-vis de son prédécesseur.

Hart fait néanmoins preuve d'une plus grande liberté encore. Il ne se limite pas à l'élaboration d'une morale politique utilitariste. Il faut examiner une dernière distinction, structurante, entre justification du contenu des règles considérées *in abstracto* et justification de leur application au cas concret. C'est en lien avec ce problème analytique lié à l'utilisation pratique des règles qu'interviennent à de nombreux endroits, dans le corpus hartien, « les principes de justice et/ou d'équité » dont il va falloir clarifier la place par rapport à l'utilitarisme. Le juriste d'Oxford perçoit que les principes utilitaristes sont strictement limités à la justification du contenu des règles. Il est donc logiquement nécessaire de les assortir d'autres principes qui interviennent dans la justification de l'application des règles. La compatibilité avec les principes utilitaristes se trouve dans la prise de conscience de la limite logique de leurs fonctions respectives. Ainsi, si Hart écarte résolument les théories des droits « naturels », il n'entend pas pour autant s'en remettre aux seuls principes utilitaristes à chaque niveau de justification. Son analyse des problèmes lui permet de compléter sa philosophie politique de principes complémentaires.

LA « RE-BENTHAMISATION » DU PRINCIPE DE NON-NUISANCE DE HART

Il nous faut donc à présent déterminer la teneur du principe de non-nuisance *de Hart*. Initialement amené à développer l'idée de paternalisme juridique pour rendre compte de l'existence de crimes dans lesquels Lord Devlin veut voir des exemples de mise en œuvre de la morale « en tant que telle », Hart doit expliquer pourquoi il est nécessaire de sanctionner les comportements en question mis à part le seul fait qu'il s'agit de comportements réprouvés par la morale[89]. Cependant, la question du paternalisme comporte un double aspect. De tous les passages de *Law, Liberty, and Morality*, c'est l'endroit où Hart formule la critique la plus explicite de Mill.

La réinterprétation du principe de non-nuisance dans le paternalisme juridique

Réinterpréter le principe de non-nuisance dans l'esprit de Bentham. – Il insiste sur la « peur extrême du paternalisme » chez Mill, qu'il juge « très dogmatique », voire « absurde[90] », peur extrême qui repose sur l'idée, erronée à ses yeux, que les individus sauraient toujours mieux qu'autrui ce qui est dans leur intérêt[91]. Le principe de non-nuisance est l'unique exception que Mill reconnaisse au principe d'autonomie des individus, ce qui implique en réalité qu'il ne fonde pas le droit à la liberté sur un calcul d'utilité. Bien plus, c'est la relégation implicite du principe d'utilité qui explique qu'aucune considération paternaliste ne puisse justifier une quelconque entrave à l'autonomie de l'individu. Dans un premier temps, Hart ne souhaite pas montrer l'existence de brèches et de désaccords au sein du camp libéral face à Lord Devlin, et c'est la raison pour laquelle il se limite à marquer son désaccord avec Mill sur la seule question du paternalisme. Ce n'est que bien plus tard, plus de quinze ans après la parution de *Law, Liberty, and Morality* – une décennie après « Social Solidarity and the Enforcement of Morality » –, qu'il révèlera l'ampleur de son désaccord avec Mill sur la fonction du principe de non-nuisance dans « Utilitarianism and Natural Rights » et, de manière plus frontale, « Natural Rights : Bentham and John Stuart Mill ».

Nous voyons à présent que Hart n'objecte pas seulement au dogmatisme de Mill, mais rejette bel et bien son interprétation du principe de non-nuisance comme unique exception au droit de l'individu à la liberté. Un schéma utilitariste fondé sur le principe d'utilité ne peut allouer cette fonction au *harm principle*[92]. Ce principe ne peut être au mieux qu'une considération prudentielle qui ne vaut qu'en ce qu'elle permet en règle générale de maximiser l'utilité. D'une part, il ne peut

89 *LLM*, p. 29-30. Voir *supra* p. 219 *sq.*
90 *LLM*, p. VIII, 32-33.
91 *LLM*, p. 32.
92 H.L.A. Hart, « Natural Rights : Bentham and John Stuart Mill », art. cité, p. 100-102.

constituer l'exception unique à la prohibition absolue de toute entrave de l'autonomie de l'individu, étant donné qu'il sera toujours possible d'imaginer d'autres motifs justifiant le fait pour la société d'intervenir auprès de l'individu et d'entraver son autonomie. Mais d'autre part, si l'utilité ne permet pas de fonder un droit moral naturel de l'individu, alors le principe de non-nuisance doit avoir une autre fonction que celle de chien de garde du droit préexistant de l'individu à la liberté.

Si, en utilitariste, on fonde le principe de non-nuisance sur le principe d'utilité et non sur le principe de liberté, alors rien n'empêche que le principe de non-nuisance soit ponctuellement restreint lorsque cela permettra de prévenir un dommage que l'individu contribuerait à s'infliger lui-même. En d'autres termes, il n'existe plus d'objection de principe au paternalisme juridique. Le droit pourra interférer avec l'autonomie de l'individu pour maximiser l'utilité, ce qui signifie – dans une perspective libérale – minimiser les désutilités qui résultent des torts que l'individu s'inflige rationnellement à lui-même. Là où Mill donne une priorité quasi-absolue à l'autonomie de l'individu, Hart se concentre sur la souffrance de l'individu dont il faut le préserver. Cette emphase sur la souffrance de l'être vivant est énoncée explicitement lorsque Hart évoque la question de la prohibition de la cruauté envers les animaux[93]. La raison d'être de cette prohibition, explique Hart, n'est pas tant la punition de la méchanceté de l'individu, mais la prévention de la souffrance qu'il est susceptible d'infliger à un autre être vivant. Sans cette souffrance, cette loi n'aurait plus de raison d'être, et ce n'est donc pas l'immoralité de la pratique en tant que telle que cherche à sanctionner le droit.

Nous nous retrouvons ainsi face à un cas de figure assez saisissant dans lequel Mill, réagissant au caractère potentiellement liberticide du principe d'utilité tel que le met en œuvre Bentham, énonce le principe de non-nuisance afin d'exclure tout titre de la société à intervenir autrement que pour empêcher qu'il advienne un tort à autrui. Près d'un siècle plus tard,

93 *LLM*, p. 34. Hart est très proche sur ce point des développements – frappants de modernité – de Bentham sur le traitement des animaux : la question n'est pas de savoir s'ils raisonnent mais s'ils *souffrent*. Voir J. Bentham, *An Introduction to the Principles of Morals and Legislation*, *op. cit.*, p. 283 n. (XVII, § 4(b)). Hart évoque la question de l'utilitarisme et du traitement des animaux dans son compte-rendu de l'ouvrage *Practical Ethics* de Peter Singer : H.L.A. Hart, « Death and Utility », *New York Review of Books*, 15 mai 1980, <http://www.nybooks.com/articles/archives/1980/may/15/death-and-utility/> (vérifié le 06/01/2021).

Hart reprend à son compte le principe de non-nuisance qu'il trouve chez Mill, mais réagit à l'exclusion des considérations d'utilité sur laquelle doit reposer la sphère d'autonomie de l'individu, et « re-benthamise » le *harm principle* en cherchant à l'ancrer plus solidement en utilité. Le paradoxe est ainsi le suivant : en dénaturant l'apport de Mill, il entend corriger la doctrine de la liberté de Mill précisément en ce qu'elle dénature elle-même l'utilitarisme dont elle se revendique pourtant.

Une réinterprétation remarquée par Lord Devlin. – C'est ce paradoxe qui explique une partie des confusions qu'a suscité la lecture de *Law, Liberty, and Morality.* En effet, de nombreux auteurs ont relevé l'ambiguïté de la position de Hart vis-à-vis de celle de Mill. Hart reprend l'idée centrale de *On Liberty*, mais y apporte de nombreuses modifications. Aussi n'est-il pas possible, selon eux, de déterminer précisément si Hart suit véritablement Mill, ou s'il ne trouve pas plutôt en lui un allié de circonstance[94]. Lord Devlin lui-même note explicitement que le libéralisme défendu par Hart ne correspond pas en tous points à celui de Mill[95], et qu'en refusant l'idée que la liberté de l'individu puisse être absolue, Hart rend méconnaissable la doctrine de Mill[96]. D'autres, sans lui en attribuer l'intention, soulèvent les potentialités anti-libérales du propos Hart inhérentes à l'idée du paternalisme juridique[97]. Si l'on cherche à voir en Hart un disciple de Mill, le fait est que la défense du paternalisme juridique par le premier est assurément incompatible avec la doctrine de la liberté du second. Pourtant, si l'on les considère tous deux comme des utilitaristes dans la tradition de Bentham, alors on s'aperçoit que c'est Mill qui greffe des éléments hétérogènes aux thèses de son prédécesseur, là où Hart essaie de restaurer la cohérence générale au sein de l'approche utilitariste.

La tension entre le libéralisme de Hart et celui de Mill n'est donc pas passée inaperçue. Cependant, Hart se retrouvait dans la situation

94 Voir par ex. dans ce sens : E.V. Rostow, « The Enforcement of Morals », art. cité, p. 184 ; N. MacCormick, *H.L.A. Hart*, *op. cit.*, p. 186-187 ; Y. Caron, « The Legal Enforcement of Morals and the So-Called Hart-Devlin Controversy », art. cité, p. 27 ; D.G. Brown, « Mill on Liberty and Morality », art. cité, p. 147 ; P. Cane, « Taking Law Seriously : Starting Points of the Hart/Devlin Debate », art. cité, p. 30 ; R.E. Sartorius, « The Enforcement of Morality », art. cité, p. 899 ; J.C. Dybikowski, « Lord Devlin's Morality and its Enforcement », art. cité, p. 97 ; G. Dworkin, « Paternalism », art. cité, p. 275.

95 P. Devlin, « Morals and Contemporary Social Reality », art. cité, p. 124.

96 *Ibid.*, p. 132-133, 138.

97 Voir par ex. : C. Pierce, « Hart on Paternalism », *Analysis*, 1975, vol. 35, p. 206.

difficile où ses adversaires étaient moins conscients que lui-même des contradictions internes de la doctrine de la liberté de Mill. Étant donné le contexte de l'époque et l'enjeu de la réforme du droit pénal, il est probable que Hart a préféré attirer sur lui-même une partie des critiques, plutôt que d'avouer les sérieux doutes qu'il entretenait vis-à-vis de cette doctrine de la liberté. Néanmoins, Hart n'avait vraisemblablement pas d'autre choix que de partir de la position de Mill. Celui-ci était implicitement pris pour cible des attaques de Devlin dans sa conférence initiale « The Enforcement of Morals[98] », et deviendra la cible explicite de son article suivant « Democracy and Morals » (1961)[99]. Ainsi, lorsque Devlin remarque, très justement à nos yeux, que la démonstration de Hart ne gagne rien à s'appuyer sur la philosophie de Mill[100], il invite à formuler deux observations. D'une part, Devlin montre une compréhension plus fine des positions de Mill que nombre d'observateurs de l'époque. D'autre part, cependant, il ne faut pas perdre de vue que l'enjeu de la controverse n'est pas théorique mais bien politique : il en va du sort d'une réforme législative. Hart défend les propositions du rapport Wolfenden, que Devlin associe avec de bonnes raisons au libéralisme de Mill, et Hart n'a donc rien à gagner, à ce stade, à engager une discussion critique des thèses de *On Liberty*. Néanmoins, la Commission Wolfenden peut s'inspirer de près de Mill sans articuler une position dont les contraintes internes seraient identiques. C'est ce que Hart montre dans *Law, Liberty, and Morality*. Il conserve ainsi les éléments des thèses libérales de Mill nécessaires pour une défense du rapport Wolfenden, tout en leur apportant les modifications nécessaires dans le cadre du débat de l'époque. Il estime ainsi que le principe de non-nuisance est parfaitement compatible avec un certain paternalisme juridique. Si l'on peut penser dans les conférences de 1963 que Hart entend seulement faire évoluer les positions de Mill sur des points particuliers, il révèlera plus tard, et examinera dans le détail, la profondeur des critiques qu'il a à adresser à l'auteur de *On Liberty* sur le plan théorique une fois remportée la bataille législative.

---

98 Comme il le confirme dans sa préface, Devlin est principalement concerné par le libéralisme de Mill : P. Devlin, *The Enforcement of Morals*, *op. cit.*, Préface, p. VI.

99 P. Devlin, « Democracy and Morality », art. cité, p. 86-87. Cet article paraît en 1961, l'année précédant les conférences *Law, Liberty, and Morality* à Stanford.

100 P. Devlin, « Morals and Contemporary Social Reality », art. cité, p. 133.

La tension entre liberté et calcul d'utilité dans le harm principle de Hart

Malgré tout ce que nous venons d'écrire, il faut faire attention à ne pas situer la tension entre les thèses de Hart et de Mill au mauvais endroit. Il s'agit d'une distinction interne au libéralisme utilitariste.

Une présomption en faveur de la liberté contre l'utilitarisme « sans limite ». – Il est impossible pour Hart d'offrir un fondement utilitariste à de quelconques droits moraux. La notion de droit subjectif est seulement intelligible, selon lui, en droit positif – ou dans la morale sociale positive. En apportant cette dernière précision, il nuance considérablement la position de Bentham qu'il prolonge cependant dans sa critique des droits naturels[101]. Pour autant, Hart se montre également très critique de ce qu'il appelle l'« utilitarisme sans limite » (*unqualified utilitarianism*[102]). Il est donc également sensible aux critiques de Mill selon lesquelles le principe d'utilité permet – et présente le risque – de ne traiter l'individu que comme un moyen en vue d'une fin, à savoir la maximisation du bien-être collectif, ce qui ouvrirait la voie à la justification de mesures potentiellement liberticides[103].

La liberté des membres d'une communauté politique repose selon Hart, nous l'avons vu, sur la possibilité de faire peser des contraintes justificatives sur les titulaires de l'autorité politique[104]. Cependant, c'est également le cas pour une autorité qui entend se fonder sur le principe d'utilité. En effet, on peut toujours imaginer que l'utilité générale puisse être maximisée au prix du sacrifice d'un groupe donné d'individus. Seulement, une société libérale ne peut l'accepter[105]. Néanmoins, c'est parce qu'il se situe dans une perspective utilitariste qu'il ne peut y avoir d'objection de principe à l'intervention du pouvoir à l'égard d'une catégorie de comportement donnée[106].

En d'autres termes, il est toujours envisageable qu'une entrave puisse être justifiée, mais une société libre est celle qui parvient à poser une

101 Voir *supra* p. 189 *sq.*

102 H.L.A. Hart, « Problems of the Philosophy of Law » (1967), *EJP*, p. 118 ; *id.*, « Murder and the Principles of Punishment : England and the United States », art. cité, p. 77, 80.

103 H.L.A. Hart, « Bentham's Principle of Utility and Theory of Penal Law », art. cité, p. CIX ; *id.*, « Natural Rights : Bentham and John Stuart Mill », art. cité, p. 98-99.

104 Voir *supra* p. 177 *sq.*

105 *LLM*, p. 47.

106 *LLM*, p. 20.

présomption en faveur de la liberté, de sorte que la charge de la justification pèse sur ceux qui cherchent à mettre en œuvre la contrainte, et non l'inverse. Un pur raisonnement en utilité s'accommoderait de l'entrave à la liberté au regard du bilan d'utilité. C'est pourquoi le principe de non-nuisance, tempérant le principe d'utilité, impose une justification au pouvoir qui doit tenir compte d'une entrave à la liberté comme d'un mal particulier à justifier (mais non pas injustifiable). Si on le comprend de cette manière, le principe de non-nuisance rattache la liberté au bilan d'utilité, et lui donne un poids particulier. On se trouve donc très loin de la notion de liberté telle que la défend Mill.

Il en découle chez Hart un raisonnement plus hypothétique : dès lors qu'une culture politique donne toute sa considération à la valeur de liberté, la simple désapprobation des choix de vie d'un individu ne suffit pas à justifier les entraves à son libre-arbitre dans les cas où sa conduite ne regarde que lui – c'est-à-dire là où elle est « *self-regarding*[107] ». La fonction du principe de non-nuisance est d'exclure certains motifs et justifications qui ne constitueraient pas des raisons suffisantes pour soumettre l'individu à la contrainte. Hart adopte ainsi le principe de non-nuisance en ce qu'il estime que la justification de l'entrave à la liberté de l'individu doit viser à prévenir un mal plus tangible que la seule violation de la morale positive (et la détresse que cela peut occasionner), car autrement :

> La seule liberté (…) serait celle de faire les choses auxquelles personne n'objecte sérieusement. Une telle liberté serait clairement nulle. Reconnaître la liberté individuelle comme valeur en elle-même implique, au minimum, que l'on accepte le principe selon lequel l'individu peut agir comme il le souhaite, même si d'autres sont perturbés lorsqu'ils l'apprennent – à moins, bien sûr, qu'il existe d'autres raisons valables de l'interdire[108].

Recentrer le principe de non-nuisance sur la souffrance à mettre en balance et à justifier. – Revenons à ce que nous avons relevé plus haut concernant l'usage hartien de la terminologie de la liberté[109]. Nous avons vu que la perte de « *freedom* » semble être un mal que l'autorité doit justifier en

107 Voir *supra*, p. 185-186.

108 *LLM*, p. 47. Hart poursuit : « Aucun ordre social qui accorderait la moindre valeur à la liberté individuelle ne saurait également reconnaître le droit d'être protégé d'une détresse ainsi occasionnée. »

109 Voir *supra*, p. 187 *sq*.

montrant qu'elle a donné toute la considération nécessaire à « *liberty* » comme valeur. Si l'on fait le lien avec le passage que nous venons de citer, alors l'affirmation du principe de non-nuisance revient à poser le principe selon lequel on ne saurait, dans une société libérale, justifier la souffrance que l'on impose à l'individu, lorsque l'on porte atteinte à sa *freedom*, que si l'autorité en question montre qu'elle a bien donné tout le poids et la considération nécessaires à la valeur *d'individual liberty*. Il peut tout à fait exister « d'autres raisons » d'interdire un comportement, mais le titulaire du pouvoir ne peut jamais prétendre avoir donné sa juste considération à la valeur de liberty lorsque la justification invoquée pour enfreindre la *freedom* se limite à indiquer qu'une partie des concitoyens désapprouvent le comportement en question. En considérant la liberty comme une simple valeur que l'autorité doit mettre en balance avec d'autres valeurs, Hart défend une vision du libéralisme reposant, non pas sur la défense des droits individuels opposables à l'autorité, mais sur l'encadrement des autorités politiques et juridiques contraintes d'offrir une justification rationnelle de leurs actions.

Par ailleurs en se concentrant sur la charge de la justification pesant sur l'autorité et non sur la définition d'une sphère d'autonomie de l'individu, le point central du principe de non-nuisance devient la chose à justifier elle-même : l'entrave ou la souffrance subie. Le principe de non-nuisance est donc recentré sur l'un des éléments à prendre en compte dans le calcul d'utilité générale. Or, nous avions relevé, précisément, que le terme *freedom* apparaît aux côtés des termes « *suffering* » et « *misery* ». Les atteintes à la liberté et les souffrances que cela entraîne reprennent donc simplement la place qu'elles ont toujours occupé dans le schéma utilitariste. Elles constituent de simples maux à prendre en compte et à mettre en balance dont la compensation constitue la justification de la mesure de contrainte.

Ainsi, le fait de recentrer le principe de non-nuisance sur l'atteinte subie par l'individu a pour conséquence qu'il n'y a plus d'incompatibilité avec le paternalisme juridique. Imposer le port obligatoire du casque à motocyclette prévient indéniablement un préjudice physique (minimisant les désutilités), et l'entrave à l'autonomie de l'individu que cela implique ne repose donc pas sur la seule désapprobation morale du comportement en question. Le principe de non-nuisance compris de cette manière permet donc, vu sous cet angle, d'admettre une telle mesure. Hart peut alors, d'une part, résister au paternalisme moral de Devlin qui ne prévient aucun préjudice concret et qui repose sur le simple fait que le comportement ne se conforme pas à la morale positive. Il peut également, d'autre part, tenir compte des apports de Mill – le principe de non-nuisance – tout en restaurant la cohérence rompue dans l'approche utilitariste.

LA PLACE DES « PRINCIPE DE JUSTICE ET/OU D'ÉQUITÉ » DANS LA JUSTIFICATION DE L'APPLICATION DES RÈGLES

Hart concède, nous l'avons vu, qu'une règle positive, voire un droit subjectif positif, peut être justifié en utilité. En revanche, il n'accepte pas que l'utilitarisme de la règle puisse rendre compte de *droits moraux* de l'individu[110]. Ces droits moraux jouent, dans les conceptions des auteurs qui leur accordent de l'importance, une fonction distributive dont le juriste d'Oxford préfère rendre compte à travers le principe « de justice » ou « d'équité » (ou « *les* principes de justice et/ou d'équité ») qui apparaissent de manière répétée dans ses travaux[111]. Nous allons expliquer dans ce dernier paragraphe leur complémentarité avec les principes d'utilité et de non-nuisance dont il a été question jusqu'à présent.

On trouve exprimée clairement, dès les premières lignes de *Punishment and Responsibility*, l'idée que tout système pénal repose sur un compromis entre divers principes en conflit[112]. Il est impossible de reposer exclusivement sur les principes de la philosophie utilitariste[113]. Par-delà les potentialités liberticides que présente le concept d'utilité dans sa forme primitive, une seconde difficulté est d'ordre logique. Hart semble être parvenu à la conclusion que l'opération des principes utilitaristes se limite nécessairement à la justification et à la critique du contenu des

110 Voir *supra* p. 240 *sq.*

111 *LLM*, p. 37 ; *MCL*, p. 10 ; *CL*, p. 155 *sq.* (chap. 8 « Justice and Morality »); *id.*, « Are There Any Natural Rights ? », art. cité, p. 178 ; « Introduction » [*EJP*], art. cité, p. 17 ; *id.*, « Problems of the Philosophy of Law », art. cité, p. 117-118 ; *id.*, « Diamonds and String : Holmes on the Common Law », art. cité, p. 283 ; *id.*, « Murder and the Principles of Punishment : England and the United States », art. cité, p. 76-77 ; *id.*, « Punishment and the Elimination of Responsibility », art. cité, p. 182-183. Voir ég. : *id.*, « Legal Responsibility and Excuses », art. cité, p. 43, 49.

112 H.L.A. Hart, « Prolegomenon to the Principles of Punishment », art. cité, p. 1. Voir ég. : *id.*, « Legal Responsibility and Excuses », art. cité, p. 49.

113 Hart semble l'admettre dès sa réponse initiale à Devlin dans « Immorality and Treason », art. cité, p. 163.

règles et des mesures *générales*. Ne pouvant s'étendre au-delà, le schéma utilitariste requiert le concours de principes exogènes pour la justification de l'application des règles aux cas particuliers. Les principes de justice et d'équité prennent alors la relève.

Justifier l'application des règles : les « principes de justice » dans le raisonnement des autorités

Justification de la règle et justification de son application. – Il faut distinguer deux problèmes. Le premier retient notre attention depuis le début de notre étude. Il porte sur la question de savoir si le contenu des lois et des règles générales est justifié au regard des critères utilitaristes. Le principe d'utilité, assorti du principe de non-nuisance, porte principalement sur la question de savoir si une mesure peut être justifiée *in abstracto*. Il s'agit de demander, d'une part, si une mesure permet de maximiser le bien-être du plus grand nombre, tout en rejetant, d'autre part, toute règle qui sanctionne un comportement qui ne porte pas atteinte à autrui (sauf à pouvoir justifier la sanction de manière satisfaisante). Hart examine ainsi la question de savoir si l'on peut punir les conduites homosexuelles entre adultes consentants dans un cadre privé. L'analyse de Hart se situe donc au niveau de la mesure générale. On peut y voir une forme d'utilitarisme de la règle.

Cependant, dire que l'action des autorités n'est justifiée en utilité que si elle intervient sur le fondement de règles utiles (justifier, donc, une règle générale en utilité) n'indique rien sur la question de savoir si la règle doit être appliquée à l'individu dans un cas concret. Voici le deuxième problème. Il n'y a de sens à justifier une règle générale que si l'on permet à celle-ci d'opérer *en tant que règle* – c'est-à-dire si l'on permet aux individus de guider leurs comportements à l'aide de cette règle. Il serait erroné, d'une part, d'évaluer directement chaque comportement en utilité comme si la règle n'existait pas. Cela reviendrait à un « utilitarisme de l'acte » qui ferait l'économie de la règle. Ainsi, d'autre part, on s'aperçoit qu'il devient impossible, si l'on prend la peine de justifier une règle en utilité, de trancher en utilité la question de savoir s'il faut l'appliquer ou non, dans la mesure où la conformité à la règle justifiée en utilité est un élément d'évaluation du comportement. L'utilitarisme engendre ainsi un dilemme auquel Hart se montre très sensible : l'utilité ne peut pas logiquement déterminer l'application des règles qu'elle justifie. Il faut donc distinguer rigoureusement les problèmes liés à la justification du contenu de la règle – au regard de critères utilitaristes –, et les divers problèmes moraux qui entourent la justification de l'application de la règle (qui se posent d'ailleurs que la règle soit justifiée ou non). L'utilitariste doit alors avoir recours à d'autres principes gouvernant l'application de ces règles[114].

Dans l'article « Prolegomenon to the Principles of Punishment », Hart distingue, d'une part, la justification de l'institution de la sanction pénale en vertu de ses conséquences socialement bénéfiques comprises comme un objectif général à poursuivre (un principe maximisateur, donc), et, d'autre part, la nécessité de restreindre la poursuite de cet objectif en vertu de « principes distributifs[115] ». Il n'y aurait aucune incompatibilité selon lui à adhérer aux deux, et de dissoudre ainsi une partie des oppositions fallacieuses qui opposent les utilitaristes et leurs adversaires en matière de philosophie pénale[116]. En quoi consiste précisément la « distribution » en question ? Celle-ci n'affecte pas la question de savoir *quelles* pratiques les règles doivent punir. La distribution porte sur l'attribution de la responsabilité à l'individu, ou sur le niveau de sévérité de la peine qui lui sera infligée[117]. Distinguant toujours moralité de la règle et moralité de l'application, Hart distingue une première question, s'adressant au *législateur*, qui porte sur la valeur morale des lois, et une seconde, s'adressant au *juge*, qui porte sur la justification morale de la responsabilité pénale[118]. Nous commençons par ce problème.

Principes de justice et responsabilité pénale. – Hart écrit dans *The Morality of the Criminal Law* qu'il serait contraire à des « principes » ou des

114 On ressent sur ce point l'influence de l'article « Two Concepts of Rules » de John Rawls qui rappelle « l'importance de la distinction qui existe entre le fait de justifier une pratique [en général] et le fait de justifier une action particulière qui en relève » : J. Rawls, « Two Concepts of Rules », art. cité, p. 3. Hart cite l'article dans l'une de ses contributions fondamentales à la philosophie du droit pénal : H.L.A. Hart, « Prolegomenon to the Principles of Punishment », art. cité, p. 11 n. 14.

115 H.L.A. Hart, « Prolegomenon to the Principles of Punishment », art. cité, p. 9.

116 *Ibid.*

117 *Ibid.*, p. 11. Hart ne rentre en détail dans l'article que sur le premier point. *Law, Liberty, and Morality* est donc intéressant en ce qu'il examine la deuxième question.

118 H.L.A. Hart, « Legal Responsibility and Excuses », art. cité, p. 39, 49.

« considérations » « de justice ou d'équité » de punir les individus qui n'ont pas réellement eu l'opportunité d'obéir à la loi, et donc d'éviter de l'enfreindre[119]. Hart traite dans le passage en question de la *mens rea*, c'est-à-dire de l'élément subjectif constitutif de l'infraction, renvoyant à l'intention coupable de l'individu sans laquelle il serait injustifié de retenir sa responsabilité[120]. Nous avons quitté ici le domaine de la justification du contenu de la loi : le problème est à présent celui de la justification de l'application de la loi (pénale) au cas particulier. En d'autres termes, il faut distinguer la question « le droit peut-il punir un tel comportement ? » (l'homosexualité, en l'occurrence), et la question « peut-on, sur le fondement de la loi, punir *cet individu*[121] ? ». L'importance de l'exigence de la *mens rea*, selon Hart, est que l'individu est reconnu en tant qu'être autonome capable d'effectuer des choix pour lui-même. Elle reflète et révèle donc, de cette manière, un « respect pour l'individu » qui serait au cœur de la « notion de justice[122] ». Le juriste d'Oxford cherche alors à montrer que la *mens rea* est porteuse d'un certain nombre d'implications – telle que l'incompatibilité avec des infractions de responsabilité pénale objective ou du fait d'autrui qui font leur apparition en droit anglais[123].

La distinction entre actes commis volontairement et involontairement dans la justification de l'application des règles intéresse un juriste libéral qui préfère mobiliser les principes laissant le plus de place possible à l'autonomie de l'individu. Au cœur de la notion de justice dans cette acception se trouve la prise en compte de l'individu comme être capable d'effectuer ses propres choix[124]. Hart cherche cependant à se garder de la confusion suivante. Il peut sembler à première vue que c'est la fonction du principe de non-nuisance de préserver cette sphère d'autonomie entendue comme un droit à choisir. Or, le principe de non-nuisance participe de l'évaluation du contenu des règles en tempérant le calcul d'utilité. D'une part, comme principe directeur entre les mains du

119 *MCL*, p. 10, 20. Ce deuxième problème répond à la question de savoir s'il faut appliquer la loi ou non en ce que la responsabilité de l'individu ne peut être retenue que sur le fondement de la règle.

120 Voir *supra* p. 228-229.

121 H.L.A. Hart, « Prolegomenon to the Principles of Responsibility », art. cité, p. 11.

122 H.L.A. Hart, « Legal Responsibility and Excuses », art. cité, p. 49.

123 *MCL*, p. 7.

124 H.L.A. Hart, « Legal Responsibility and Excuses », art. cité, p. 49.

législateur (ou d'une autorité créatrice du droit), l'individu est protégé des effets trop intrusifs du calcul d'utilité. D'autre part, il s'agit également d'un principe critique mobilisé dans l'évaluation de règles positives. Ainsi, la loi criminalisant l'homosexualité entre adultes consentants dans un cadre privé doit être abrogée car les pratiques en question ne nuisent à personne[125]. Voilà une première manière de protéger la sphère d'autonomie de l'individu : par une critique du contenu des règles qui exige un certain type de justification des autorités. On ne cherche pas à fonder un droit moral à la liberté sur le principe de non-nuisance[126], et, *in fine*, incompatible avec le principe d'utilité.

Or, la position de Mill, telle que l'interprète Lyons, cherche à étendre le principe de non-nuisance au-delà du contrôle du contenu des règles. La sphère d'autonomie de l'individu doit pouvoir être opposable dans les cas concrets aux lois positives qui ne satisfont pas au principe de non-nuisance. Voilà qui serait une seconde manière de protéger la sphère d'autonomie de l'individu. En produisant des effets indépendamment d'un tempérament au calcul d'utilité, le principe de non-nuisance s'émancipe du principe d'utilité qui ne joue plus qu'un rôle formel. C'est la critique que Hart adresse à Mill. Cela signifierait ni plus ni moins avoir un *droit moral* à pouvoir s'adonner à toutes les pratiques qui ne nuisent pas à autrui. Mais alors, on a quitté le problème de la critique et de la justification du contenu de la règle. La logique des droits se situe au niveau de l'application de règles que l'on cherche, dans des cas concrets, à mettre en défaut.

Concernant l'utilitarisme de la règle, même dans la version plus complexe qu'élabore Lyons, l'erreur est d'avoir cherché à régler tous les problèmes entourant la justification de l'action de l'autorité avec un unique ensemble restreint de principes utilitaristes. Hart montre que le principe d'utilité et le principe de non-nuisance, s'ils doivent avoir une place cohérente, sont limités à la justification et la critique du contenu de la règle. Cela laisse cependant intact le problème, logiquement distinct, de l'application. On ne doit pas même s'attendre à pouvoir le résoudre

125 Dire qu'une loi positive ne satisfait pas au principe de non-nuisance ne signifie pas que l'individu pourra espérer échapper à la loi tant qu'elle sera en vigueur.

126 Souvenons-nous : selon cette approche, c'est le droit moral qui justifie, ou permet, la reconnaissance de droits positifs. Le droit moral, et non le principe d'utilité, est alors justification de droits positifs. On définit donc de manière circulaire l'acquisition de ces droits positifs comme une maximisation de l'utilité générale qui ne joue, *in fine*, aucun rôle.

avec les mêmes principes. Un droit n'est opposable que s'il est reconnu en droit positif, sans quoi les autorités n'en tiennent pas compte. Or, on n'a pas besoin d'une théorie des droits moraux pour rendre compte de ce phénomène – il s'agit simplement d'un aspect quotidien de l'application d'un élément du droit positif[127].

Ainsi, si le principe d'utilité dans sa forme primitive présente deux problèmes – un potentiel liberticide et une limitation du cadre d'analyse à la justification de mesures générales –, une philosophie des droits moraux cherchant le concours de l'utilitarisme de la règle commet l'erreur de confondre les deux défauts et de chercher à les résoudre en un mouvement.

La justice dans la gradation de la peine. – Si le problème que nous venons de traiter répond à la question de savoir *si* la responsabilité de l'individu doit être retenue dans un cas particulier, un problème distinct est celui de savoir avec quelle sévérité l'individu doit être traité dès lors que sa responsabilité est établie. Hart ne traite pas dans *Law, Liberty, and Morality* la question de la *mens rea* – la première question. Il interroge cependant la question de la sévérité – le « *quantum* de la peine[128] ». Il découlerait, selon lui, de « principes de justice ou d'équité », que des crimes moralement distincts ne doivent pas être traités de manière identique[129]. En d'autres termes, deux délinquants peuvent enfreindre la même loi et mériter des peines différentes. Le droit peut, pour une infraction, indiquer des peines de différentes nature ou une fourchette (d'années d'emprisonnement, d'amende, etc.) qui laissent le juge relativement libre dans la mise en balance des infractions les unes par rapport aux autres. Il ne suffit donc pas simplement d'affirmer que le juge « applique » la loi pénale lorsqu'il décide de la peine à infliger. Tout

127 Les philosophies des droits dans le corpus récent sont à vrai dire une expression de la culture juridique américaine dans laquelle la Déclaration des droits a une fonction ambigüe de mythe fondateur intouchable *invocable* dans les tribunaux. Cela permet un discours moral sur un acte juridique de droit positif entouré de confusion. Voir dans un sens similaire : D. Kennedy, « American Constitutionalism as a Civil Religion : Notes of an Atheist », *Nova Law Review*, 1995, vol. 19, p. 909 *sq.* Pour une réflexion somme toute similaire dans le contexte français : E. Desmons, « Peut-on encore critiquer la politique des droits de l'Homme ? », *Revue des droits et libertés fondamentaux*, 2019, chron. 26, <http://www.revuedlf.com/droit-fondamentaux/peut-on-encore-critiquer-la-politique-des-droits-de-lhomme/> (vérifié le 06/01/2021).

128 *LLM*, p. 37.

129 *LLM*, p. 37. De la même manière que l'on doit traiter de manière semblable des cas similaires.

au plus la loi définit-elle quelle sorte de peine le juge peut infliger pour une infraction donnée. Le degré de sévérité de la peine, nous dit Hart, est laissée à l'évaluation du juge – une évaluation morale d'importance cruciale dès lors que la justice exige que l'on ne traite pas de manière identiques deux infractions qui ne le sont pas.

On pourrait se poser la question de savoir pourquoi cette évaluation serait nécessairement morale. Différents éléments expliquent cette affirmation. D'une part, ce n'est pas le droit qui répond à la question de savoir quelle peine il faut infliger dans un cas donné, mais un juge qui, certes encadré par le droit, apprécie avec une liberté relative, effectuant un choix entre types de peines, aménagement de peines, fourchettes de peines (l'exemple d'une peine spécifique et précise imposée par un texte demeurent rare). D'autre part, si ce choix est encadré par le droit, ce sont des critères extra-juridiques qui permettent de distinguer concrètement les cas et qui informent la décision. Aucun de ces critères n'est intrinsèquement moral (nature des dégâts causés, nombre de victimes, âge et sexe des victimes, moment de la journée, état d'ébriété, position sociale, niveau d'instruction, etc.). Cela ne signifie pas que le juge puisse « privilégier » des données moralement neutres, dans la mesure où elles n'entrainent mécaniquement aucune décision. De nouveau, l'autorité doit décider ce qu'il faut faire de ces données extra-juridiques dans la détermination des peines que le droit pénal lui permet d'infliger. Or, c'est précisément l'acte d'autorité qu'il s'agit de justifier – un problème moral.

Hart ne cesse pas d'être positiviste en entreprenant cette ligne d'investigation. Il s'agit de comprendre que décrire le droit « tel qu'il est » n'épuise pas les interrogations que l'on peut porter sur un objet d'étude qui n'est pas moralement neutre. Un positiviste n'est nullement engagé à se limiter à la description du droit, mais seulement, quelle que soit la question traitée, à ne pas confondre analytiquement le droit et la morale.

La logique distributive du principe de justice

La mise en rapport de cas à travers les règles. Hart consacre de longs développements à la notion de justice dans *The Concept of Law*[130]. Elle est liée, non au contenu des règles, mais à leur application. La notion

---

130 *CL*, p. 157-167.

de justice entre en jeu lorsqu'il faut établir ou maintenir un équilibre ou une proportion, qu'il s'agisse de rapports distributifs entre classes d'individus, ou de rapports de compensation entre situations individuelles[131]. Il évoque ailleurs les difficultés soulevées par la « distribution » des condamnations (dans la reconnaissance de la responsabilité) et des peines (dans la proportionnalité de la peine)[132]. Nous venons de voir que la distribution des condamnations et des peines tient elle-aussi à l'application des règles dans le contexte pénal dont Hart rend compte, de nouveau, à travers les principes de justice et d'équité.

Or, il écrit dans « Utilitarianism and Natural Rights » (1978) que la logique des droits est, elle aussi, distributive, alors que la logique utilitariste est maximisatrice[133]. Il rejette toute théorie des droits moraux, d'une part parce qu'elles sont impossibles à fonder en utilité ; et parce qu'elles reposent, d'autre part, comme nous venons de le voir, sur une confusion entre la justification de la règle et de son application. Nous voyons donc qu'en acceptant de mobiliser à de nombreux endroits la notion de justice, il n'objecte pas en soi à un principe de nature distributive, mais seulement à la solution distributive spécifique que constitue une théorie des droits moraux. Les principes utilitaristes peuvent seulement prendre en charge la critique et la justification du contenu des règles. Ils ne peuvent s'étendre à la justification de l'application des règles. Faut-il comprendre qu'il s'agit là d'un problème à résoudre par le recours à d'autres principes distributifs ? La solution se trouve dans un autre principe qui intervient, selon Hart, au moment de la confrontation de la règle au cas concret.

En effet, la justice, explique-t-il dans *The Concept of Law*, constitue un domaine spécifique de la morale qui entretient un rapport intime avec le droit en ce qu'il est un ensemble de règles, ou avec toute situation régie par des règles, par le simple fait qu'il faut les appliquer[134]. Le caractère distributif de la justice apparaît, de manière formelle certes, dans la mise en rapport de situations individuelles à travers les règles[135]. En effet, il est

131 *CL*, p. 158-159. L'influence d'Aristote est, ici comme ailleurs, très forte. Nous avons traité cette question de manière plus générale dans G. Bligh, *Les bases philosophiques du positivisme juridique de H.L.A. Hart*, *op. cit.*, p. 711-733.

132 H.L.A. Hart, « Prolegomenon to the Principles of Punishment », art. cité, p. 11-12 ; *id.*, « Legal Responsibility and Excuses », art. cité, p. 49.

133 H.L.A. Hart, « Utilitarianism and Natural Rights », art. cité, p. 182.

134 *CL*, p. 157-158, 207 ; *id.*, « Positivism and the Separation of Law and Morals », art. cité, p. 81.

135 On ne peut raisonner qu'en termes de catégories de situations ou de classes d'individus afin de déterminer si une situation rentre dans le champ d'application de la règle.

injuste d'appliquer (/de ne pas appliquer) une règle à une situation alors qu'elle n'a pas été appliquée (/alors qu'elle a été appliquée) dans une situation antérieure qui ne présente aucune différence essentielle. Cela amène Hart à soutenir que toute situation régie par des règles générales porte en elle « le germe » de la justice[136], parce que leur application présuppose le principe selon lequel il faut « traiter de façon équivalente les cas semblables » (*to treat like cases alike*[137]). Cela tient selon lui à la nature même d'une règle[138]. Or, Hart conçoit le droit, dans son sens premier, comme un ensemble de règles[139].

Cela rejoint l'idée du « respect pour l'individu » que renfermerait selon Hart la notion de justice. En effet, cela tient également à l'application de

---

136 *CL*, p. 206 : « *the germ of justice* » ; ég. *id.*, « Positivism and the Separation of Law and Morals », art. cité, p. 81.

137 *CL*, p. 159-164 ; *id.*, « Positivism and the Separation of Law and Morals », art. cité, p. 81. De manière plus tangente, voir l'exposé des valeurs morales « formelles » dans *id.*, *Law, Liberty, and Morality*, p. 71. Voir : G. Postema, « Hart's Critical Positivism », art. cité, p. 335. Lyons, qui préfère parler de justice dans l'« administration du droit », critique la thèse de la justice formelle au motif que l'on ne peut parler de justice dans l'application d'une règle elle-même injuste, que l'on pourrait donc refuser d'appliquer sans injustice : D. Lyons, « On Formal Justice », *Cornell Law Review*, 1973, vol. 58, p. 848 *sq.* D'autres auteurs ont critiqué logiquement la thèse de la « *germ of justice* » en soutenant que le principe de justice ne se rattache pas à la règle, mais à l'activité *d'adjudication* qui ne se résume pas à l'application de règles. Voir : J. Gardner, « The Virtue of Justice and the Character of Law », *Law as a Leap of Faith*, *op. cit.*, p. 251, 257 ; *id.*, « Hart on Legality, Justice and Morality », art. cité, p. 232-235 ; L. Green, « The Germ of Justice », 2010, Oxford Legal Research Paper 60/2020, <http://ssrn.com/abstract=1703008> (vérifié le 06/01/2021), p. 17-19. De manière plus surprenante, voir P. Devlin, *The Judge*, Oxford, Oxford University Press, 1979, p. 3 n. 8. La nature de cette opposition peut sembler ambigüe dans la mesure où le dernier mot dans l'application de règles appartient, le plus souvent, aux juridictions. Cependant, là où Hart insiste sur le fait qu'un ordre juridique doit, au *minimum*, consister en un ensemble de *règles* générales (« Positivism and the Separation of Law and Morals », art. cité, p. 81), d'autres lui font le reproche de n'avoir pas perçu que l'activité judiciaire – l'adjudication –, a pour finalité principale le règlement pacifique des *différends* au sein du *corps social*, ce qui est parfaitement concevable dans un groupe qui n'est pas « encore » doté d'un ordre juridique à proprement parler. Voir en ce sens : N. MacCormick, *H.L.A. Hart*, *op. cit.*, p. 141 *sq.* D'autres critiques, provenant des sciences sociales, n'accordent pas, au contraire, que sa conception des *règles* permette de penser adéquatement le passage d'une société « pré-légale » à une société « légale », voir L.J. Cohen, « Review : *The Concept of Law* », *Mind*, 1962, vol. 71, p. 409-411.

138 Il se rapproche sur ce point d'une idée développée par son ami Isaiah Berlin, « Equality » (1956), *Concepts and Categories*, Londres, Penguin, 1981, p. 84.

139 Cela a pour conséquence que la considération de la justice comme secteur particulier de la morale (*CL*, p. 157) empêche de penser le droit, compris comme ensemble de règles générales, comme un concept moralement neutre (voir *id.*, « Positivism and the Separation of Law and Morals », art. cité, p. 81). Il s'agit alors d'une connexion *analytique*. L'attention s'est cependant focalisée sur « l'intersection » du droit et de la morale dans le « contenu minimum de droit naturel », problème *empirique* (*CL*, p. 303 n. p. 193).

règles générales dont les effets doivent être prévisibles. C'est seulement lorsqu'il fonctionne de cette manière que le système pénal reconnaît dans l'individu un « être choisissant » en lui permettant de se guider convenablement à l'aide des règles[140]. Cependant, il ne faut pas perdre de vue que cette conception de la justice dans l'application prévisible des règles est compatible avec l'immoralité de contenu de ces règles[141]. Il est d'ailleurs parfaitement concevable qu'un juge applique de manière rigoureusement impartiale les règles les plus iniques[142]. En d'autres termes, les situations individuelles ne seront pas traitées de manière inéquitable les unes relativement aux autres, et les individus pourront anticiper correctement l'application des règles du système. Néanmoins, face à une grande iniquité des lois elles-mêmes, il se peut que le citoyen n'ait pas d'autre choix que de décider de désobéir en pleine connaissance de cause.

Principe de justice et raisonnement non-démonstratif. Cette conception de la justice soulève néanmoins un problème. Il serait parfaitement circulaire de soutenir que la justice consiste à appliquer rigoureusement la règle aux situations qui rentrent dans son champ d'application, si ces situations n'étaient identifiées que par le fait que la règle leur avait été appliquée. Hart précise ainsi, est c'est essentiel, que le précepte qui veut que l'on « traite de façon équivalente les cas semblables » ne serait qu'une « forme vide » s'il n'était accompagné d'un principe complémentaire variable permettant de décider ce qui devra compter comme un cas identique ou semblable pour les besoins de l'application d'une règle donnée[143]. Il apporte des éléments de précision sur ces questions, et ses développements sur la notion de justice supposent assimilés, à nos yeux, ses développements précédents sur le raisonnement judiciaire en situation d'incertitude. Les situations factuelles, explique Hart, ne se présentent pas à nous commodément étiquetées comme des cas d'application d'une règle donnée[144]. Les règles, en raison de la « texture ouverte » de tout concept

---

140 H.L.A. Hart, « Legal Responsibility and Excuses », art. cité, p. 49. Voir *supra*, p. 260 *sq.* Ces règles n'ont pas besoin d'être législatives, mais ont besoin – quelle que soit leur source – d'être *générales*.

141 Il faut ainsi distinguer l'immoralité (en général) du contenu du droit positif, et la justice ou l'injustice comme questions morales spécifiques : *CL*, p. 157-158, 207.

142 *CL*, p. 157, 206 ; *id.*, « Positivism and the Separation of Law and Morals », art. cité, p. 81 : « *justice in the administration of the law [is] not justice of the law* ».

143 *CL*, p. 159.

144 *CL*, p. 126 ; *id.*, « Positivism and the Separation of Law and Morals », art. cité, p. 63.

(y compris les concepts qui structurent les règles), sont essentiellement indéterminées dans leur signification[145]. Il existerait pour toute règle un noyau de certitude qui correspond au cas central d'application évidente, et une pénombre d'incertitude dans laquelle le juge devra décider si un cas relève d'une règle en exerçant une appréciation « discrétionnaire ». Si l'on fait le lien avec ses développements sur la justice, il en découle que le juge décidera nécessairement, non *in abstracto*, mais à la lumière de décisions passées d'autres autorités relatives à la même règle. Il faut, en effet, décider si une situation nouvelle possède les caractéristiques reconnues dans des cas précédents qui avaient été jugées essentielles pour justifier l'application de la règle considérée.

Cependant, Hart indique bien que si l'exercice de la discrétion revient à effectuer un choix, celui-ci n'est pas pour autant irrationnel (ni arbitraire[146]). Il faut ainsi se garder de prendre « la » rationalité pour un « raisonnement déductif » qui mènerait à une unique conclusion nécessaire (qui serait « logiquement concluant »), en perdant de vue l'argumentation que propose effectivement le juge pour justifier et parvenir à sa décision[147]. La rationalité d'un argument ou d'une décision ne se borne pas à décrire la relation formelle entre prémisse et conclusion. Parmi ces éléments de justification qui intéressent cette rationalité informelle – pertinente quoique non-concluante (« argumentative », dirait Perelman) –, on trouve les éléments d'argumentation relatifs à la question de savoir si deux cas sont semblables pour les besoins de l'application d'une règle[148]. Si

145 *CL*, p. 128 ; *id.*, « Positivism and the Separation of Law and Morals », art. cité, p. 65.

146 *CL*, p. 127.

147 H.L.A. Hart, « Positivism and the Separation of Law and Morals », art. cité, p. 64, 67 ; *id.*, « Problems of the Philosophy of Law », art. cité, p. 106-107. Il examine divers aspects de cette argumentation dans *CL*, p. 131-136.

148 C'est essentiellement la position défendue par Chaïm Perelman. Dans ses premiers travaux, il affirme que « ce n'est pas la notion d'égalité qui constitue le fondement de la justice, même formelle, mais le fait d'appliquer une règle à tous les membres d'une catégorie essentielle. L'égalité du traitement n'est qu'une conséquence logique du fait que l'on se tient à la règle » : Ch. Perelman, « De la Justice » (1945), *Ethique et droit*, Bruxelles, Éditions de l'Université de Bruxelles, 1990, p. 57. Il nuancera cette position par la suite car la question de savoir *à quel moment* une différence entre deux situations doit être considérée comme « essentielle » pour l'application de la règle n'est pas une question formelle mais relève d'un problème de rationalité argumentative. Voir par ex. : *id.*, « L'idéal de rationalité et la règle de justice » (1960), *Ethique et droit*, *op. cit.*, p. 135-137. Il est possible d'adopter une position rationnelle sur cette question, sans pour autant que l'on puisse parvenir à une unique conclusion *démontrable*. On se rapproche donc de la

nous réunissons les fils du propos, il apparaît que le raisonnement par analogie se situera nécessairement au cœur du raisonnement qui a pour objet l'application des règles[149].

Pour conclure ces développements, nous rappellerons la distance réelle qui sépare Hart et J.S. Mill, soumis à rude critique dans les années qui suivent *Law, Liberty, and Morality*, alors que le juriste d'Oxford s'appuie dans les conférences de Stanford sur l'essai *On Liberty*. En effet, si Mill se garde en apparence de souscrire à une théorie des droits moraux naturels, Hart montre, de manière convaincante, que son prédécesseur ne peut reconnaître un « droit à la liberté », circonscrit par le principe de non-nuisance, qu'à la condition de rendre inopérant le principe d'utilité. En effet, ce droit à la liberté opère dans la philosophie de Mill à la manière d'un droit moral naturel que l'individu doit pouvoir revendiquer indépendamment de toute considération concrète du bien-être collectif. Hart, en revanche, n'accepte de tenir compte du principe de non-nuisance, tout comme le principe d'utilité, qu'en tant que principe de morale critique à mobiliser dans l'évaluation du contenu des règles positives.

De manière synthétique, nous avons vu que la morale critique hartienne entend apporter des réponses à trois questions distinctes dans le domaine pénal. Elle doit permettre de s'assurer (i) que la pénalisation d'un comportement est justifiée, c'est-à-dire, d'une part, qu'elle produira plus de bonnes conséquences que de mauvaises[150], d'autre part, qu'elle ne vise pas à interdire un comportement qui ne nuit pas à autrui. Cette première question intéresse la justification de la règle générale. Hart s'appuie ici sur le principe de non-nuisance, adossé au principe d'utilité. La morale critique doit également permettre de s'assurer que (ii) les principes qui déterminent la condamnation prévue par la règle générale n'établissent la responsabilité de l'individu qu'en ce que celui-ci est pris en compte comme un être autonome capable d'exercer un choix[151]. Enfin,

position de Hart telle que nous venons de la décrire. Nous développons plus longuement les liens entre Hart et Perelman, notamment sur l'importance de l'influence d'Aristote, et sur le rejet dos-à-dos du rationalisme et du scepticisme, dans *Les bases philosophiques du positivisme juridique de H.L.A. Hart*, *op. cit.*, p. 631 *sq.*

149 Hart esquisse cette piste de réflexion dans « Problems of the Philosophy of Law », art. cité, p. 89. Voir ég. *passim* l'« Introduction » [*EJP*], art. cité, p. 7. De nouveau, on notera la forte proximité avec Perelman sur ce point.

150 H.L.A. Hart, « Legal Responsibility and Excuses », art. cité, p. 39.

151 Hart s'approche-t-il ici d'un droit moral qu'il refuse officiellement de reconnaître ? C'est fort possible. Il répond à la question, toutefois, par la prise en compte des principes de justice et d'équité.

(iii) on doit infliger à l'individu, une fois sa responsabilité établie, une sanction proportionnée reflétant la gravité de son infraction. Les deuxième et troisième questions relèvent de problèmes liés à l'application de la règle[152]. Hart s'appuie ici sur les « principes de justice et d'équité » qui sont le nécessaire complément des principes utilitaristes. Le caractère *libéral* de la pensée de Hart se situe, d'une part, dans la charge de la justification exigée d'un détenteur de l'autorité pour toute mesure de contraignante imposée à l'individu. Il se situe, d'autre part, dans une conception de l'application de la règle générale au cas particuliers, au cœur de sa philosophie du droit pénal, qui entend laisser toute sa place au libre choix de l'individu.

152 *Ibid.*, p. 39. Hart dit plus explicitement « le législateur » et « le juge ».

CONCLUSION

Nous nous concentrerons, pour conclure, sur les leçons que nous retirons de cette étude. Le rejet des stratégies de défense de l'autonomie de l'individu qui se fondent sur une théorie des droits moraux (au sens fort) nous semble justifié. D'une part, elles véhiculent de nombreuses ambiguïtés dans leur articulation avec les droits subjectifs positifs. D'autre part, il n'apparaît pas clairement en quoi la position morale de l'individu est sensiblement améliorée ou clarifiée, face à l'exercice immodéré du pouvoir, s'il articule ses revendications autour de l'existence de tels droits. Enfin, on perd de vue, à exiger la transposition des droits moraux en droit positif, qu'il faut relativiser la protection réelle qu'apportent les règles en vigueur en matière de droits et libertés. L'individu dépend en dernière analyse, pour sa protection, de la modération *de facto* des autorités juridiques dans l'exercice de leurs pouvoirs. Il faut d'abord qu'il existe un contexte de modération dans l'exercice du pouvoir pour envisager l'octroi de droits subjectifs positifs qui ont une portée politique – et que ceux-ci soient effectivement respectés. Tout au plus les droits de l'individu sont-ils une donnée du rapport de force inévitable qui s'instaure entre tout détenteur d'une autorité et ceux qui sont sujets de cette autorité[1]. C'est à travers ce rapport de force que la modération est imposée aux titulaires de l'autorité politique. C'est sans doute l'une des intuitions les plus précieuses que nous pouvons retirer de notre incursion dans la pensée de Hart.

Ainsi, s'il réfute longuement le moralisme juridique de Lord Devlin et de J.F. Stephen, Hart n'élabore pas une théorie des droits naturels. La « liberté » dont doivent jouir les individus n'est pas fondée. Elle ne peut résulter que de la possibilité pour chacun d'évaluer correctement sa

1 On constate une convergence surprenante, sur divers aspects de cette idée, d'auteurs d'horizons variés. Par exemple, outre Hart, des penseurs aussi différents que M. Villey, « Polémique sur les "Droits de l'Homme" », *Les études philosophiques*, 1986, p. 191 *sq.*, J.A.G. Griffith, « The Political Constitution », *Modern Law Review*, 1979, p. 16-19, ou M. Tushnet, « The Critique of Rights », *SMU Law Review*, 1993, vol. 47, p. 23 *sq.*

situation morale face au droit, tant dans l'attitude critique qu'il adopte dans l'obéissance que dans sa vigilance à l'égard de tout abus de pouvoir potentiel. Le rapport de force inévitable ne repose que sur l'évaluation permanente des justifications qu'offrent les autorités parce que la situation le leur impose – elles se savent scrutées, elles savent que l'obéissance ne sera pas passive mais éclairée, etc. Le positivisme juridique remplit ici un rôle important en levant les confusions conceptuelles qui entourent la nécessaire critique morale du droit en vigueur. Une fois dissipés les brouillards des diverses théories morales, les bases de la liberté ainsi révélées peuvent paraître fragiles. C'est indifférent dès lors que ce sont les bases de la liberté que *nous avons* : c'est celles qui sont à préserver. Par ailleurs, il faut garder à l'esprit que la fragilité de cette fondation n'est qu'à l'image de celle de la liberté, notre bien le plus précieux, dont s'émanciperait volontiers un pouvoir organisé s'il ne craignait pas sans cesse de perdre la coopération spontanée de ses sujets[2].

Dès lors, Hart procède au moyen de la critique morale des institutions positives. Il s'attache à révéler les présupposés au nom desquels on impose des souffrances aux individus et des restrictions à leur autonomie. Les principes mobilisés n'ont pas d'autre finalité que la mise à nu du pouvoir ainsi que la clarté et l'intelligibilité de la critique. C'est la condition d'une mise en difficulté efficace des détenteurs de l'autorité politique, contraints de rendre des comptes selon les critères exigés. Il ne s'agit pas de fonder une conception du bien moral qu'un interlocuteur pourrait balayer d'un revers de main. Cela a été mal compris parce que l'on n'a pas correctement perçu la nature de cette démarche critique, comme celle de son étroite articulation à une conception de la liberté résultant du rapport de force imposé à l'autorité. On peut alors mesurer la distance qui sépare l'usage de la terminologie de la liberté chez Hart

2 C'est le sens du propos de Hart : *CL*, p. 117. L'idée de la dépendance réelle des gouvernants de l'opinion des gouvernés et du rapport de force que cela institue est présente chez David Hume, « Of the First Principles of Government », *Political Essays*, Cambridge, CUP, 2008, p. 16. Elle constitue le point d'achoppement de la conception de la souveraineté de John Austin, *The Province of Jurisprudence Defined*, *op. cit.*, Lecture VI : le souverain est la personne continuellement et habituellement obéie par la majeure partie de la population (élément positif), et qui n'obéit pour sa part à aucune autre personne (élément négatif). Le souverain d'Austin semble identifié par la *suprématie*. Or, celle-ci repose sur l'« habitude d'obéissance » de ceux qui sont soumis à son autorité. La souveraineté *disparaît* donc avec la même habitude d'obéissance dont elle dépend. A.V. Dicey en fait la remarque dans son exposé de la limite « externe » du concept de souveraineté : *Introduction to the Study of the Law of the Constitution*, 8e éd., Londres, Macmillan, 1915, p. 30.

et l'usage de cette même terminologie dans des approches qui en font un attribut inhérent de l'individu.

Qu'il nous soit seulement permis d'indiquer dans ces dernières lignes que cette étude n'est pas une défense des travaux de Hart – qui n'en ont nul besoin. L'objectif est de proposer une grille de lecture qui, partant de sources très disparates, propose une analyse cohérente de l'œuvre. Il s'agit, à tout le moins, de montrer qu'une telle lecture est *possible*. C'est à cette condition, seulement, que peut s'ouvrir un débat sur la question de savoir si les positions présentées ici sont convaincantes.

Gregory BLIGH

BIBLIOGRAPHIE

Au sein des recueils d'articles de H.L.A. Hart, les textes sont présentés par ordre de parution afin de faciliter la mise en relief de la genèse de ses thèses.

Concernant les travaux publiés en langue anglaise, nous n'indiquons que les traductions françaises directement citées dans cette livraison.

SOURCES PRIMAIRES

UTILITARISTES

AUSTIN, John, *The Province of Jurisprudence Determined*, Cambridge, CUP, 1995 (1832, 1885).

BENTHAM, Jeremy, *A Fragment on Government*, Cambridge, CUP, 1988 (1776).

BENTHAM, Jeremy, *An Introduction to the Principles of Morals and Legislation*, Oxford, Clarendon press, 1996 (1789).

BENTHAM, Jeremy, « Anarchical Fallacies » (1796), *The Works of Jeremy Bentham, Vol. II*, Édimbourg, William Tait, 1843, éd. Bowring, p. 489.

MILL, John Stuart, *Principles of Political Economy – Collected Works, Vol. III*, Toronto, University of Toronto Press, 1965 (1848).

MILL, John Stuart, *On Liberty*, Londres, Penguin Classics, 1974 (1859) ; *De la liberté*, trad. fr. LENGLET, Laurence, Paris, Gallimard, 1990.

MILL, John Stuart, *Utilitarianism and Other Essays*, Londres, Penguin Classics, 1987 :

« Bentham » (1838), p. 132.

« Coleridge » (1840), p. 177.

« Utilitarianism » (1861), p. 272 ; *L'utilitarisme*, trad. fr. TANESSE, Georges, Paris, Champs Flammarion, 1988.

MILL, John Stuart, *Autobiography*, Londres, Penguin Classics, 1989 (1873).

MILL, John Stuart, « Chapters on Socialism », *Collected Works, Vol IV*, Toronto, University of Toronto Press, 1967, p. 705.

ADVERSAIRES ET INTERLOCUTEURS

DENNING, Alfred T., *The Changing Law*, Londres, Stevens & Sons, 1953.
DENNING, Alfred T., *Landmarks in the Law*, Londres, Butterworths, 1984.
DEVLIN, Patrick, *The Enforcement of Morals*, Oxford, OUP, 1965 :
« Morals and the Criminal Law » (1959), p. 1 ; « La morale et le droit pénal », trad. fr. CARPENTIER, Mathieu, *Droit & Philosophie*, 2014, vol. 6, p. 133.
« Democracy and Morality » (1961), p. 86.
« Mill on Liberty in Morals » (1964), p. 102.
« Morals and Contemporary Social Reality » (1964), p. 124 ; « La morale et la réalité sociale contemporaine », trad. fr. CARPENTIER, Mathieu, *Droit & Philosophie*, 2014, vol. 6, p. 165.
DEVLIN, Patrick, « Law and Morality », *Manitoba Law School Journal*, 1964-1965, vol. 1, p. 243.
DEVLIN, Patrick, *The Judge*, Oxford, OUP, 1979.
STEPHEN, James Fitzjames, *Liberty, Equality, Fraternity*, New York, Holt & Williams, 1878 (1873) ; *Liberté, Égalité, Fraternité*, trad. fr. DE GRÉBAN, Amédée, Paris, A. Lacroix et Cie, 1876.
STEPHEN, James Fitzjames, *A History of the Criminal Law of England, Vol. II*, Londres, MacMillan & Co., 1883.
WOOTTON, Barbara, *Crime and the Criminal Law*, Londres, Stevens & Sons, 1963.

ŒUVRES DE H.L.A. HART CITÉES
DANS LA PRÉSENTATION CRITIQUE

HART, H.L.A., *The Concept of Law* [*CL*], Oxford, Clarendon Press, 1961, 3e éd. OUP 2012 ; *Le Concept de droit*, trad. fr. VAN DE KERCHOVE, Michel, Bruxelles, Facultés universitaires de Saint-Louis, 2e éd. 2005.
HART, H.L.A., *Law, Liberty, and Morality* [*LLM*], Oxford, OUP, 1963.
HART, H.L.A., *The Morality of the Criminal Law* [*MCL*], Jerusalem, Magnes Press, 1964 ; Oxford, OUP, 1965.
HART, H.L.A., *Punishment and Responsibility* [*P&R*], Oxford, OUP, 1968, 2e éd. 2008 :
« Legal Responsibility and Excuses » (1957), p. 28.
« Murder and the Principles of Punishment : England and the United States » (1958), p. 54.
« Prolegomenon to the Principles of Punishment » (1959), p. 1.
« Acts of Will and Responsibility » (1960), p. 90.
« Punishment and the Elimination of Responsibility » (1961), p. 158.
HART, H.L.A., *Essays on Bentham* [*EB*], Oxford, OUP, 1982 :
« Bentham and Beccaria » (1964), p. 40.

« Legal Duty and Obligation » (1966, 1982), p. 127.
« The Demystification of the Law » (1973), p. 21.
« Legal Rights » (1973), p. 162.
« The United States of America » (1976), p. 53.
« Natural Rights : Bentham and John Stuart Mill » (1980), p. 79.
« Introduction » (1982), p. 1.
« Commands and Authoritative Legal Reasons » (1982), p. 243.

HART, H.L.A., *Essays in Jurisprudence and Philosophy* [*EJP*], Oxford, Clarendon Press, 1983 :
« Definition and Theory in Jurisprudence » (1953), p. 21.
« Positivism and the Separation of Law and Morals » (1958), p. 49 ; traduction partielle : « Le positivisme et la séparation du droit et de la morale », trad. fr. BÉAL, Christophe, in BÉAL, Christophe (Dir.), *Textes clés de philosophie du droit*, Paris, Vrin, 2015, p. 193-228.
« Diamonds and String : Holmes on the Common Law » (1963), p. 278.
« Problems of the Philosophy of Law » (1967), p. 88.
« Social Solidarity and the Enforcement of Morality » (1967), p. 248 ; « La solidarité sociale et la mise en œuvre de la morale par le droit », trad. fr. BLIGH, Gregory et PLOUVIEZ, Mélanie, *Droit & Philosophie*, 2014, vol. 6, p. 181.
« Jhering's Heaven of Concepts and Modern Analytical Jurisprudence » (1970), p. 265.
« Between Utility and Rights » (1973), p. 198.
« Rawls on Liberty and its Priority » (1973), p. 223.
« 1776-1976 : Law in the Perspective of Philosophy » (1976), p. 145.
« Utilitarianism and Natural Rights » (1978), p. 181.
« Introduction » (1983), p. 1.

HART, H.L.A., « The Ascription of Responsibility and Rights », *Proceedings of the Aristotelian Society, New Series*, 1949, vol. 49, p. 171.

HART, H.L.A., « A Logician's Fairy Tale », *The Philosophical Review*, 1951, vol. 60, p. 198.

HART, H.L.A., « Justice », *Philosophy*, 1953, vol. 28, p. 348.

HART, H.L.A., « Introduction », in Austin, J., *The Province of Jurisprudence Determined*, Londres, Weidenfeld and Nicholson, 1954, p. VII.

HART, H.L.A., « Are There any Natural Rights ? », *The Philosophical Review*, 1955, vol. 64, p. 175 ; « Existe-t-il des droits naturels ? », trad. fr. GIRARD, Charles, *Klesis*, 2011, vol. 21, p. 239.

HART, H.L.A., « Analytical Jurisprudence in the Mid-Twentieth Century : a Reply to Professor Bodenheimer », *University of Pennsylvania Law Review*, 1957, vol. 105, p. 953.

Hart, H.L.A., « Legal and Moral Obligation », in Melden, Abraham I. (Dir.), *Essays in Moral Philosophy*, Seattle, University of Washington Press, 1958, p. 82.

Hart, H.L.A., « Immorality and Treason », *The Listener*, 3 juillet 1959, p. 162-163 ; « Immoralité et trahison », trad. fr. Carpentier, Mathieu, *Droit & Philosophie*, 2014, vol. 6, p. 157.

Hart, H.L.A., « Jurisprudence » (1960), in Urmson, James O. et Rée, Jonathan (Dir.), *The Concise Encyclopedia of Western Philosophy*, Londres, Routledge, 2005, 3e éd., p. 186.

Hart, H.L.A., « Crime and the Criminal Law. By Barbara Wootton », *Yale Law Journal*, 1965, vol. 74, p. 1325.

Hart, H.L.A., « Morality and Reality », *New York Review of Books*, 9 mars 1978 (recension critique de J.L. Mackie), <http://www.nybooks.com/articles/archives/1978/mar/09/morality-and-reality/> (consulté le 06/01/2021).

Hart, H.L.A., « Death and Utility », *New York Review of Books*, 15 mai 1980 (recension critique de Peter Singer), <http://www.nybooks.com/articles/archives/1980/may/15/death-and-utility/> (consulté le 06/01/2021).

Hart, H.L.A., « Bentham's Principle of Utility and Theory of Penal Law » (1982), in Bentham, Jeremy, *An Introduction to the Principles of Morals and Legislation*, Oxford, Clarendon press, 1996, p. LXXIX-CXII.

Hart, H.L.A., « Who Can Tell Right From Wrong ? », *New York Review of Books*, 17 juillet 1986 (recension critique de Bernard Williams), <http://www.nybooks.com/articles/archives/1986/jul/17/who-can-tell-right-from-wrong/> (consulté le 06/01/2021).

Hart, H.L.A. et Sugarman, David, « Hart Interviewed : H.L.A. Hart in Conversation with David Sugarman » (1988), *Journal of Law and Society*, 2005, vol. 32, p. 26.

Hart, H.L.A., « Answers to Eight Questions » (1988), Duarte D'Almeida, Luis *et al.* (Dir.), *Reading H.L.A. Hart's* The Concept of Law, Oxford, Hart, 2013, p. 279.

SOURCES SECONDAIRES

Austin, J.L., « A Plea for Excuses », *Philosophical Papers*, Oxford, Clarendon Press, 1961, p. 130.

Austin, J.L., *Sense and Sensibilia*, Oxford, OUP, 1962.

Baranger, Denis, « Bentham », in Raynaud, Philippe et Rials, Stéphane

(Dir.), *Dictionnaire de Philosophie Politique*, Paris, PUF-Quadrige, 2008, 3e éd., p. 53.

BARANGER, Denis, « Mill », in RAYNAUD, Philippe et RIALS, Stéphane (Dir.), *Dictionnaire de Philosophie Politique*, Paris, PUF-Quadrige, 2008, 3e éd.), p. 454.

BARANGER, Denis, « The Legislator's Tormented Soul (Utility in Bentham's *Of the Limits of the Penal Branch of Jurisprudence*) », in TUSSEAU, Guillaume (Dir.), *The Legal Philosophy and Influence of Jeremy Bentham*, Londres, Routledge, 2014, p. 375.

BERLIN, Isaiah, « Equality » (1956), *Concepts and Categories*, Londres, Penguin, 1981, p. 81.

BERLIN, Isaiah, *Liberty*, Oxford, OUP, 2002 :
« Two concepts of liberty », p. 166.
« John Stuart Mill and the Ends of Life », p. 218.
« Liberty », p. 283.

BLIGH, Gregory, « Rôle et importance de *Law, Liberty, and Morality* dans l'œuvre de H.L.A. Hart », *Droit & Philosophie*, 2014, vol. 6, p. 11.

BLIGH, Gregory, *Les bases philosophiques du positivisme juridique de H.L.A. Hart*, Paris, Varenne-LGDJ, 2017.

BLIGH, Gregory, « Vaudeville intergénérationnel : Raz, Kelsen, Hart », *Droit & Philosophie*, 2018, vol. 9, p. 233.

BLIGH, Gregory, « L'analogie perdue entre nature et droit. L'influence sur la pensée juridique du tournant empirico-logique au début du XXe siècle », in POUTHIER, Tristan (Dir.), *Le droit constitutionnel et les sciences de la nature*, Toulouse, Presses de l'Université Toulouse 1 Capitole, 2018, p. 151.

BLIGH, Gregory, « La crise du standard juridique de l'"homme ordinaire" en common law britannique d'après-guerre. Le débat Hart-Devlin et le multiculturalisme naissant », *Droit et société*, 2018, n° 98, p. 159.

BOBBIO, Norberto, « Être et devoir-être dans la science du droit », *Éssais de théorie du droit*, trad. fr. GUÉRET, Michel, Paris, Bruylant-LGDJ, 1998, p. 185.

BRINK, David O., « Mill on Justice and Rights », in MACLEOD, Christopher et MILLER, Dale E. (Dir.), *Blackwell Companion to Mill*, Oxford, Wiley-Blackwell, 2017, p 374.

BROWN, Donald G., « Mill on Liberty and Morality », *The Philosophical Review*, 1972, vol. 81, p. 133.

BROWN, Donald G., « The Harm Principle », in MACLEOD, Christopher et MILLER, Dale E. (Dir.), *Blackwell Companion to Mill*, Oxford, Wiley-Blackwell, p. 409.

CANE, Peter, « Taking Law Seriously : Starting Points of the Hart/Devlin Debate », *The Journal of Ethics*, 2006, vol. 10, p. 21.

CARON, Yves, « The Legal Enforcement of Morals and the So-Called Hart-Devlin Controversy », *McGill Law Journal*, 1969, vol. 15, p. 9.

CARPENTIER, Mathieu, « Positivisme analytique et positivisme normatif dans *Law, Liberty, and Morality* », *Droit & Philosophie*, 2014, vol. 6, p. 35.

COHEN, L. Jonathan, « Review : *The Concept of Law* », *Mind*, 1962, vol. 71, p. 395.

COVA, Florian et JAQUET, François, « Qu'est-ce que l'utilitarisme ? », in JOURNET, Nicolas, *La morale. Éthique et sciences humaines*, Auxerre, Éditions sciences humaines, 2012, p. 76 *sq.*

COWLING, Maurice, « Mill and Liberalism » (1963), in SCHNEEWIND, Jerome B. (Dir.), *Mill*, Londres, MacMillan, 1968, p. 329.

DE LARA, Philippe, « Règles, normes, institutions », in RAYNAUD, Philippe et RIALS, Stéphane (Dir.), *Dictionnaire de philosophie politique*, Paris, PUF-Quadrige, 3e éd., 2008, p. 640.

DE LARA, Philippe, « Droit et coutume : ce que Hart doit à Wittgenstein », *Droit & Philosophie*, 2014, vol. 6, p. 93.

DESMONS, Eric, « Peut-on encore critiquer la politique des droits de l'Homme ? », *Revue des droits et libertés fondamentaux*, 2019, chron. 26, <http://www.revuedlf.com/droit-fondamentaux/peut-on-encore-critiquer-la-politique-des-droits-de-lhomme/> (consulté le 06/01/2021).

DICEY, A.V., *Introduction to the Study of the Law of the Constitution*, 8e éd., Londres, Macmillan, 1915.

DICKSON, Julie, *Legal Theory and Evaluation*, Oxford, Hart Publishing, 2001.

DICKSON, Julie, « Methodology in Jurisprudence : a Critical Survey », *Legal Theory*, 2004, vol. 10, p. 117.

DICKSON, Julie, « Descriptive Legal Theory » (2006), in SELLERS, Mortimer et KIRSTE, Stephan (Dir.), *Encyclopaedia of the Philosophy of Law and Social Philosophy*, Springer, 2017, <https://doi.org/10.1007/978-94-007-6730-0_52-1> (consulté le 06/01/2021).

DUARTE D'ALMEIDA, Luis *et al.* (Dir.), *Reading H.L.A. Hart's* The Concept of Law, Oxford, Hart Publishing, 2013.

DWORKIN, Gerald, « Paternalism », in FEINBERG, Joel et COLEMAN, Jules (Dir.), *Philosophy of Law*, Wadsworth Publishing, 6e éd., 2000, (article initialement paru en 1971), p. 271.

DWORKIN, Gerald, « Devlin Was Right : Law and the Enforcement of Morality », *William and Mary Law Review*, 1999, vol. 40, p. 927.

DWORKIN, Ronald, « Lord Devlin and the Enforcement of Morals », *Yale Law Journal*, 1966, vol. 75, p. 986 ; réimpr. « Liberty and Moralism », *Taking Rights Seriously*, Londres, Duckworth, 2e éd. 1977, p. 240.

DWORKIN, Ronald, « Liberty and Liberalism », *Taking Rights Seriously*, Londres, Duckworth, 2e éd. 1977, p. 259.

DWORKIN, Ronald, « Rights as Trumps », in WALDRON, Jeremy (Dir.), *Theories of Rights*, Oxford, OUP, 1985, p. 153.

DYBIKOWSKI, James C., « Lord Devlin's Morality and its Enforcement », *Proceedings of the Aristotelian Society, New Series*, 1974-1975, vol. 75, p. 89.

EGGLESTON, Ben, « Act Utilitarianism », in EGGLESTON, Ben et MILLER Dale E. (Dir.), *Cambridge Companion to Utilitarianism*, Cambridge, Cambridge University press, 2014, p. 125.

EL SHAKANKIRI, Mohamed, « Jeremy Bentham : critique des droits de l'homme », *Archives de philosophie du droit*, 1964, vol. 9, p. 129.

FEINBERG, Joel, « Harm and Self-Interest », in HACKER, P.M.S. et RAZ, Joseph (Dir.), *Law, Morality, and Society. Essays in Honour of H.L.A. Hart*, Oxford, Clarendon Press, 1977, p. 285.

FEINBERG, Joel, *The Moral Limits of the Criminal Law, Vol. I : Harm to Others*, Oxford, OUP, 1984.

FEINBERG, Joel, *The Moral Limits of the Criminal Law, Vol. III : Harm to Self*, Oxford, OUP, 1986.

FINNIS, John, *Natural Law and Natural Rights*, Oxford, OUP, 2e éd. 2011.

FINNIS, John, « Hart's Philosophy of Punishment », *Human Rights and Common Good, Collected Essays Vol. III*, Oxford, OUP, 2011, p. 153.

FINNIS, John, « Hart as Political Philosopher », *Philosophy of Law, Collected Essays Vol. IV*, Oxford, OUP, 2011, p. 257.

FINNIS, John, « Natural Law Theories », in ZALTA, Edward N. (Dir.), *Stanford Encyclopedia of Philosophy*, 2015, <https://plato.stanford.edu/archives/sum2020/entries/natural-law-theories/> (consulté le 06/01/2021).

FULLER, Lon L., « Positivism and Fidelity to Law – A Reply to Pr Hart », *Harvard Law Review*, 1958, vol. 71, p. 630.

FULLER, Lon L., *The Morality of Law*, New Haven, Yale University Press, 2e éd. 1969 (1964) ; *La moralité du droit*, trad. fr. VAN MEERBEECK, Jérémie, Bruxelles, Facultés universitaires Saint-Louis, 2017.

FORSTER, Peter G., « Functionalism and the Devlin-Hart Controversy », *British Journal of Sociology*, 1986, vol. 37, p. 74.

GARDNER, John, « Introduction », in HART, H.L.A., *Punishment and Responsibility*, Oxford, OUP, 1968, 2e éd. 2008, p. XIII.

GARDNER, John, *Law as a Leap of Faith*, Oxford, OUP, 2012 :
« Positivism : 5 ½ Myths », p. 19.
« Hart on Legality, Justice, and Morality », p. 221.
« The Virtue of Justice and the Character of Law », p. 238.

GAUS, Gerald, « Mill's Normative Economics », in MACLEOD, Christopher et MILLER, Dale E. (Dir.), *Blackwell Companion to Mill*, Oxford, Wiley-Blackwell, 2017, p. 488.

George, Robert P., « Social Cohesion and the Legal Enforcement of Morals », *Making Men Moral*, Oxford, Clarendon Press, 1993, p. 48.

Ginsburg, Morris, « Critical Notices : Law and Morals », *British Journal of Criminology*, 1963-1964, vol. 4, p. 283.

Green, Leslie, « Legal Positivism », in Zalta, Edward N. (Dir.), *Stanford Encyclopedia of Philosophy*, 2003, <https://plato.stanford.edu/archives/win2019/entries/legal-positivism/> (consulté le 06/01/2021).

Green, Leslie, « Positivism and the Inseparability of Law and Morals », *NYU Law Review*, 2008, vol. 83, p. 1035.

Green, Leslie, « On Being Tolerated », in Kramer, Matthew H. (Dir.), *The Legacy of H.L.A. Hart : Legal, Political, and Moral Philosophy*, Oxford, OUP, 2008, p. 277.

Green, Leslie, « The Germ of Justice », 2010, Oxford Legal Research Paper 60/2020, <http://ssrn.com/abstract=1703008> (consulté le 06/01/2021)

Green, Leslie, « Should Law Improve Morality ? », *Criminal Law and Philosophy*, 2013, vol. 7, p. 473.

Griffith, John A.G., « The Political Constitution », *Modern Law Review*, 1979, p. 1.

Guilluy, Thibault, « Le *Parliament Act* de 1911 a-t-il intronisé un nouveau souverain ? Réflexions sur la décision *Jackson* », *Jus Politicum*, 2008, nº 6, <http://juspoliticum.com/article/Le-Parliament-Act-de-1911-a-t-il-intronise-un-nouveau-souverain-Reflexions-sur-la-decision-Jackson-376.html> (consulté le 06/01/2021).

Hacker, P.M.S., « Hart's Philosophy of Law », in Hacker, P.M.S et Raz, Joseph (Dir.), *Law, Morality and Society. Essays in Honour of H.L.A. Hart*, Oxford, Clarendon Press, 1977, p. 1.

Hacker, P.M.S., « The Linguistic Turn in Analytic Philosophy », in Beany, Michael (Dir.), *The Oxford Handbook of the History of Analytic Philosophy*, Oxford, OUP, 2013, p. 926.

Harrison, Ross, *Bentham*, Londres, Routledge & Kegan Paul, 1983.

Harrison, Ross, « Introduction », in Bentham, Jeremy, *A Fragment on Governmenti*, Cambridge, CUP, 1988, p. vi-xxix.

Himma, Kenneth E., « Philosophy of Law », in Fieser, James et Dowden, Bradley (Dir.), *Internet Encyclopedia of Philosophy*, <http://www.iep.utm.edu/law-phil/#SSH2aiii> (consulté le 06/01/2021).

Himmelfarb, Gertrude, « Editor's introduction », in Mill, J.S., *On Liberty*, Londres, Penguin Classics, 1974, p. 7-49.

Himmelfarb, Gertrude, *On Liberty and Liberalism : the Case of John Stuart Mill*, New York, Alfred Knopf, 1974.

Honoré, Anthony M., « Hart, Herbert Lionel Adolphus (1907-1992) », *Oxford*

Dictionary of National Biography, Oxford, Oxford University Press, 2004, <https://doi.org/10.1093/ref:odnb/51089> (consulté le 06/01/2021).

Hooker, Brad, « Right, Wrong, and Rule-Consequentialism », in West, Henry R. (Dir.), *The Blackwell Guide to Mill's Utilitarianism*, Oxford, Blackwell, 2006, p. 233.

Hughes, Graham, « Morals and the Criminal Law », *Yale Law Journal*, 1962, vol. 71, p. 662.

Hume, David, « Of the First Principles of Government », *Political Essays*, Cambridge, CUP, 2008, p. 16.

Kelsen, Hans, « Aperçu d'une théorie générale de l'État », trad. fr. Eisenmann, Charles, p. 561, *Revue du droit public et de la science politique en France et à l'étranger*, 1926, vol. 43.

Kelsen, Hans, « La méthode et la notion fondamentale de la théorie pure du droit », traducteur non-précisé, *Revue de métaphysique et de morale*, 1934, t. 41, p. 183.

Kelsen, Hans, *General Theory of Law and State*, trad. ang. Wedberg, Anders, Cambridge (Mass.), Harvard University Press, 1945 ; *Théorie généale du droit et de l'État*, trad. fr. Laroche, Béatrice et Faure, Valérie, Paris, Bruylant-LGDJ, 1997.

Kelsen, Hans, « Qu'est-ce que la théorie pure du droit ? », trad. fr. Coppens, Philippe, *Droit et société*, 1992, n° 22, p. 551.

Kelsen, Hans, *Théorie pure du droit*, 2e éd., trad. fr. Eisenmann, Charles, Paris, Bruylant-LGDJ, 1999 (1962).

Kennedy, Duncan, « American Constitutionalism as a Civil Religion : Notes of an Atheist », *Nova Law Review*, 1995, vol. 19, p. 909.

Kervégan, Jean-François, « Le positivisme de Hart et la question des droits moraux », *Droit & Philosophie*, 2014, vol. 6, p. 105.

Lacey, Nicola, *A Life of H.L.A. Hart – the Nightmare and the Noble Dream*, Oxford, OUP, 2004.

Le Bohec, Jean-Baptiste, « Minimalisme moral et philosophie du droit. En hommage à Ruwen Ogien », *Droit & Philosophie*, « Hors-série », mis en ligne le 29 octobre 2018, <http://www.droitphilosophie.com/article/lecture/minimalisme-moral-et-philosophie-du-droit-en-hommage-a-ruwen-ogien-230> (consulté le 06/01/2021).

Locke, John, *Second Treatise of Government and A Letter Concerning Toleration*, Oxford, Oxford University Press, 2016.

Lyons, David, « On Formal Justice », *Cornell Law Review*, 1973, vol. 58, p. 833.

Lyons, David, « Mill's Theory of Morality », *Noûs*, 1976, vol. 10, p. 101.

Lyons, David, « Human Rights and the General Welfare », *Philosophy & Public Affairs*, 1977, vol. 6, p. 113.

LYONS, David, « Utility as a Possible Ground for Rights », *Noûs*, 1980, vol. 14, p. 17.

LYONS, David, « Founders and Foundations of Legal Positivism », *Michigan Law Review*, 1984, vol. 82, p. 722.

MACCORMICK, Neil, « Rights in Legislation », in HACKER, P.M.S. et RAZ, Joseph (Dir.), *Law, Morality, and Society. Essays in Honour of H.L.A. Hart*, Oxford, Clarendon Press, 1977, p. 189.

MACCORMICK, Neil, *H.L.A. Hart*, Stanford, Stanford University Press, 2e éd., 2008.

MACDONALD, Margaret, « Natural Rights », *Proceedings of the Aristotelian Society*, 1947, vol. 47, p. 225.

MILLER, Dale. E., « Rule Utilitarianism », in EGGLESTON, Ben et MILLER Dale E. (Dir.), *Cambridge Companion to Utilitarianism*, Cambridge, Cambridge University press, 2014, p. 146.

MITCHELL, Basill, *Law, Morality, and Religion in a Secular Society*, Oxford, OUP, 1967.

NAGEL, Thomas, « The Central Questions », *The London Review of Books*, 3 février 2005.

NIESEN, Peter, « Parole, vérité et liberté de Jeremy Bentham à John Stuart Mill », trad. fr. DE CHAMPS, Emmanuelle, *Archives de Philosophie*, 2015, t. 78, p. 291.

OGIEN, Ruwen, *L'éthique aujourd'hui. Maximalistes et minimalistes*, Paris, Gallimard, 2007.

PENNOCK, J. Roland, « Rights, Natural Rights, and Human Rights – A General Overview », *Nomos*, 1981, vol. 23, p. 1.

PERELMAN, Chaïm, *Éthique et Droit*, Bruxelles, Éditions de l'Université de Bruxelles, 2012.

PETTIT, Philip, « The Consequentialist Can Recognise Rights », *The Philosophical Quarterly*, 1988, vol. 38, p. 42.

PIERCE, Christine, « Hart on Paternalism », *Analysis*, 1975, vol. 35, p. 205.

POGGE, Thomas, *John Rawls. His Life and Theory of Justice*, trad. ang. KOSCH, Michelle, Oxford, Oxford University Press, 2007.

POSTEMA, Gerald J., *Bentham and the Common Law Tradition*, Oxford, Clarendon Press, 1986.

POSTEMA, Gerald J., *Legal Philosophy in the Twentieth Century : The Common Law World*, New York, Springer, 2011.

« Analytical Jurisprudence Established » (chap. 1), p. 3.

« Hart's Critical Positivism » (chap. 7), p. 261.

« The Incorporation Debate » (chap. 10), p. 457.

QUINN, Michael, « Mill on Poverty, Population, and Poor Relief », *Revue d'études benthamiennes*, 2008, vol. 4, <https://doi.org/10.4000/etudes-benthamiennes.185> (consulté le 06/01/2021).

RADBRUCH, Gustav, « Statutory Lawlessness and Supra-Statutory Law », trad. ang. LITSCHEWSKI PAULSON, Bonnie et PAULSON, Stanley, *Oxford Journal of Legal Studies*, 2006, vol. 26, p. 1 ; « Injustice légale et droit supra légal », trad. fr. WALZ, Michael, in BÉAL, Christophe (Dir.), *Textes clés de philosophie du droit*, Paris, Vrin, 2015, p. 175.

RAPTOPOULOS, Themistoklis, « Le positivisme analytique », *Droit & Philosophie*, 2014, vol. 6, p. 199.

RAWLS, John, « Two Concepts of Rules », *The Philosophical Review*, 1955, vol. 64, p. 3.

RAWLS, John, « Justice as Fairness », *The Journal of Philosophy*, 1957, vol. 54, p. 653.

RAZ, Joseph, « Autonomy, Toleration, the Harm Principle », in HACKER, P.M.S. et RAZ, Joseph (Dir.), *Law, Morality, and Society. Essays in Honour of H.L.A. Hart*, Oxford, Clarendon Press, 1977, p. 313.

RAZ, Joseph, « Hart on Moral Rights and Legal Duties », *Oxford Journal of Legal Studies*, 1984, vol. 4, p. 123.

RAZ, Joseph, « Right-Based Moralities », *The Morality of Freedom*, Oxford, OUP, 1986, p. 193.

ROSEN, Frederick, « Introduction », in BENTHAM, Jeremy, *An Introduction to the Principles of Morals and Legislation*, Oxford, Clarendon press, 1996, p. XXXI-LXX.

ROSTOW, Eugene V., « The Enforcement of Morals », *Cambridge Law Journal*, 1960, p. 175.

RYAN, Alan, « Introduction », in MILL, John Stuart, *Utilitarianism and Other Essays*, Londres, Penguin Classics, 1987, p. 7.

RYAN, Alan, « Hart and the Liberalism of Fear », in KRAMER, Matthew H. (Dir.), *The Legacy of H.L.A. Hart : Legal, Political, and Moral Philosophy*, Oxford, OUP, 2008, p. 315.

RYLE, Gilbert, « Ordinary Language », *Collected papers, Vol. II*, Londres, Routledge, 2009, p. 314.

SALMOND, John, *Jurisprudence*, Londres, Sweet & Maxwell, 6e éd. 1920.

SALVAT, Christophe, *L'utilitarisme*, Paris, La découverte, 2020, coll. « Repères »

SARTORIUS, Rolf E., « The Enforcement of Morality », *Yale Law Journal*, 1972, vol. 81, p. 891.

SIMMONDS, Nigel E., « Rights at the Cutting Edge », in KRAMER, Matthew H. (Dir.), *A Debate Over Rights*, Oxford, OUP, 1998, p. 113.

SIMMONDS, Nigel E., *Law as a Moral Idea*, Oxford, OUP, 2007.

STANTON-IFE, John, « The Limits of Law », in ZALTA, Edward N. (Dir.), *Stanford Encyclopedia of Philosophy*, 2006, <https://plato.stanford.edu/entries/law-limits/> (consulté le 06/01/2021).

STEINER, Hillel, « Are There Still Any natural Rights ? », in KRAMER,

Matthew H. (Dir.), *The Legacy of H.L.A. Hart : Legal, Political, and Moral Philosophy*, Oxford, OUP, 2008, p. 239.

STOLLEIS, Michael, *Le droit à l'ombre de la croix gammée*, trad. fr. ROQUES, Christian et ROY, Marie-Ange, Lyon, ENS Éditions, 2016.

STRAWSON, Peter F., « Construction and Analysis », in RYLE, Gilbert (Dir.), *The Revolution in Philosophy*, Londres, MacMillan & Co., 1956, p. 97.

SUMMERS, Robert S., « Review : *Law, Liberty, and Morality* », *NYU Law Review*, 1963, vol. 38, p. 1201.

SUMNER, Leonard W., « Mill's Theory of Rights », in WEST, H.R. (Dir.), *The Blackwell Guide to Mill's Utilitarianism*, Oxford, Blackwell, 2006, p. 184.

TEN, Chin Liew, « Mill on Self-Regarding Actions », *Philosophy*, 1968, vol. 43, p. 29.

TEN, Chin Liew, « Mill and Liberty », *Journal of the History of Ideas*, 1969, vol. 30, p. 47.

TEN, Chin Liew, « Crime and Immorality », *The Modern Law Review*, 1969, vol. 32, p. 648.

TEN, Chin Liew, « Enforcing a Shared Morality », *Ethics*, 1972, vol. 82, p. 321.

TEN, Chin Liew, *Mill on Liberty*, Oxford, Clarendon Press, 1980.

TUSSEAU, Guillaume, « Jeremy Bentham et les droits de l'homme : un réexamen », *Revue trimestrielle des droits de l'homme*, 2002, p. 407.

TUSSEAU, Guillaume, *Jeremy Bentham, la guerre des mots*, Paris, Dalloz, 2011.

TUSHNET, Marc, « An Essay on Rights », *Texas Law Review*, 1984, vol. 62, p. 1363.

TUSHNET, Marc, « The Critique of Rights », *SMU Law Review*, 1993, vol. 47, p. 23.

URMSON, James O., « The Interpretation of the Moral Philosophy of J.S. Mill » (1953), in SCHNEEWIND, Jerome B. (Dir.), *Mill*, Londres, MacMillan, 1968, p. 179.

VAN DE KERCHOVE, Michel, « Moralité du comportement et moralité de la loi pénale : pour une éthique de l'intervention pénale », *Droit & Philosophie*, 2014, vol. 6, p. 79.

VIALA, Alexandre, « France. La consécration du droit naturel moderne dans la décision du Conseil constitutionnel relative au mariage gay », *Annuaire international de justice constitutionnelle*, 2014, vol. 30, p. 77.

VILLEY, Michel, « Polémique sur les "Droits de l'Homme" », *Les études philosophiques*, 1986, p. 191.

WASSERSTROM, Richard A., « H.L.A. Hart and the Doctrines of *Mens Rea* and Criminal Responsibility », *University of Chicago Law Review*, 1967, vol. 35, p. 92.

WITTGENSTEIN, Ludwig, *Philosophical Investigations*, trad. ang. ANSCOMBE, Elisabeth, Oxford, Blackwell, 1958.

INDEX DES NOMS

INDEX THÉMATIQUE

TABLE DES MATIÈRES

LA MORALITÉ DU DROIT PÉNAL

(H.L.A. Hart)

UN LIBÉRALISME SANS LES DROITS NATURELS
LA PHILOSOPHIE POLITIQUE DE H.L.A. HART

(Gregory Bligh)

Achevé [illegible]
[illegible] Normandie [illegible]
N° d'impression : [illegible] - dépôt légal : [illegible]
[illegible]

IMPRIM'VERT®

Achevé d'imprimer par Corlet,
Condé-en-Normandie (Calvados), en août 2021
N° d'impression : 172832 - dépôt légal : août 2021
Imprimé en France